일상의 관계 회복을 위한
성격장애와 상담

일상의 관계회복을 위한
성격장애와 상담

초판 1쇄	2023년 1월 4일
2쇄	2025년 7월 23일

지은이	여한구
펴낸이	최민기
펴낸곳	도서출판 비채
전화	070-4714-2112
팩스	02-584-8732
이메일	kapcabook@naver.com
등록번호	제2015-000185호

ISBN 979-11-973713-4-9

이 책은 저작권법에 의해 국내에서 보호를 받는 저작물입니다.
저작권자의 승인 없이 본문의 내용을 무단으로 복제하거나 다른 매체에 기록할 수 없습니다.
책값은 뒤표지에 있습니다. 잘못된 책은 구입하신 곳에서 교환해 드립니다.

일상의 관계회복을 위한
성격장애와 상담

여한구 지음

추 천 사

사회적 존재인 사람은 누군가와 만나며 관계를 형성합니다. 관계 안에서 자신을 찾기도 하고 자신을 성장시킬 원동력을 얻기도 합니다. 하지만 관계로 인해 상처를 주고받으며 씻을 수 없는 트라우마를 경험하기도 합니다. 그래서 어떤 관계를 형성하고 어떻게 그 관계를 맺어 갈 수 있는지에 대한 문제는 우리의 삶에 정말 중요한 문제로 자리매김합니다. 이 문제에 대한 해답과 같은 책을 사랑하는 여한구 교수께서 집필하셨습니다. 다양한 성격을 가진 사람들을 어떻게 이해해야 할지, 또 어떻게 만날 수 있을지를 전문가와 비전문가 모두를 위해 이해하기 쉬운 글로 설명해 주셨습니다. 책을 읽으며 자기성찰을 위한 좋은 안내를 받을 수도 있고 상담 현장에서 내담자를 어떻게 도울 수 있을지에 대한 지혜로운 지침을 얻을 수도 있어 책이 가진 힘을 느낄 수 있습니다. 게다가 어렵고 이해하기 힘든 부분을 자세하게 설명해 주는 글에서 저자의 따뜻한 성품마저 느낄 수 있습니다. 이 책을 상담전문가와 상담을 공부하는 학생들, 그리고 인간관계의 중요성을 깨닫는 모든 이들을 위한 필독서로 추천합니다.

이상억 교수 (한국상담서비스네트워크 이사장, 장로회신학대학교)

상담은 한 사람의 인생을 행복하고 건강하게 돕는 귀한 일입니다. 특히 한 사람의 성격은 수많은 요인들이 결합되어 나온 것이기에 성격과 성격장애를 온전히 이해하고 사람을 도울 수 있다면, 이것은 예술과도 같이 멋지고 신비로운 작업입니다. 그동안 저자의 임상 경험을 가지고 성격장애의 핵심을 깊이있게 다루면서도 쉽게 설명하고 있는 점은 탁월함과 전문성이 돋보인다고 생각합니다. 나는 이 책이 상담을 공부하고 있거나 현재 상담에 종사하고 있는 모든 분들에게 큰 도움이 될 거라 생각하며 적극 추천합니다.

심수명 교수 (사단법인 한국인격심리치료협회 협회, 칼빈대학교 대학원)

상담의 전문성은 내담자의 문제원인을 진단하는 것이다. 특히, 정서와 행동에 영향을 미치는 성격장애 진단 여부는 중요한 부분일 것이다. 상담현장에서 정해진 몇 개의 질문으로만은 성격장애를 진단하기가 부족할 때가 있다. 아마도 저자는 이러한 부분에 고민을 하면서 그동안 임상적으로 축적 해 놓은 옥고를 내놓았다고 사료된다. 따라서 본서는 전문상담을 준비하는 분들은 물론 이미 상담현장에서 같은 고민을 하는 분들에게 지침서가 될 것이라는 신뢰감에 적극 추천합니다.

김상인 교수 (한국심리상담관련단체협의회, 한국교원대학교)

참 좋은 길 안내서입니다. 성격 문제로 어려움을 겪는 부부나 대인관계 상담사들이 이 책을 읽는다면 큰 도움이 될 것으로 보입니다. 이 책의 성격장애 상담과 개입과정의 이해는 성격장애에 대한 새로운 패러다임 이동이나 전환(shift)이 일어나도록 도와주고 있습니다. 코칭에서는 클라이언트의 성장과 변화가 핵심입니다. 이 책은 성격 문제를 넘어 클라이언트의 '변화'와 '성장'을 조력하는 성격심리 코칭의 좋은 길 안내를 해주고 있습니다.

김현진 교수 (정서중심코칭심리학회, 광신대학교 지역사회서비스사업단)

성격은 어릴 적부터 형성되는 과정으로 본 저서가 인간 성격형성에 대한 근본적인 의문과 성격장애에 대한 병리를 상담으로 해결하는 데 큰 도움을 줄 것으로 기대됩니다. 일상의 관계 회복에 어려움을 겪는 분과 주변 사람들과 자신의 성격 문제로 고민이 많으신 분들에게도 추천드립니다.

윤석주 교수 (한국열린사이버대학교 상담심리학과)

일상의 관계 회복을 위한
성격장애 상담을 시작하며

　　성격을 이해하고 다루는 것은 결코 쉬운 일은 아니다. 하물며 성격장애를 다룬다는 것은 더욱 어렵게 느껴진다. 성격은 살면서 형성된 생존의 도구이자 삶의 방식이라서 더 그렇다. 사람들은 현상으로 드러나는 태도를 보고 성격을 가늠하고 다가가지만, 사실 성격의 깊이는 어디까지 이어지는지 알 수도 없다. 처음에는 외부로 드러난 것에만 집중하지만, 시간이 지날수록 깊은 곳에 숨겨진 기괴한 성격들이 하나둘 나오면서 경악하거나 후회하기도 한다. 그리고 그런 성격을 어디까지 이해해야 하고 참고 넘어가야 하는지 끝없는 고민을 하기도 한다. 성격은 한 사람의 고유한 특질을 나타내고, 그 사람을 구별하는 특징이라고 할 수 있는데, 성격은 개인의 특성이나 요인, 그리고 유형 등으로 구분하기도 한다. 성격장애는 일반적인 성격유형이나 요인 등을 중심으로 하기보다는 병리적 증상을 중심으로 구분한다. 일반적으로 성격장애는 개인의 고유한 성격특성보다는 대인관계에서 나타나는 작용으로 인해 갈등이나 상처를 주는 것이다. 성격장애는 기질 특성보다는 개인이 사회에 적응하는 과정에서 나타나는 다양한 반응으로 고유한 특성으로 보이기도 한다. 이 때문에 성격장애를 장애로만 보기보다는 성격적 특성으로 보는 것이 일상적일 수 있다.

성격장애를 일상적인 수준에서 볼 수 있다는 것은 병리적인 증상이나 고통을 외면하거나 무시하려는 것이 아니다. 일상과 병리를 어느 정도 구분하고 건강하게 자신의 삶을 살도록 하기 위한 것이다. 성격장애는 일상적인 개인의 고유성을 나타내는 상대적 특성과 다른 사람과의 관계에서 자기 자신이나 주변에 큰 불편감을 주는 병리적 특성의 상태로 구분할 수 있다. 우리 주변에서 만나는 사람들이나 상담에서 만나는 사람들 대부분은 성격장애 특성을 나타내지만 개인 특성과 병리를 구분하는 것은 매우 어려운 일이다. 그렇다고 성격장애를 단순히 병리로만 이해할 수도 없다. 성격장애 특성은 상황이나 환경에 의해 일시적으로 나타나기도 하지만, 자신도 모르게 개인의 고유 특성으로 자리 잡은 경우도 많다. 이로 인해 경험되는 불편감과 상처, 그리고 그로 인한 정서적 어려움 등으로 상담을 시작하는 경우가 대부분이다. 일상에서 만나는 사람과의 관계에서 경험되는 부정적 정서는 상처가 되고, 이것이 다른 사람과의 관계에서 트라우마로 작용하게 되는 악순환이 되기도 한다. 큰 상처가 아니어서 무시하고 지나쳤던 작은 어려움도 시간이 지나거나 반복되는 경험을 하면서 생채기가 되고 나무의 옹이처럼 굳어지게 된다. 이런 경험이 성격장애로 나타나는 것이다. 성격장애 상담은 일상에서 갈등과 고민을 줄이며 자기실현을 위한 과정을 이해하고 적응하도록 돕는 전문적인 과정이라고 할 수 있다. 성격장애 상담은 일상 전반에 걸쳐 나타나는 다양한 주제와 정서를 다루게 된다. 이를 통해 삶의 비전을 찾고, 자기실현이라는 목표에 한 걸음 다가서게 된다. 이에 성격장애 상담은 상담사와 내담자가 함께 어우러져서 만드는 삶의 예술이며, 건강한 적응의 지표라고 할 수 있다. 사람을 건강하게 도와주고, 함께 존중하고 배려하는 사회에 산다는 것은 이런 의미이다. 이런 점에서 성격장애는 성격으로 현상을 넘어 자신을 건강하고 온전해지도록 돕는 선물로 이해할 수 있다.

상담하면서 문제만 보면 안 된다. 문제의 이면에 있는 본질이 무엇인지를 알면 쉽게 풀 수 있는 것들도 문제만 보면 주변의 것을 보지 못해 오히려 큰 문제가 되는 경우가 많다. 이런 점에서 성격장애 상담은 일상을 이해하는 데 도움이 될 뿐 아니라, 문제를 이해하고 풀어나가는 데 상당히 유용하다는 것을 알 수 있다. 이에 상담은 물론이고 일상에서 도움이 되기를 바라는 마음을 가지게 되었다. 이렇게 성격장애 상담에 대한 지침서를 만들려고 마음먹고 이런저런 생각들로 차일피일하다가 미흡해도 시작하자는 마음으로 전체적인 틀을 만들었다. 이미 성격장애 상담에 대한 좋은 지침서들이 있지만, 현장에서 적용하기에는 조금 어렵고 복잡하다는 생각이 항상 있었다. 조금 쉽게 이해하고 접근하도록 정리하고 싶은 마음을 모아 대인관계와 성격장애 상담을 통해 얻은 여러 경험을 정리해서 상담사들에게 작은 선물을 전한다. 성격장애 상담은 따로 구분하기 어려울 정도로 상담 그 자체라고 할 수 있다. 상담이라는 것이 결국 대인관계에서 나타나는 다양한 경험을 다루는 것이기 때문이다. 이 책에서는 정신역동이나 구체적인 기술들을 다루고 있지 않고, 성격장애의 원리적인 부분을 중점적으로 다루었다. 상담사는 물론이고 자신을 이해하고자 하는 사람들에게 성격장애 상담의 원리를 제시하고 좋은 길 안내를 위한 마음으로 이 책을 발간하게 되었다.

성격장애를 이해하고 상담에 적용하기 위해서는 성격장애와 성격장애 특성을 구분할 필요가 있다. 성격장애는 말 그대로 병리적 특성을 중심으로 한 증상이며, 성격장애 특성은 성격장애의 유형에서 제시하는 각 성격장애의 주요 특징에 대한 스펙트럼으로 일반적인 성격 특징이라고 할 수 있다. 적어도 이 책에서는 이렇게 구분하고 접근하고 있다. 본 책은 전체 3부로 되어 있다. 1부는 성격장애의 일반적인 개념으로 성격장애를 개관한다. 2부는 성격장애 특성의 10가지 유형을 각각 정리하여 유형별 주요 특성을 살펴본다. 3부는 성격장애 상담의 원리와 개입에 관한 부분으로 성격장애 상담을 진행하는 과정에 대한 전반적인 부분으로 정리하였다. 성격장애 상담은 방대하고 임상적으로 다양하게 나타나므로 쉽게 다가갈 수 없다. 또한 치료와 발달 및 성장의 축과 차원에서 다루어져야 하며 다양한 요소들이 상호작용하여 복합적으로 나타나기 때문에 쉽게 다룰 수 없는 부분도 있다. 상담할수록 어렵고 복잡한 것이 성격장애이지만, 한 걸음씩 가다 보면 언젠가는 이 책에 담긴 것 이상의 큰 선물을 받게 될 것이라고 기대한다.

2022년 12월
저자 **여 한 구**

차 례

추천사　　　　　　　　　　　5
서문　　　　　　　　　　　　8

I. 성격의 이해

1장 │ 성격의 일반적 이해　　　　19

1. 성격을 어떻게 이해할까?
2. 성격, 차이는 당연하다.
3. 성격은 선천적인가?
4. 혈액형으로 성격을 구분할 수 있는가?

2장 │ 성격특성의 이해　　　　　　43

1. 성격특성은 무엇인가?
2. 성격과 인격은 어떻게 다른가?
3. 성격장애와 성격
4. 성격특성과 병리

Ⅱ. 성격장애의 이해

3장 | 성격장애의 특성   69

1. 성격장애의 이해
2. 성격장애의 구조
3. 성격장애의 발달 특성

4장 | 성격장애군의 특성   85

1. 성격장애의 군집 특성
2. C군 성격장애 특성
3. B군 성격장애 특성
4. A군 성격장애 특성
5. 성격장애에서의 자아 구조

5장 | C군 성격장애의 구성과 특징   111

1. 의존성 성격장애
2. 회피성 성격장애
3. 강박성 성격장애

6장 | B군 성격장애의 구성과 특징　　　137

　　1. 자기애성 성격장애
　　2. 경계성 성격장애
　　3. 연극성 성격장애
　　4. 반사회성 성격장애

7장 | A군 성격장애의 구성과 특징　　　179

　　1. 편집성 성격장애
　　2. 조현성 성격장애
　　3. 조현형 성격장애

III. 성격장애와 상담

8장 | 성격장애 상담　　　199

　　1. 성격장애 상담의 이해
　　2. 성격장애 상담의 과정
　　3. 성격장애 상담에서의 진단
　　4. 성격장애 상담의 치료와 개입 원리
　　5. 성격장애 상담에서의 개입을 위한 전제

9장 | 성격장애 상담의 실제　　　　231

　　1. 성격장애 상담의 발달적 개입
　　2. 성격장애 상담의 진행
　　3. 성격장애 상담모델
　　4. 성격장애 상담의 기술

10장 | 자아 발달과 성격장애 상담　　　　255

　　1. 성격장애 상담과 자아
　　2. 자아발달과 성장
　　3. 자아존중감과 성격
　　4. 성격장애 스펙트럼의 이해
　　5. 성격장애 상담에서 불안 다루기
　　6. 성공적인 성격장애 상담을 위해

I. 성격의 이해

1장 성격의 일반적 이해
2장 성격특성의 이해

1장
성격의 일반적 이해

1. 성격을 어떻게 이해할까?

사람은 누구나 다른 사람에게 좋은 인상으로 기억되기를 바란다. 더구나 주변에 친한 사람들에게는 더욱 그런 마음을 갖게 된다. 하지만 그런 기대와는 달리 시간이 지날수록 더 모르겠다는 생각이 들기도 하고, 상처를 주거나 받으면서 아픔을 저축하게 된다. 겉으로 보이는 모습이나 첫인상과는 다르게 가까워지고 친해질수록 새롭게 보이는 낯선 모습에 혼란스러울 때가 많다. 친하다고 생각했는데, 처음 보는 모습에 배신감을 느끼기도 한다. 기대와 다른 반응이나 모습 속에서 혼란을 겪고 당황스럽게 된다. 이런 경험들이 모이면 사람에 대한 불신이 생기고, 깊은 상처를 받게 된다. 며칠 밤을 잠도 못 자면서 울기도 하고, 분이 풀리지 않아 벽을 치기도 한다. 이런 일을 경험하면서 세상에 대한 불신이 생기고, 위축된 삶을 살게 되면서 점차 성격이 바뀌는 것을 느끼기도 한다. 이런 경험이 쌓이면서 사람의 성격이 만들어지는데, 사람의 성격은 개인의 다양한 특징을 나타내는 것으로 여러 경험을 통해서 조금씩 축적되고 작용하면서 형성된다. 성격은 어떤 사람의 특징이나 특성을 나타내는 것으로 생애 경험이나 상태가 반영되어 나타난다. 비슷비슷한 환경과 관계 속에서 살아온 사람은 단순히 외모처럼 눈으로 확인할 수 있는 것이 아니라 일상적인 태도나 반응을 통해 구별할 수 있다.

성격특성은 다른 사람과 구별되는 자신만의 개성으로 볼 수 있다. 성격은 이런 개인의 고유한 특성으로 특성에 유사성이 깊고 상대적이라서 보기에는 비슷하지만 상반되는 것으로 느껴지기도 하고, 전혀 달라 보이지만 때로는 너무 닮아있다. 이로 인해 자신과 유사한 성격의 사람에게도 상처를 받거나 주기도 한다. 이런 특성은 서로 다름으로 매력적이기도 하지만, 자신이나 다른 사람에게 상처를 주는 무기가 되기도 한다.[1] 결국 자신뿐 아니라 주변의 많은 사람과의 관계를 무너뜨리고 상처를 주게 되어 고립된다. 이렇게 마음에 상처를 받으면 몸에 난 상처보다 더 아프고 힘들다. 아니 아픈 것보다 어떻게 치료해야 할지를 모르는 것이 더 큰 문제이다. 마음의 상처는 외상과 달리 눈에 보이지 않고, 어떤 상태인지도 모르며 어떻게 치료해야 할지도 명확하지 않기 때문이다. 때로는 자신에게 상처가 생겼는지도 모르는 상태로 수개월에서 수년을 지내다가 어느 날 갑자기 나타나는 고통과 상처로 걷잡을 수 없는 아픔을 겪기도 한다. 이런 마음의 상처는 신체와 생리 작용과 연계되어 질병을 유발하기도 한다.

---

[1] E. Bleiberg, 『아동·청소년 성격장애 치료: 관계적 접근』, 이문희·이은진·유성경 옮김, (서울: 학지사, 2018), 4.

성격특성은 여러 사람이 어우러져 살아가야 하는 사회의 다양성을 나타내며, 복잡한 인간관계를 상징하기도 한다. 다른 사람들과 함께 살게 되면서 성격은 사람들의 복잡한 관계를 나타내는 주요 지표가 되었으나, 성격을 쉽게 이해하기 어렵다는 점에서 오히려 대인관계를 복잡하고 어려운 것으로 치부하게 한다. 성격은 사람이 주어진 상황에서 어떤 행동을 할 것인가를 예측할 수 있는 안정적인 개인의 태도라고 할 수 있다. 예상하지 못한 상황에서 나타나는 급작스럽고 일회적인 특성을 성격이라고 하지는 않는다. 사람마다 성격특성이 나타나는 상황이 다르고, 다른 사람이 그 상황을 직접 겪은 것도 아니고, 직접 경험한다고 할지라도 그 반응이 다를 수 있다는 점에서 단순하게 판단하거나 평가할 수는 없다. 성격은 자동적 반응의 경향이 있지만, 때로는 인지적 활동을 통해 특별하게 작용하기도 한다. 반응을 중심으로 하는 성격특성은 안정적이고 일관성 있게 드러나는 것이다. 이런 점에서 성격은 개개인을 구분하는 특징으로 비교적 일관된 행동이나 태도와 관련이 있다.

성격특성은 외부로 드러나고 관찰되는 행동이나 사고, 평소의 언행이나 정서는 물론이고, 때로는 목소리나 외모, 그리고 걸음걸이 등을 통해 나타나기 때문에 여러 정보를 통해 조직화된다. 성격은 다른 사람에게 보이는 반응이나 현상으로 한 사람의 전체를 나타내기에는 상당히 제약이 있는 정보이다. 개인이 반응하는 여러 상황은 특정 경험을 넘어서 일상에서 관찰과 인지 가능한 것이 조직화되어 전체적으로 반영되어야 한다.[2] 이런 점에서 성격은 어느 정도 예측 가능해야 하고, 자

---

2 Thomas C. Schelling, 『미시동기와 거시행동』, 이한중 옮김, (서울: 21세기북스, 2009), 46.

신과 다른 사람에게 안정적으로 인정되고 수용되는 것이어야 한다.[3] 이런 특성을 구분하기 위해 성격을 나타내는 다양한 방법이 사용된다. 성격을 나타내는 특징으로 목소리나 외모, 그리고 걸음걸이 등이 있다. 세밀하게는 지문이나 치열, 그리고 홍채 같은 특징으로 구분하기도 한다. 최근에는 글씨체를 가지고 성격을 파악하거나 범죄 특성을 분석하기도 한다. 하지만 이렇게 관찰되는 신체적 특징이나 외적 태도만을 성격이라고 하지 않는다. 드러나는 것은 단순 정보나 관찰 자료를 제공할 뿐이고, 실제 성격은 그런 태도를 유발한 동기와도 깊은 관련이 있기 때문이다. 한 사람의 성격은 개인의 특성을 나타내는 행동이나 태도와 관련되기는 하지만, 실제는 내면의 다양한 요소와 특질이 복합적으로 작용하는 것이다.

개인의 특징이 반영된 성격은 다른 사람과 구분되는 개인의 고유성인 개성으로 나타난다. 한 사람을 특징짓는 성격이 문제가 되는 것은 자신의 성격과 다른 사람의 성격이 다를 때 나타나는 특성과 이로 인해 갈등이 불거지고 오해가 증폭된 부정적 경험 때문이라고 할 수 있다. 이는 옳고 그름의 문제가 아니라 다름의 차이일 뿐인데, 이로 인해 오해와 편 가르기, 그리고 다툼이 생겨 자신의 마음과는 다른 태도나 결과를 초래하기도 한다. 이솝우화 페리 인덱스 426번 '여우와 두루미'는 이를 잘 보여준다. 친한 친구인 여우와 두루미는 서로 자기 집에 초대하여 맛있는 음식을 대접하지만, 오히려 원수가 되었다. 서로 초대

---

3 Randy J. Larsen & David M. Buss, 『성격심리학』, 김근향·조선미·권호인 옮김, (서울: 시그마프레스, 2018), 11.

하지 않았더라면 좋은 친구로 지냈겠지만, 집에 초대할 만큼 가까워지면서 갈등이 커지게 된 것이다. 여우가 두루미를 약 올리기 위해 접시에 음식을 대접한 것은 아니었을 것이고, 두루미도 여우에게 긴 호리병에 음식을 담아 여우를 골탕 먹이고 복수하기 위한 것이라고 볼 수는 없다. 어쩌면 여우의 집에는 호리병이 없고, 두루미의 집에는 접시가 없었던 것은 아니었을까? 아니 각자 자신에게 필요한 문화의 산물만 있었기에 자신과 다른 환경과 문화를 이해하지 못한 것은 아니었을까? 친한 친구나 부부는 대부분 이런 문제로 인해 갈등의 골이 깊어지고 결국 원수처럼 지내거나 단절하게 된다. 문제는 이런 개인을 구별하는 특징이 오히려 갈등의 원인이 된다는 것이다.

이런 점에서 성격은 개인을 나타내는 개성이지만, 다른 누군가에게는 긍정과 부정을, 그리고 그 사람을 판단하는 기준이 된다는 것이다. 하지만 이는 철저히 주관적인 관점에서 이루어지는 것이고, 상대적인 측면이 배제되어 갈등 요소가 된다. 성격을 일상의 어떤 사건에 대한 반응이라고 한다면, 그런 반응이 특정 사건에서는 다르게 작용할 수 있다는 점에서 혼란을 주기도 한다. 어떤 상황이 이전에 경험했던 것이든 전혀 새로운 것이든 상관없이 반응이 나오는 순간 자신은 물론이고 다른 사람도 혼란스러울 수 있다. 따라서 사람들은 갈등과 다툼이 성격 때문에 생기는 것으로 인식할 수 있다. 그래서 다른 사람을 이해하지 못하고 갈등이 생기고 고집스럽게 대립하게 되면 '성격 참 이상하네'라고 판단하고 유야무야有耶無耶 넘어가기도 한다. 그래서인지 심리학의 하위 영역에서도 성격심리학은 다른 심리 체계보다 더 복잡하고 혼란스러운 것도 이런 까닭이다. 성격은 개인을 특징짓는 다양한 행동이나 태도로 일관심 있게 드러나는 개인의 공통적인 특성을 반영한 것이라고 할 수 있다.[4] 이런 과정에서 성격은 자신이 중요하다고 생각하는 자질과 신념, 그리고 그것에 대한 사람들의 평가와 연관되어 있다. 개인의 자질과 성격은 그런 개인의 특성을 나타내기 때문에 여러 사람과 어울려 사는 사회에서 필수적인 이해 요소와 동시에 갈등 요소가 된다.[5]

이처럼 성격은 개인의 고유한 특성을 나타내며, 다른 사람과 구별되는 특징이다. 나아가 개인이 세상에 적응하며 살아가는 방식을 나타내며 생존의 무기로 활용되기도 한다. 하지만 성격은 개인마다 고유한 특성이 있어서 다른 사람을 보면 서로 다른 방식으로 인해 혼란과 갈등을 준다.[6] 특히 이해관계가 얽혀 있거나 친밀한 관계에서 편하게 느끼면 자신도 모르게 숨겨진 특성이 나타나 평소 드러나던 성격과 다른 부분으로 인해 혼란을 겪기도 한다. 부부나 가족 간에 나타나는 다양한 갈등도 성격의 미숙함에서 비롯된다. 성격장애 특성이 나타내는 영향에는 보편적이지만 개별적인 특성이 다양하게 반영된다. 쉽게 말하자면 성격장애 특성은 대부분이 가지고 있는 특성이나 요인이라는 것을 의미한다. 실제 일반 인구의 23% 정도를 제외하고 70% 이상은 '어느 정도의 성격 장애'를 가지고 있다고 한다.[7] 이처럼 성격이 일상에서 경험되는 안정적인 개인의 고유한 특성이라고 한다면, 우리가 실제 경험하는 성격은 외부로 드러나는 개인의 특성 외에 종종 스트레스 상황

---

4 Daniel Cervone & Lawrence A. Pervin, 『성격심리학』, 민경환·김민희·황석현·김명철 옮김, (서울: 시그마프레스, 2022), 594.
5 권석만, 『이상심리학의 기초』, (서울: 학지사, 2016), 21.
6 노안영·강영신, 『성격심리학』, (서울: 학지사, 2007), 459-461.
7 M. Yang, Coid, J. & Tyrer, P. Pesonality Pathology Recorded by Severity: National Survey. British Journal of Psychiatry, (2010), 197(3), 193-199.

에서 나타나는 돌발적인 것들을 포함하여 인식하기 때문에 혼란을 겪는 것이다. 그럴 때마다. '그 사람 참~!! 성격이 왜 그렇대?'라고 냉소적으로 말하면서 그냥 멀리하게 된다. 하지만 이런 태도는 점차 사람에 대한 불신을 갖게 하고, 위축된 삶을 살게 한다. 이로 인해 대인관계에 어려움이 나타나기도 하는데, 이 때문에 인성교육의 필요성과 중요성을 말하기도 한다. 결국 성격은 개인의 고유한 특성을 넘어 다른 사람과의 관계에서 중요한 통로로 작용한다. 그리고 다른 사람에게 보이는 자신의 모습이라는 점에서 성숙한 인격을 갖추는 자기실현의 측면에서 전 생애에 걸쳐 갈고 다듬어야 하는 것, 그 자체라고 할 수 있다. 따라서 사람의 성격은 한 사람을 세상에 적응하며 살아가도록 하는 중요한 생존방식이며, 자기 자신을 인식하고 다른 사람에게 자신을 드러내는 일반적이고 대표적인 자기표현 양식이다.[8] 성격특성을 이해한다는 것은 자신을 안다는 것을 의미하는 것이고, 다른 사람에 대해 관심이 있으며 진정한 의미의 소통을 위한 첫걸음이기도 하다.

> 성격은 한 사람의 사고, 정서, 그리고 태도와 행동의 총합이다.
> 성격은 세상에서 생존하기 위한 적응의 결과이다.
> 성격은 학습행동이나 태도로 자동으로 반영되고 발현된다.
> 성격은 보편적인 측면과 동시에 각 사람의 고유한 특성을 나타낸다.
> 성격 패턴은 사람의 행동이나 태도를 예측할 수 있게 한다.

성격의 특징

---

[8] Aaron T. Beck, Gary Emerry & Ruth L. Greenberg, 『인지적 관점에서 보는 불안장애와 공포증』, 이성직·조난숙 옮김, (서울: 학지사, 2022), 53.

2. 성격, 차이는 당연하다.

　가정법원에서는 가사상담위원을 위촉하여 이혼 및 가사사건 재판에 도움을 주고 있다. 이 제도는 2008년 4월 처음 시범적으로 시행되었다. 이때 가사재판 과정에서 상담이 필요한데 도와달라는 제안을 받고, 1호로 위촉장을 받았다. 서류하나부터 상담의 과정, 그리고 법원 내 상담실 개설까지 정신없이 움직이면서 상담제도를 정착시키고 많은 부부를 상담했다.[9] 사랑해서 만난 사이이고, 자녀를 낳아 기르던 사이라도 마음이 떠나면 아무 소용이 없었다. 아니 어쩌면 남보다 못한 사이가 되고, 심지어 어린 자녀들 앞에서 서로에 대해 욕지거리를 거침없이 해대기도 한다. 이런 것들은 눈살을 찌푸리게 하고 불편함을 주었지만, 오히려 양반인지도 모르겠다. 우리도 모르는 사이 가정폭력으로 가족이 서로를 죽이기도 하고 부모의 손에 학대당하거나 죽어가는 아이들도 많으니 말이다.

　이혼 재판은 당사자들이 협의나 타협점을 찾지 못했기 때문에 마지막 선택으로 시작하는 경우가 대부분이다. 어떤 사람은 이혼을 안 해주면 죽거나 죽이거나 해야 한다고 반협박을 하기도 한다. 이런 갈등의 이면에는 상호불신이 있고, 감정의 골이 너무나 깊어서 어떻게 손쓸 방법을 찾지 못하는 경우도 많다. 이런 결과가 만들어지기까지 그동안 이 사람들은 무엇을 했는지 궁금하기도 했고, 답답하기도 했다. 그리고 적

---

[9] 수원지방법원 안산지원 가사상담실, 『가사재판에 상담이 꼭 필요한 이유-수원지방법원 안산지원 부부아동상담의 실제 사례를 중심으로』, (안산: 수원지방법원 안산지원, 2010), 13.

게는 수년에서 길게는 수십 년 동안 끙끙거리고 앓으면서 지낸 고통의 세월이 느껴지기도 했다. 그들을 만날 때마다 어떤 이유로 이혼을 선택했는지 물으면 대부분은 성격 차이라고 했다. 실제 이혼 사유로 성격 차이는 60%에 달한다. 그런데 가만히 생각해보면 성격 차이가 없는 부부는 있을 수가 없다. 부모와 자녀 사이에도 성격 차이는 존재한다. 한 부모에게서 태어나고, 같은 집에서 살고, 같은 환경에서 학교도 비슷하게 다닌 형제나 자매도 지지고 볶고 평생을 싸우기도 한다. 아니 한 부모에게서 같은 날 같은 시간대에 태어난 일란성 쌍둥이도 성격 차이가 있다. 유전자가 같은데도 불구하고 말이다. 그런데 부부는 부모도 다르고, 성장 과정에서 한집에 살지도 않았고, 거의 모든 부부가 학교를 초등학교부터 중고등학교까지 같이 다닌 것도 아니다. 심지어 성별도 다르다. 그럼 너무나 당연히 달라야 하는 것이 아닌가? 이렇게 달라야 하는 게 정상인데도, 서로 성격이 다르기에 헤어지는 것은 어불성설語不成說이다. 정말 성격이 달라서 헤어져야 한다면 행복한 결혼을 꿈꾸면 안 되는 것이다. 아니 결혼은 헤어지기 위해서 하는 것이라고 이해하는 것이 적절하다. 차라리 살 만큼 살았으니 이제는 따로 살아봐야겠다는 말이 더 설득력이 있다. 그렇다고 해서 이혼을 하지 말라는 것을 의미하는것은 아니다. 부부사이에 성격차이는 너무도 당연하기 때문에 이혼의 사유로 들기에 불합리한 부분이 있다는 것이다.

누구라도 피할 수 없는 그런 상황에서 당연한 성격 차이를 극복하기 위해 무엇을 했는지 확인해보면 사실 한 것이 아무것도 없다. 그냥 혼자 힘들어하고, 이제나저제나 알아서 바뀔 때만 기다리다 서서히 지쳐가고, 죽어가고 있다. 그렇다고 명확한 기대가 있거나 요구를 하는 것도 아니다. 막연하게 신뢰와 존중을 말하면서 그냥 상대가 알아서 바뀌기를 바라고 원하는 대로 해주기를 바라는 마음으로 이를 악물고 버티기만 했다. 그렇게 시간을 흘려보내면서 알아서 체념하고, 마음의 병이 만들어진 것이다. 이혼 재판에 오는 사람들에게 그렇게 힘든 시간을 보내면서 무엇을 했는지 물어보면 대부분 '남들도 다 그렇게 사는 거 아닌가요?'라며 되묻는다. 그렇다. 남들도 다 그렇게 살고 있다. 아니 더 힘든 사람과 살기도 한다. 그렇다고 그런 사람들이 다 이혼을 선택하는 것은 아니다. 여기에 우리도 모르는 논리의 오류가 들어있다. 사람들은 대부분 그냥 결과를 보고 결과에 맞춰서 이유를 찾으려고 한다. 쉽게 말하면 헤어져야 한다는 답을 정해놓고 헤어져야 하는 이유를 찾는 것이다. 헤어지지 않을 이유가 아무리 많아도 헤어져야 할 이유만 내세우기 때문에 소위 '답정너'가 되는 것이다. 이런 사고 패턴은 더 많이 아픈 시간을 보내게 한다. 문제가 생기면 그 문제를 해결하기 위해 전문가의 도움을 받아야 하는데 사람들은 자기의 말을 들어주고, 지지해줄 사람을 찾느라 실제 문제를 다룰 수는 없게 된다. 이렇게 서로 다를 수밖에 없는 것이 당연한 성격을 내세우며 힘들고 어려운 시간을 보내게 되는 것이다.

성격은 누구도 서로 같은 사람은 없다는 결론이다. 최근 들어 MZ 세대_{1980년대 초반에서 2000년대 초반에 출생한 '밀레니얼 세대'와 1990년대 중반부터 2000년대 초반 출생한 'Z세대'를 아우르는 말}에게 유행처럼 광풍이 부는 것이 MBTI이다. 16가지 성격 유형으로 성격을 설명해서 명료하게 자신과 다른 사람의 성격을 이해하는 데 도움이 된다. 하지만 간과하는 것이 있다. 같은 성격유형이라도 사람과 사람이 대면하면 그 성격이 서로 간섭한다는 것이다. 외향적인 사람이 나보다 더 외향적인 사람을 만나면 상대적으로 내향성이 되는 것이다. 이런 이유로 다른 사람들이 보는 자신과 특정 상대와의 관계에서 경험되는 자신은 다르게 나타나고, 결국 왜곡된 것처럼 보이게 된다. 이로 인해 상대가 자신을 이상하게 만드는 힘이 있고, 그 사람으로 인해 이상한 사람이 된다며 화내고 원망하기도 한다. 성격은 100명이 있으면 100명 모두 서로 다르다고 보아야 한다. 이런 점에서 성격을 이해한다는 것이 어렵다. 또한 이런 과정에서 자신의 한계를 경험하고 좌절하게 된다. 더욱이 다른 사람들과의 관계에서 제한되거나 경직성을 가지고 있다면 성격은 알면 알수록 더 힘들고 어려운 것이 된다. 이런 점을 이해한다면 차라리 다른 사람의 성격을 자신이 원하는 대로 바꾸려고 하거나 이해하려는 노력을 어느 정도 포기하고 수용적인 경험을 할 수 있다.

결국 사람이 사회에 적응하고 살아가는 것의 본질에는 다른 사람의 성격, 사회와 집단의 성격, 그리고 자신의 성격을 이해하는 것이 중요하다. 절대적으로 성격을 구분하는 기준도 없고, 합리적이고 객관적인 기준도 개인의 일상에서는 큰 의미는 없다. 사람마다 상황마다 다 다르게 적용되고 작용하는 것이 성격이기 때문이다.[10] 이런 점에서 성격을 형성하고 자신만의 특성인 성격을 통해 자신을 드러내는 것은 정말

---

10   Charles S. Carver & Michael F. Scheier, 『성격심리학: 성격에 대한 관점들』, 김교헌·심미영·원두리 옮김, (서울: 학지사, 2005), 31.

어려운 일이다. 그렇지만 성격은 개인을 나타내는 가장 핵심적인 지표이고, 세상에 적응하는 방식이므로 충분히 알아차리고 성장시켜야 하는 자기 특성이다. 따라서 성격에 대한 막연한 기대나 비슷하거나 유사할 것이라고 하는 생각을 하는 것은 지극히 위험한 발상이다. 차라리 달라도 너무 다르다고 인정하고 시작하는 것이 지혜로운 일이다. 그렇다면 서로 다른 성격의 문제를 현실적으로 어떻게 해결할 것인가의 의문이 떠오른다. 성격은 서로 다르므로 일부러 맞추려고 하기보다는 서로의 개성을 이해하고 상처를 최소화하면서 서로 존중하는 것이 중요하다. 성격장애는 이런 과정에서 불거진 불편함을 잘 드러낸다. 그렇지만 장애라고 치부해버린다고 아픔이 줄어들거나 상처가 없어지는 것은 아니다. 그렇기에 어떤 형식이든 어떤 이름이든 상관없이 자신의 성격을 드러내고 다른 사람들과 더불어 건강한 관계를 유지하면서 살아가는 것이 필요하다. 여기에 답이 있다. 자신의 성격이 존중받으려면 다른 사람의 성격도 존중해야 한다는 것이다. 이를 위해 먼저 자기 자신의 특성을 이해하고 수용하며, 건강하게 반응하고 상호작용할 수 있도록 해야 한다. 그래서 자신 있게 말할 수 있는 것은 성격은 차이가 나는 것이 정상이고, 사람이 서로 다른 성격을 가지고 있는 것이 당연하다. 서로 일치시키려고 투쟁하고 하나라도 더 얻어내려고 노력하기보다는 자신을 아름답게 만들고, 자신을 잘 드러내고 표현하는 방식으로 적응하며 유연성을 갖는 것이 건강한 것이다. 그래서 성격 차이, 이젠 변명으로도 사용하지 말고, 당당하고 자신 있게 말해야 한다. 성격, 다른 것이 답이다.

3. 성격은 선천적인가?

사람의 성격을 이해하는 다양한 방법들이 나오면서 객관적으로 성격특성이나 유형을 찾으려는 노력도 끊이지 않고 있다. 성격이 서로 달라서 생기는 복잡한 상황이나 이로 인한 갈등이 삶을 힘들게 할 뿐 아니라 때로는 사랑하는 사이가 원수로 변하거나 칼부림이 나기도 한다. 이런 성격이 선천적인지 후천적인지에 대한 논쟁은 상당히 오래되었다. 태생적이라는 믿음은 전통 사회의 신분제도로 강화되었으며, 혈통 중심의 사회에서는 이 믿음이 당연한 일로 받아들여졌다. 변동성이 적은 사회를 지나 급격한 변화의 시대가 나타나면서 성격은 환경 특성의 강한 작용을 경험하게 되었고, 후천적 요인이 주목받게 되었다. 세상을 살아가는 과정에서 경험하는 다양한 사람들은 심리학 교재에도 잘 나오지 않는 경우가 많다. 이런 혼란과 갈등은 성격의 복잡성을 잘 보여준다. 이상한 사람들은 선천적인 요인보다는 세월의 풍파를 겪으면서 그렇게 반응하게 된 것이다.

옛날 사람들은 성격이 천성적이라는 신념을 가지고 있었다. 성격특성을 구분하는 성선설과 성악설이 대표적인 예이다. 사람은 태어날 때 선하게 태어났다는 성선설性善說과 악하게 태어났다는 성악설性惡說은 서로 대립적으로 오랜 논쟁을 이어왔다. 고대 중국 사상의 기초가 된 인간 이해인 맹자孟子의 성선설은 사람은 천성적인 '양지양능'良知良能(교육이나 경험에 의하지 않고 선천적으로 사물을 알고 행할 수 있는 마음의 작용)이 있고, '인의예지'仁義禮智의 사단四端(사람의 본성을 나타내는 도덕의 근본)을 확충할 능력이 있다고 본다. 사람의 본성은 원래 선한 것이고, 악이 생기는 것은 외물外物, 즉 환경에 영향을 받기 때문이라는 것이다. 이는 맹모삼천지교^{孟母三遷之敎}로 잘 알려진 맹자의 경험과 연관된 것으로 볼 수 있다. 이와 반대로 순자^{荀子}는 사람의 성정은 본질상 악^{惡}하다는 성악설^{性惡說}을 주장했고, 선^{善}은 후천적인 것으로 본다. 즉 선천적 성^{性}은 이기적 욕망이며 위^{爲}라는 것은 작위^{作爲}인데, 즉 후천적 노력으로 예$^{禮(이상적 규율)}$를 따르도록 해야 한다는 것이다. 서로 다른 두 주장은 오랫동안 논쟁의 중심에 있었으며, 사람에 대한 다양한 경험의 바탕을 나타내는 것이다. 자세히 들여다보지 않으면 사람의 본성을 이해하는 기본 시각만 드러나지만, 자세히 보면 각각 후천적인 환경에 영향을 받는다는 것과 일치한다. 단지 후천적 요인인 교육의 내용과 방식에 대한 이해가 다르다고 볼 수 있다. 성선설과 성악설은 동양철학은 물론이고 서양에서도 상당히 오랫동안 논쟁의 중심에 있던 철학적 핵심 주제였다. 성격에 대한 이런 논쟁은 다양하게 나타나며 이어져 왔다.

이처럼 성격에 대한 논쟁은 각각 하나의 논리 체계의 일리^{一理} 있는 주장을 내세운다. 그리고 각각의 주장은 논리적으로 충분한 설득력이 있다. 일리가 있다는 것은 그 주장에 합당한 내용이나 논지가 있고 나름 합리성을 가지고 있지만, 다른 맥락이나 이해의 가능성을 배제할 수는 없음을 의미한다. 이는 인식의 범주를 넘어서면 다른 측면이나 세상이 보인다는 것이다. 이런 점에서 부분과 전체로 나누어 설명할 수 있는데, 미시적 관점에서는 맞지만, 거시적 관점에서는 다른 맥락을 가질 수 있음을 나타낸다. 이런 점에서 일리 있는 주장은 각 논리의 하나를 선택하면, 다른 논리에 상당한 아쉬움이 남는다. 이분법적이고 대립적 갈등 구조에서의 성격 이해는 사람을 편을 갈라 다투게 한다. 성격

이해는 종합적 인식과 이해가 필요하다는 것을 보여준다. 어떤 시각으로 보느냐에 따라 다르게 보이고, 그 시각에서는 상당히 합리적인 근거와 타당성을 가질 수 있기 때문이다. 이런 성격에 대한 인식의 차이와는 별개로 성격이 선천적 경향성을 갖는지, 후천적 경향성을 갖는지는 지속적인 논쟁거리가 되어왔다. 전통적으로 성격은 선천적이라는 인식이 더 강하게 작용했는데, 이는 전통 사회의 혈통 중심의 폐쇄적 사회구조로 인해 그런 생각이 더 강하게 작용한 것으로 볼 수 있다. 선천적 성격특성의 대표적인 것은 그리스의 히포크라테스^{HippocratesII}의 체액병리설을 중심으로 하는 갈렌$^{Claudios\ Galenos,\ 130~200}$의 다혈질, 담즙질, 우울질, 점액질로 성격을 구분하는 기질이론이다.[11] 이는 상당히 오랫동안 전수되었으며, 체액에 따라 사람을 구분하고 성격특성을 이해한 것으로 생리적 태생을 기반으로 기질적 측면을 강조한 것이다. 우리나라에서도 이제마$^{李濟馬(1838~1900)}$의 사상의학^{四象醫學}은 선천적 기질 특성을 나타낸다. 이제마는 동의수세보원^{東醫壽世保元}에서 사람은 생리적으로 네 가지 체형^{體形}의 범주에서 벗어날 수 없고, 내장기^{內藏器}의 대소^{大小}·허실^{虛實}이 상대적으로 결정되어 있다고 보았다. 태양, 태음, 소양, 소음의 네 가지 특성으로 구분하며, 각각의 특성을 나타낸다. 이런 기질 특성은 태생적인 것의 중요성을 강하게 나타냈다.

이런 선천적인 경향성에 대한 다양한 주장은 시대를 거듭하고 사회나 문명의 발전과 적응의 과정을 거치면서 후천적 경향성이 힘을 갖게 되면서 점차 영향력이 줄어들게 되었다. 특히 근대화 교육은 이런

---

11 노안영·강영신, 『성격심리학』, 22.

후천적 경향성의 발달에 가장 큰 영향을 주었다. 성격이 타고나는 천성적이라 하더라도 각자 서로 다른 학습과 경험에 따라 달라진다는 주장은 시간이 지날수록 더 강하게 나타났다.[12] 사실 성선설과 성악설의 논쟁도 사람의 타고난 성정性情과는 별개로 결국 후천적인 노력이나 환경에 의해 달라질 수 있다는 것을 내포하는 것이다. 성격특성이 타고 태어난다는 주장은 상당히 오랫동안 이어져 왔는데, 이는 어쩌면 주어진 환경에서 큰 변화 없이 살았던 시대 사람들의 경험이 반영된 것으로 볼 수 있다. 시대적 상황에서 후천적 경험과 환경적 요인에 변화가 적었고, 상당 기간 안정적 관계를 유지하며 대물림하는 환경이었기에 그런 시각이 적합하게 작용할 수 있었을 것이다. 하지만 사회가 복잡해지고, 이웃 마을과의 교류가 증가하고 생활환경이 넓어지면서 이런 단순성은 점차 혼란을 주고 관계 속에서 복잡한 작용이 나타나게 되었다. 대대로 살던 안정적인 범위를 넘어 더 넓은 세상에 적응해야 한다는 당위성이 나타나면서 변동성이 더 커지게 된 것이다. 어릴 적 알던 사람이 상당 기간이 지나 큰 성공을 거두고 돌아오거나 기대와는 전혀 다른 삶을 사는 것에서 이런 변화에 대한 수용적 태도는 더 커졌다. 전통사회는 종교나 신분제 등 여러 제약을 통해 변화의 가능성을 원천적으로 차단해 왔다. 하지만 시대와 환경의 변화로 인한 사회 변동은 삶에서 작용하는 후천적 영향의 가능성을 높여왔다. 이런 변화는 성격의 대립적 경향에서 어느 한쪽을 선택하거나 우위에 두기보다는 사람이 어떤 특성을 가지고 태어났느냐 만큼 어떤 환경요인의 영향을 받았는지

---

12 최현석, 『인간의 모든 성격: 나를 나이게 하는 것은 무엇인가』, (서울: 서해문집, 2018), 21.

도 중요하다는 것을 인정해야 한다는 것을 의미한다.

시간이 지나면서 성격의 선천적 특성을 중시하던 구도는 후천적 특성의 다양성으로 전환되어왔다. 이분법적 구조는 상당히 오랫동안 사람들의 성격에 대한 믿음을 지배해 왔고, 결국 한 사람의 성격은 개인적 특성이라기보다는 선천적인 것을 나타내는 가족성이나 민족성을 대변하는 것으로 이해하거나 교육과 같은 사회환경에 의한 것이라고 서로 주장했고, 이런 갈등은 상당히 오랫동안 지속되었다. 이런 논쟁은 비교적 최근에 와서야 사람의 성격이 선천적 기질과 후천적 경험이나 환경의 복합적 작용에 의한 것이라고 받아들여지게 되었다.[13] 그렇다고 해서 선천적인 경향성을 고전적인 주장으로, 경험이나 환경적인 요인을 현대적이라고 이해하는 것은 상당히 조심스러운 일이다. 상대적으로 선천성보다는 후천성 주장이 비교적 후대이기는 하지만, 현대적 의미에서는 유전학의 발달이나 게놈지도와 같은 증거들은 선천성을 뒷받침하기 때문이다. 결과적으로 이런 논의에서는 탈이분법적 태도가 절대적이며 다양성과 복합성에 대한 새로운 시각을 통해 성격 이해의 지평을 넓혀야 한다. 이런 점에서 사람의 성격은 특정 요인이나 경향의 해석이나 이해를 넘어 다양하고 복합적인 요인들의 간섭과 융합 등의 작용으로 현재화된다고 보는 것이 적절하다. 이는 심리와 상담에서도 중요하게 다루어지고 있다. 특히 정신분석에서는 부모와의 상호작용이나 경험을 기반으로 세상에 대한 인식과 태도가 형성된다는 것에서 개인의 고유한 특성으로 세상에 적응한다는 것으로 변화되어왔다. 이는

---

13   민성길 외, 『최신정신의학』, (서울: 일조각, 2016), 587.

선천적으로 정형화된 특성이나 유형을 구조화하는 것을 넘어 주관성을 가지면서 세상에 적응하고 상호작용한다는 상호주관성 이론으로 확대되면서 보다 활발한 연구가 이루어지고 있다.

성격이 선천적인지 후천적인지 하는 것은 이미 구태의연한 논쟁이 되었다. 이제는 성격의 다양한 특성 요인을 이해하고, 개개인의 작용이 어떻게 나타나며 경향성이 일반화되고 있는지를 이해하는 것이 중요하다.[14] 특히 선천적 기질과 후천적 환경을 넘어 개인의 삶의 경험이 어떻게 반영되고 작용하는지가 성격 이해에 핵심적 요인이 된다. 형성된 결정체로서의 성격을 넘어서 변화와 본질에 대한 가치를 이해하고 온전성을 지향하는 측면에서의 성격이 더 중요하게 나타날 수 있다.[15] 성격에 대한 선천성과 후천성의 논쟁 이면에는 양육자 책임에 대한 민감한 부분이 나타난다. 신체 능력과 마찬가지로 정서적인 부분도 태어나면서 완성된 상태로 태어나지 않고 양육과 성장의 과정에서 조절 능력이 생기게 되는데, 이 과정에서 부모의 역할과 태도가 큰 영향을 준다. 이를 굳이 증명하지 않아도 경험적으로 사람들은 부모를 비롯한 양육자의 역할이 중요하다는 것을 알고 있다. 하지만 충분히 좋은 양육자의 역할을 해도 그 결과가 기대와 다르게 나타나면 혼란이 나타나고, 성격을 선천적이라고 하는 것이 더 편할 수 있다. 이런 논쟁 속에서 성격을 선천인지 후천인지의 이분법적 논쟁이 아니라 성격이 작용하는 다양한 영향력을 이해하고 고려하는 것이 중요하다.

14　Carver & Scheier, 『성격심리학』, 33.
15　윤미선, 『홀로서는 연습』, (서울: 유노북스, 2015), 12.

생각을 조심해라. 생각은 말이 된다.
말을 조심해라. 말은 행동이 된다.
행동을 조심해라. 행동은 습관이 된다.
습관을 조심해라. 습관은 성격이 된다.
성격을 조심해라. 성격은 운명이 된다.
결국 우리는 생각하는 대로 된다.

- 영화 「철의 여인」 중에서 -

4. 혈액형으로 성격을 구분할 수 있는가?

혈액형으로 사람의 성격을 구분하는 것이 한동안 유행했다. 사람들은 너도나도 혈액형이 뭐냐고 하면서 마구 평가해댔고, 선입관을 가지고 사람을 대하기도 했다. 영화가 나오고 여기저기에서 혈액형과 관련된 서적이 출판되어 인기를 얻기도 했다. 심지어 공영방송인 EBS에서는 혈액형에 따른 학습법을 방송해서 큰 인기를 끌어 여러 차례 재방영하기도 했다. 하지만 ABO식 혈액형으로 구분하는 성격유형은 몇 가지 이유로 금기시되어야 하고, 과학적 사고나 상담이나 심리학적 기본 소양이 있는 사람이라면 하지 않아야 한다는 것을 알고 있다. 물론 혈액형 성격은 대부분 그냥 재미로 가볍게 받아들이면 된다고 생각하기도 하지만, 이로 인해 발생하는 편견과 혼란으로 개인의 선택이나 삶에 부정적 영향을 줄 수 있다는 것이 심각성을 더하게 된다. 혈액형은 자신의 노력으로 바뀔 수 있는 것이 아니기 때문에 더 그렇다. 아이러니하게도 혈액형 성격이 과학적 근거가 있는 것처럼 논문이나 통계로 이를 증명하려고 한다는 것이다. 하지만 과학적으로 문제가 되는 것은 우선 혈액형 성격에 사용되는 ABO식 혈액형은 적혈구 표면의 단백질 유형으로 이 단백질이 성격과 연관되어 있다는 것은 과학적으로 타당한 가설을 만들 수 없다는 주장이 일반적이다. ABO식 혈액형은 단순히 특정 항원 배열을 수혈이나 연구 목적으로 활용하기 쉽도록 구분해 놓은 것이므로, 이것이 성격적 흐름을 나타내는 지표가 된다는 것은 상식적이지 않다. 또한 혈액형 분류는 ABO식 이외에도 Rh^{Rhesus}, MNSs$^{Manchester\ National\ Suffrage\ Society}$등 많은 구분이 존재한다는 것이다.

학계에서는 과학적 근거가 없기에 혈액형 성격을 인정하지 않지만, 우습게도 이것을 배우기 위해 심리학과에 지원한 경우도 있다.

　　더 큰 우려는 자신의 의지와 상관없이 사람을 구분하거나 인종적 차별을 할 수 있다는 것이다. 혈액형 성격은 독일에서 시작되어 일본에서 정립된 것으로 알려져 있다. 여기에 대중적으로 열풍을 일으킨 것은 아이러니하게도 한국이다. 독일과 일본에서 혈액형 성격은 2차 세계대전을 일으킨 바탕이 된 우생학과 깊은 연관이 있다. 독일 하이델베르크 연구소의 의사 에밀 폰 둔게른은 동물 혈액형 연구를 하면서 진화와 혈액형의 관계에 주목하게 된다. 그는 함께 근무하는 폴란드 출신의 의사 루드비크 힐슈펠트와 공동으로 여러 가족의 혈액형 연구를 통해 혈액형이 유전된다는 결과와 함께 1차 세계대전 직후 참전 군인이나 난민 8,500여 명의 혈액형을 조사하여 북, 서유럽 출신 백인일수록 A형이, 동유럽 출신이나 유대인, 아시아 출신의 유색인종일수록 B형의 비율이 높았다. 우생학자들은 이 조사 결과를 악용하여, A형이 많을수록 진화된 인종이고, 백인일수록 A형이 많으므로 백인이 제일 진화한 인종이라고 주장했다. 우생학에서는 이 조사를 토대로 인종의 우월성을 수치화하여 생화학적 인종 계수를 나타냈고, 이를 바탕으로 나치 독일과 일본 제국은 자신들이 우월하며, 열등한 민족 지배의 정당성을 부여하는 수단으로 이용하기도 했다.

　　이런 배경에서 본격적으로 혈액형 성격화는 일본에서 시작되었다. 1927년 일본의 우생학자인 후루카와 다케지古川竹二가 친척, 지인 등 주위 사람 319명을 대상으로 '혈액형에 의한 기질 연구'를 통해 A형은 소극적이고 보수적이며, B형은 적극적이고 진취적 성격이라는 주장과 함께 1930년 우서 사건에서 대만 원주민이 O형이 많다는 점을 반항적인 이유라고 지적하면서, 이들과 일본인 간의 통혼을 늘려서 O형 비율을 줄여 반항적인 기질을 순종적으로 만들자고 주장하기도 했다. 이후 1970년대 혈액형 성격은 방송을 통해 선풍적 인기를 끌었지만, 일본후생노동성이나 일본방송윤리·프로그램향상기구(BPO)는 오히려 성격과 무관하거나 이를 조장하는 것을 경계하는 공식 입장을 내기도 했다.[16] 이처럼 혈액형 성격은 방송 같은 대중매체를 통해 알려지면서 흥미를 끌고 상업적으로 이용되고 있다. 혈액형에 따른 성격특성이 유행을 타는 것은 사람들이 누구나 좋은 관계를 맺기를 원하고, 자신이나 다른 사람의 특성을 알면 수월할 것이라는 생각을 하기 때문이다. 더욱이 드러나지 않은 사람의 특성을 미리 안다면 상처를 받지 않고, 적당히 피할 수 있기 때문이라고 생각하는 것이다. 혈액형은 이런 점에서는 관찰이나 검사를 하지 않고도 쉽게 가늠해볼 수 있기 때문이다. 하지만 이런 방식으로 무분별하게 성격을 구분하고 이해하는 것은 오히려 갈등과 혼란을 유발하게 된다. 입증되지 않은 상관성을 가지고, 확증편향적 기준을 들이대는 것은 상당히 위험할 수 있기 때문이다. 더욱이 행동과 태도와 사고를 관장하는 뇌에는 혈류장벽이 있어서 혈액이 뇌에 직접 닿지 않기 때문에 과학적으로는 혈액이 성격에 영향을 줄 수 없다. 그럼에도 불구하고 혈액형의 성격이 잘 맞는 것처럼 인식하는 것은 확증 편향 및 자기암시와 연관이 있다. 이런 경향으로 인해 다른 사

---

16 최현석, 『인간의 모든 성격』, 30.

람들을 기준에 맞추고 제시된 특성을 찾고 연관성이 있다고 믿으려는 바넘 효과$^{\text{Barnum effect}}$로 볼 수 있다. 성격장애도 이런 방식으로 적용할 수 있는데, 더욱이 성격장애는 부정적 인식과 병리적 특성으로 자기비하나 좌절 및 무기력 등 부정적 성향을 강화하거나 치료나 개입에 대한 저항감이 강하게 작용할 수 있다.

2장
성격특성의 이해

1. 성격특성은 무엇인가?

성격은 사람의 고유한 특성으로 한 사람을 이해하고 알 수 있는 기반이 된다. 어쩌면 성격은 그 사람의 모든 것을 담은 전체로서 하나^{whole}의 특성을 나타내는 것이다. 일상에서 관찰되는 개인의 특성은 그 사람 전체를 드러내기보다는 여러 특성 가운데 아주 작은 흔적을 나타낼 뿐이다. 평생을 관찰해도 담고 있는 것 전체를 다 드러낼 수도 없으며, 드러나지도 않는다. 성격은 끊임없이 발견되는 여러 특성을 찾게 되며, 이를 통해 새로운 관계를 경험하게 된다. 성격을 이해한다는 어려움이 여기에서 나타나는데, 마치 양파의 껍질처럼 계속 벗겨도 비슷한 것이 나오고, 결국 그 안에는 실체가 없는 것처럼 보이는 것이 성격이다.

성격은 일상 관계 속에서 관찰할 수 있는 행동을 바탕으로 판단되며, 개인이 살아온 삶의 정황을 통해 반영된 적응의 결과로 나타난다. 성격은 일상에서 나타나는 비교적 안정적인 특성으로 연속성 있는 태도가 반영된다. 이렇게 나타난 개인의 태도인 성격은 유사성과 독특성으로 구분하기도 한다.[17] 유사성은 일반적으로 사람들이 보편적으로 공유하는 측면을 말하며, 독특성은 다른 사람과 구별되는 고유한 특성을 말한다. 이런 점은 외모와 유전자가 거의 유사한 일란성 쌍둥이라도 성격이 서로 다르다고 할 수 있으며, 연관이 없는 전혀 다른 사람도 같은 부류로 이해하기도 하는 근거가 된다. 결국 성격의 특성은 유사성과 독특성이라는 측면에서 관찰되고 고유하게 된 것들이라고 할 수 있다. 이런 점에서 성격의 특성은 독특성과 안정성 및 일관성, 그리고 융합적 측면에서 이해할 수 있다.

성격의 독특성은 행동이나 태도를 통해 나타나는 자신의 고유한 특성을 의미하며, 다른 사람과 구별되는 것이라고 할 수 있다. 이는 일상의 상황에서 사람마다 다르게 반응하는 방식이라고 할 수 있다. 심리학의 기본 원리는 사람의 행동이나 태도에서 동일 자극이라도 반응은 다를 수 있다는 것이다. 반대로 반응이 같다고 해서 자극이 같은 것은 아니라는 것이기도 하다. 이런 서로 다른 일방성으로 인해 혼란이 나타난다. 결국 상담은 자극이 있으면 반응한다는 심리학의 기본 원리를 넘어 각각의 자극과 반응은 서로 다를 수 있다는 점을 다루게 된다. 이런 혼란스러운 작용을 이해하고 다루는 것이 성격이다. 결국 여러 상황에서 나타나는 개인의 독특한 반응은 성격의 기본 특성이라고 할 수 있으며 이 혼란스러운 작용을 다루고 이해하는 것이 성격장애 상담의 기본이다.

---

17   F. Clarkin, P. Fonagy, & G. O. Gabbard, 『성격장애의 정신역동치료』, (서울: 학지사, 2020), 27.

안정성은 일관된 행동 특성을 나타내는 것으로 자신은 물론이고 다른 사람도 어느 정도 예측 가능한 부분을 말한다. 성격의 안정성은 일상에서 나타나는 일반적인 태도와 특정 상황에서 나타나는 반응양식으로 구분할 수 있는데, 이런 부분을 전체적으로 예측 가능성과 안정적 범위에서 나타나는 반응을 통해 성격을 가늠하게 된다. 성격의 안정성은 개인의 자신에 대한 태도와 반응양식은 물론이고 다른 사람과의 관계에서 원활한 소통과 상호작용을 위한 필수적인 요소이다. 성격은 시간이나 장소, 그리고 상황에 따라 수시로 바뀌면 혼란을 주게 되고, 자신은 물론이고 관계된 다른 사람들의 반응도 무력화시킬 수 있기 때문이다. 성격은 일상적 범주에서 나타나는 개인의 반응이라고 할 수 있으며, 특별한 상황에서 일시적으로 나타나는 것을 성격이라고 이해하는 것은 피해야 한다. 일상에서 나타나는 여러 가지 상황의 반응 특이성은 일반화될 수 없으며, 특정 상황에서 나타나는 한두 번의 특이 반응을 성격이라고 반영할 수 없는 것이다. 이런 점에서 일관성은 안정성과 상당히 유사하게 이해할 수 있다. 일관성은 동일 또는 유사한 환경이나 상황에서 나타나는 개인의 고유한 반응과 연관이 있는데, 비교적 일관된 반응을 통해 일상적인 반응으로 이해하게 된다.[18] 이는 여러 번 반복해서 나타나는 반응이 일관성 있게 나타나는 것일 때 성격특성으로 반영할 수 있다. 특정 상황에서 우발적으로 나타났거나 상황적 특수성이 반영되어 나타난 것은 성격이라고 반영할 수 없다는 것이다. 어쩌다 한번 나타난 것을 성격이라고 하지 않는 것과 유사하다.

---

18 Cervone & Pervin, 『성격심리학』, 12.

특히 병리적 상황에서도 일시적으로 나타나는 증상을 질환이라고 하지 않는다. 정신질환 진단 및 통계 매뉴얼DSM : The Diagnostic and Statistical Manual of Mental Disorders에도 여러 임상적 증상이나 주의를 기울여야 하는 증상들은 어느 정도 지속성을 유지할 때 질병으로 분류하고 있다. 따라서 개인의 성격이 다른 사람들과 비교하여 일반적인 범주에 들어있는지, 개인의 고유한 특성이 발현되거나 작용하는 과정에서 어느 정도 예측 가능한지가 성격을 이해하는 기본 특성이라고 할 수 있다. 이 범주에서 벗어나는 일상적이지 않은 것을 이상심리abnormal psychology라고 하며, 개인의 특성이 일상의 범주를 벗어나면 이를 병리라고 한다.

이렇게 관찰되는 개인의 특성은 단순한 나열이나 여러 현상의 조합, 또는 범주화가 아니라 각 요소와 특성이 반영되어 융합된 현상을 통해 성격이 된다. 이는 특정 반응 자체가 성격이 아니라, 각각의 특성이나 요인들이 반영되어 나타나는 융합적 상태나 현상, 그리고 그로 인해 나타난 결과를 종합적으로 말하는 것이다. 이런 점에서 개인의 성격은 외부로 드러나는 현상과 그 현상들이 서로 복합적으로 작용하기 때문에 단순히 드러난 것만으로는 설명할 수 없고, 공감과 분석, 그리고 해석을 통해 일반화되면서 개인의 성격특성을 이해하는 요소가 된다. 이렇게 반영된 성격 요인은 개인의 특정한 상황을 넘어 보다 일반적이고 보편적인 현상으로 이해하고 구조화할 수 있다. 이를 통해 개개인의 상황을 이해하며, 다른 사람과 함께 더불어 살면서 건강하게 적응할 수 있게 된다.

이렇게 작용하는 성격특성은 개인의 삶의 정황을 이해할 수 있게 하며, 결과로 작용하는 성격을 이해하고 건강하게 소통하도록 도울 수 있다. 결국 성격은 개개인의 특성을 나타내지만, 다른 사람에게 자신을 나타내며 강요하는 것이 아니라 서로를 이해하고 도와가는 적응의 방편으로 이해해야 한다. 성격을 지나치게 일반화하거나 유형화해서 정상과 비정상으로 구분하는 것은 피해야 할 태도이며, 개개인의 특별한 상황에서 나타나는 반응을 충분히 인지하고, 이해하며 탐색하고 소통하는 것은 중요한 삶의 과제이다.

성격특성을 탐색하기 위해 우선 자기 자신을 탐색해야 한다. 다른 사람과 소통하고 상호작용을 위해서는 자기 자신을 먼저 알아야 하기 때문이다. 자신에 대해 어느 정도 알면 다른 사람을 알아가는 힘이 생기고 이해하는 과정을 통해 상호협력적으로 성장하게 되는 것이다. 성격은 그런 과정에서 상호간섭을 하며, 변화하고 서서히 자신의 다양한 경험을 바탕으로 한 고유한 특성이 나타나게 된다. 이 과정에서 탐색하게 되는 다른 사람과 구별되는 개인의 고유한 특징을 성격이라고 하는 것이다.

2. 성격과 인격은 어떻게 다른가?

성격과 인격, 성격과 성격장애, 그리고 성격장애와 인격장애 등의 용어로 혼용되는 성격과 인격이라는 두 용어는 통상적으로 많이 사용하는 말이다. 그런데 두 용어가 혼용되어 사용되면서 서로 다르거나 사용에서 나타나는 혼란이 있기도 하다. 때로는 두 용어의 구별이나 유사성에 대한 논란이 있기도 한데, 명확하게 구분할 수는 없다. 아니 결론적으로 말하자면 성격장애와 인격장애는 같은 말이라고 생각해도 된다. 성격장애는 상담학에서, 인격장애는 의료장면에서 더 자주 사용하는 경향이 있다. 성격과 인격은 그 내용이나 용어를 사용하는 부분에서 상당한 유사성이 있으며, 실제 학문적 구분도 모호하다. 전문 용어를 한국어로 번역하는 과정에서 다르게 표기되면서 '성격장애'와 '인격장애'라는 말로 나뉘어 혼란을 준 것이다. 성격을 character와 personality라는 단어를 혼용해서 사용하기도 했다.[19] 어떻게 개념화하고 구분해야 하는지 명확하지도 않고, 어떻게 정리하느냐와 상관없이 다양한 이견이 존재한다. 인격을 나타내는 personality는 사람을 나타내는 'person'에 사람의 행태나 질이나 특성을 나타내는 '~ality'를 붙여서 사람의 특질을 나타내는 말이다. 'person'의 어원은 연극에서 사용하는 가면을 나타내는 'persona'라는 말에 있다. 페르조나는 개인의 사회적 인격을 나타내는 말로 사회에 기대하는 방식으로 적응하고 나타내는 특성을 나타내는 말이다. 융 심리학에서 페르조나는 사회

---

19 최현석, 『인간의 모든 성격』, 49.

에 적응하고 사는 부분으로 자신이 속한 사회 집단이 공동으로 정해놓은 행동규범이나 가치관의 기준에 따라 형성된다.[20] 이런 점에서 성격 personality은 외부로 드러내서 자신의 적응과 사회적 역할을 나타내는 특성을 나타낸다. 캐릭터character는 기질이나 특징을 나타내는 것으로 볼 수 있다. 연극이나 영화 등의 극중 인물과 같이 사람의 특정 부분을 나타낸다.

이처럼 두 용어가 상당히 유사성을 가지고 있다고 할지라도 세밀하게 서로 다른 부분을 구분할 필요는 있다. 상담을 하는 사람들이나 내담자도 이런 구분에 대해서 어느 정도 알고 있거나 설명을 할 수 있어야 한다고 생각한다. 왜냐하면 어느 용어를 사용하든지 간에 자신이 사용하는 용어에 대한 확신은 치료과정에서 에너지 작용을 할 수 있기 때문이다. 성격이라는 말은 개개인의 특성을 반영한 표면적 가치를 더 많이 내포하는 것으로 볼 수 있으며, 인격이라는 말은 단순히 사람의 특성을 나타내는 현상적이고 외적인 의미를 넘어서 내적이고 가치적인 요소를 반영하고 있으며, 각각의 전통이나 철학에 따라 다른 기준과 가치를 반영한다는 점에서 갈등과 혼란의 요인이 될 수 있다.

이런 점에서 성격은 객관적이고 현상적이며, 인격은 주관적이고 철학적인 것으로 도덕 행위와 태도의 주체로서의 특성을 반영한다. 성격은 행동이나 태도를 전반적으로 반영하고, 인격은 사람 자체에 대한 평가로 인식될 수 있다는 점에서 구별된다. 전근대적인 사회에서는 인격

---

20   이부영, 『분석심리학 이야기』, (서울: 집문당, 2014), 62.

이라는 말은 보편적 사회에서 요구하는 정도와 사회에서 정한 기준에 따라 구분되는 성품 특성으로 개인과 소속 집단 모두를 아우르는 의미로 사용되기도 했다. 이런 점에서 상담에서 치료적 의미에서 인격을 대상화하고 일반화하기에는 조심스럽다. 특히 인격장애나 인격치료 같은 용어는 마치 사람 자체를 문제시하거나 병리적으로 판단한다는 우려를 고려하여 조심스럽게 사용되어야 하며, 개개인의 특성을 나타내는 구분을 전제로 사용되어야 한다는 점에서 적절하지 않을 수 있다. 따라서 인격보다는 성격이라는 용어가 덜 저항적이며, 가치관을 반영하지 않기에 감정적, 정서적 반응을 피하면서 상호작용할 수 있다는 점에서 상담에서는 인격보다는 성격이 더 유용해 보인다.[21] 동·서양의 문화·정서적 가치가 서로 달라 한국에서의 성격과 인격의 정서적 의미는 서구적 특성과는 상당히 거리가 있는 것도 부인할 수 없다. 이런 점에서 적어도 상담에서는 인격이라는 말보다는 비교적 중립적 특성이 있는 성격이라는 말이 심리적 저항감과 불필요한 오해를 줄일 수 있다고 할 수 있다. 다양한 이견이 있겠지만, 상담이나 대인관계에서 사람을 이해하고 상호작용하는데 불필요한 오해나 저항은 최소화하는 것이 적절하다고 할 수 있다. 하지만 그렇다고 하더라도 성격과 인격이라는 두 용어는 개인이나 학자마다 인식과 철학이 다르기에 우위를 따질 수 없으며, 그 의미도 혼재되어있어 정확하게 구분할 수 없다.

이런 부분을 충분히 이해한 다음에 자신의 상담이나 치료적 관점에서 어떤 용어를 중심으로 할 것인지를 선택하는 것은 중요하다. 어느

21　민성길 외,『최신정신의학』, 587.

용어가 옳고 그른가의 문제가 아니라 그 용어를 인식하는 사람의 태도와 에너지가 작용하기 때문이다. 특히 성격특성이 관계를 통해 형성되고 개선되거나 발달할 수 있다면, 이런 용어로 대표되는 인식에 대한 에너지의 작용은 상당히 중요하게 나타날 수 있다. 따라서 상담이든 치료이든 어떤 형태로든 다른 사람과 관계하는 차원에서 성격에 대한 인식을 정리하는 것은 중요하다고 할 수 있다.

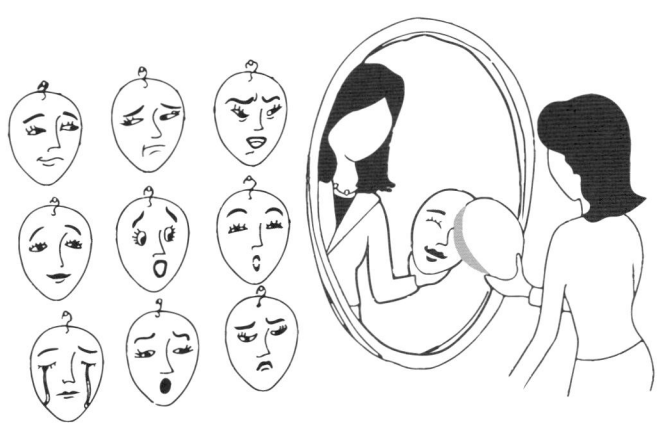

사회적 인격인 페르조나를 표현한 그림

3. 성격장애와 성격

성격은 예측 가능한 정서적 측면이 반영된 행동 및 태도 경향을 나타내는 말로 다양하게 구분되고 유형화되기도 한다. 사람마다 개성과 특성이 다르므로 이를 구별하거나 개성과 특성을 이해하는 것도 성격이라는 말로 대충 얼버무려 사용하는 것처럼 느껴지기도 한다. 사회가 복잡해지면서 성격은 더 중요한 역할을 하게 된다. 전통 사회에서는 제한된 사람들과의 반복적 관계를 주로 하기에 어느 정도 익숙한 관계를 갖는다. 성격이 유별나도 관계나 대응에 큰 어려움이 적다. 그러나 사회가 복잡하고 거대해지면서 대인관계의 폭이 넓어지고 바빠서 자주 만나지 못하는 사람들이 많아지면서 다양한 성격특성에 익숙해지지 못하고 어려움을 겪게 되는 일이 빈번해졌다. 이런 측면에서 성격은 현대 사회에서 유용한 것으로 볼 수 있다. 각각의 사람들을 만나 경험하면서 인식하고 구조화하는 것에 한계가 나타나면서 성격을 이해하기 위한 구조를 만들어 유형화하거나 분류 체계에 따라 범주화하려고 노력한다.[22] 성격검사는 개인 특성은 물론이고, 환경과 사람을 이해하고 관계를 지각하고 상호작용하는 중요한 방식을 알게 한다. 최근에 한국 사회에 MBTI^{Myers} $^{Briggs\ Type\ Indicator}$가 크게 유행하고 있다. 융의 심리유형론을 토대로 마이어$^{Myers,\ I.\ B.}$와 브릭스$^{Briggs,\ K.\ C.}$가 구조화한 것으로 소위 MZ세대에게 상당한 영향력을 발휘하고 있다. 이런 성격유형 도구는 상당히 많이 있는데, 각각의 도구는 사람을 이해하는 데 도움을 주는 지표가 된다.

---

22 김현진 외, 『성격심리와 성격상담: 성격심리, 성격장애와 상담치료』, (서울: 교육과학사, 2021), 12.

성격과 성격장애의 구분은 이상행동 및 정신장애 판별 기준에 따라 구분할 수 있다. 비정상적인 이상행동은 적응기능의 저하와 손상, 주관적 불편감과 고통, 문화적 규범의 일탈, 그리고 통계적 평균의 일탈로 대략 정리할 수 있다.[23] 사실 병리는 사람들과 함께 더불어 살아가는 사회에 적응하지 못하는 것이다. 혼자 살면서 불편감을 느끼지 못한다면 병리로 진단할 이유나 필요도 없고, 그런 사람도 없다. 병리, 즉 장애로 진단한다는 것은 자신이 살아야 하는 세상과 사회에 적응하기 위한 기능의 손상, 결핍 등으로 인해 부적응 특성이 나타나는 경우이다. 성격장애는 부적응의 불편감과 고통을 주고 다양한 정서 및 감정, 그리고 사고와 행동에 광범위하게 작용한다. 이때 조현병 같은 중증 정신병리를 경험하는 경우와는 구분된다. 여기에 자신이 속한 사회의 문화적 규범에 적응하지 못하거나 일탈이 나타나는데, 이때 다른 사람들과 다른 부분, 즉 통계적으로 평균치를 넘어서면서 나타나는 특성 분포나 빈도와 연관된다. 물론 문화는 상대적이며 지역이나 소속 집단에 따라 다른 기준이 있어서 어떤 집단에서는 정상인 것이 다른 집단에서는 심각한 장애가 될 수 있다는 점에서 이를 구분하는데 신중해야 한다. 이를 보완하는 방법이 소속 집단의 통계적 기준의 정상 범주를 전제로 하는 것이다. 문화적 부적응과 통계적 기준과 더불어 병리적인 측면에서의 관점이 전통과 학문 배경에 따라 다를 수 있기에 현상과 증상을 중심으로 병리적인 증상을 구분하는 것이다.

현상과 증상을 중심으로 구분하는 진단 기준은 미국정신의학회

---

23 권석만, 『이상심리학의 기초』, 20.

American Psychiatric Association가 작성한 정신질환 진단 기준인 DSM를 들 수 있는데, 성격특성 문제로 인한 정신질환을 '성격장애'personality disorders로 구분하고 있다. DSM-5는 성격장애를 자기 자신과 환경에 대한 지각과 주변과 관계 맺는 방식이 경직되어 있거나, 부적응적 상태에 있는 것이라고 한다.[24] 성격장애는 심리적으로 위축되어 있으며, 사회적 가치나 기준에 부합되지 않거나 사회규범에 어긋나는 행동이나 태도로 주변과 불협화음을 내는 등의 부적응 상태를 보이는 특성을 말한다. 이로 인해 자기 자신은 물론이고 주변에 고통을 유발하기도 한다. 성격장애는 자신이 속한 사회와 문화의 기대에서 크게 벗어나 있는 행동 양식이나 사고, 정서, 대인관계, 그리고 충동성에서 나타나는 특징이므로 개인의 성격특성으로 이해되지는 않는다.[25] 성격장애는 병리적 특성을 나타내기 때문에 정상 범주에서 벗어난 것이라는 편견으로 인해 일반적인 성격특성으로 이해하려고 하지 않는다. 하지만 성격장애의 성향은 대부분 사람에게 발견되는 특성으로 평균 수준을 벗어난 편향적 경향을 나타낼 때만 병리로 구분한다는 점에서 용어의 편견을 넘어 성격특성으로 이해하는 것이 필요하다. 성격장애의 특성을 병리적 수준을 넘어 이해한다면, 성격장애 특성은 병리 예방과 건강한 삶을 돕게 할 수 있다.

성격장애는 일반적으로 자기가 속한 문화의 기대를 심하게 벗어나 있는 행동 양식과 내적 경험 사고, 정서, 대인관계, 충동성 등이 지속해서 나타난다. 특히 융통성 없이 경직된 태도나 일방적인 태도가 삶에 전

24　APA, 『정신질환의 진단 및 통계편람 제5판』, 권준수 외 옮김, (서울: 학지사, 2018), 703.
25　E. Bleiberg, 『아동·청소년 성격장애 치료: 관계적 접근』, 이문희·이은진·유성경 옮김, (서울: 학지사, 2018), 3.

반적인 영향을 주며, 이로 인해 심각한 고통과 장애가 초래된다.[26] 발달적 측면이 강해서 청소년기나 성인기 초기에 시작되는 경우가 많다. 아동이나 청소년기의 정신장애는 일시적인 경우도 많고, 일정 시간이 지나면 자연스럽게 회복되기도 한다. 하지만 다른 장애와는 달리 성격장애는 그 사람의 성격으로 인식되기 때문에 쉽게 변하지 않고, 또 변하려는 노력의 필요성도 잘 느끼지 않는다. 이런 점에서 성격장애는 다른 정신장애보다 치료적 개입이 더 어렵다. 또한 성격장애는 진단 일치율 diagnostic concordance이 낮은 정신장애이다.[27] 진단 일치율은 전문가 두 사람 이상에게 동일 진단을 받을 확률을 말하는데, 이는 성격장애를 묘사하는 진단 기준 자체가 모호하기 때문이다. 성격장애는 자체는 물론이고 다른 정신장애에 비해 공병률이 높아 신뢰성에 의심을 받아왔다. 진단의 신뢰가 낮다는 것은 치료계획이나 예후에도 어려움이 나타난다는 것을 의미한다.[28] 진단하는 전문가들도 자기 입장과 경험, 그리고 자신의 철학이나 관점에 따라 같은 사람을 각각 다른 성격장애로 보기도 하고, 일반 경향으로 보는 경우도 많다.

성격특성은 잘 들여다보면 각 사람이 판단하는 측면에서의 불일치와 혼란, 그리고 잘못과 실수의 경험적 관찰을 벗어나서 행동하려는 독특한 정신구조를 나타낸다. 성격을 나타내는 정신구조에는 동기, 목적, 그리고 욕구 등 내면의 여러 경험이 복합되어 있다. 개인의 성향은 성격

26 　권석만, 『이상심리학의 기초』, 21.
27 　APA, 『정신질환의 진단 및 통계편람 제5판』.
28 　공병률이 높다는 것은 다른 질환과 다발성이 보인다는 것으로, 핵심 증상을 나타내는 데 어려움이 있다. 특히 정신증상이 복합적으로 나타나므로 진단이나 치료적 개입에서 어긋남이 나타날 수 있다; 이인혜·황현구, "성격특성과 성격장애 증상간의 관계: 개정된 강화민감성을 중심으로," 「사회과학연구」, 54/1(2015), 232.

특성의 행동과 내면 경험의 추상적 반영으로 나타난다. 성격장애의 성격특성은 이론적으로 그 영역과 내용이 구분되지만, 임상적으로는 명확히 구분되지 않는다. 이로 인해 진단과 평가, 그리고 개입에 혼란이 생기기 쉽다. 성격은 개인의 고유한 특성과 삶을 특징짓는 요소로 사람을 구별하는 특징이 된다. 성격은 일상에서 개개인의 특성을 반영하기도 하지만, 특정 상황에서의 반응이나 태도를 나타내기도 한다. 성격장애 특성은 모두에게 반영되어 있으며, 선호에 따라 다르게 나타나게 된다. 어쩌면 다른 것이 당연한데도 불구하고 서로 다르다는 것이 오히려 다른 사람과의 관계에서 오해와 갈등을 만들기도 한다. 따라서 다른 사람과 같이 더불어 살기 위해 성격특성을 이해하고 개인 차이를 인정하는 것이 필요하다. 이는 성격장애 특성이 모든 사람에게 반영되고 있으며, 그것이 장애라기보다는 성격특성이라는 것을 이해해야 한다. DSM의 성격장애 특성도 거의 모든 사람에게서 발견된다.[29] 개인이 인식하는 성격장애 특성은 자기 스스로를 병이라고 생각하며 위축되기도 하지만 실제 삶에서 필요하거나 긍정적 요인으로 발현하기도 한다는 점에서 더 혼란스럽게도 한다. 이런 점에서 성격장애를 병리라고 단정하기보다는 어떤 상황이나 상태에서 어떻게 발현되는지를 살핌으로써 각자의 삶을 풍요롭게 할 수 있게 해야 한다. 사실 성격장애의 특성들은 어떤 면에서는 지극히 사소한 것들로 인해 촉발되는 경우가 많다. 사소해 보이는 일들이 때로는 목숨을 걸어야 할 정도로 중요하게 작용하면서 상황

---

29 L. S. Benjamin, 『성격장애 진단 및 치료: 대인관계 접근』, 서영석 외 옮김, (서울: 학지사, 2014), 23; Yang, Coid & Tyrer, "Personality Pathology Recorded by Severity: National Survey," 193-199.

을 심각하게 만들거나 혼란스럽게 하기도 한다. 사람마다 다르게 인식하고 판단하는 것을 옳고 그름으로 명확히 구분해 낼 수 있는 것도 아니다. 성격이 기본적으로 상대적인 경향이 있기에 누군가의 시각에서는 잘못된 것이 누군가에게는 진리처럼 느껴질 수 있다. 이런 점에서 다른 사람들과 더불어 사는 세상에서 성격장애로 분류되는 성격특성은 병리라고 할 수도, 아니라고 할 수도 없는 기묘한 것이다. 이런 점에서 성격특성에 대한 이론들은 대체로 상대적 관점에서 특성을 구분하는 정도로 이해하고 받아들일 것을 권고한다.

DSM의 성격장애는 기본 특성상 병리적 구조로 인식하게 됨으로써 자연스럽게 병리적 특성이 위축감을 준다는 점에서 다른 성격특성과는 상당히 다르다고 할 수 있다. 특히 중증 성격장애는 환경과 자신을 이해하고 지각하는 것이 필요하며, 다른 사람과의 관계와 드러나는 태도에서 독특한 특징과 패턴이 나타난다. 독특한 특징과 패턴은 충동성, 내향성, 자기중심성, 차별성 추구, 억제, 사회성, 활동성 등이 포함된다. 성격장애로 다루기 위해서는 연령대와 상관없이 유연성이 없고, 부적응이 나타나며, 상당 기간 지속되는 만성화가 일어나며 기능의 손상이 나타나야 한다. 나아가 외적 요인과 직접적인 상관성이 없어 보이는 괴로움과 심각한 주관적 경험이 지속된다. 성격장애는 경직되고 비성찰적 형태로 경험을 조직하고 관계를 맺으므로 내적 상태를 강화하며 이를 토대로 대인관계 반응을 한다. 이는 다른 사람과의 관계에서 혼란을 줄 수 있지만, 다른 측면에서는 개인의 위기와 성장에 유용하며, 발달적 접

근을 통해 성숙해지도록 도울 수 있다.[30]

이에 성격장애를 장애의 특성이라기보다는 발달의 과제로 이해하고 접근한다면 보다 수월할 수 있다.[31] 임상적으로 성격장애는 특정 현상이나 증상으로 발현되지만, 성격의 연속선에서 발달과정의 특징이라고 할 수 있다.[32] 이는 성격장애의 이해가 자신의 삶을 이해하고 성장할 수 있는 동력이 될 수 있음을 이야기한다. 성격장애의 특성은 성격장애 구조를 형성하는 발달과정에서 경험한 어려움과 관련이 있다. 문제는 이런 어려움이 일시적인 것을 넘어 부정적으로 인지되면 자기 의지와 상관없이 심각한 증상이 지속된다는 것이다. 이는 성격장애의 부정적 특성이 두드러지고, 주요 증상을 중심으로 인식되기 때문에 나타나는 현상으로 볼 수 있다. 장애는 증상을 중심으로 인식되는데, 정상 반응으로 나타나는 증상도 어떤 시각으로 보느냐에 따라 문제시될 수 있다. 이런 점에서 성격장애를 장애라고 단정하기보다는 현상을 중심으로 다양한 가능성을 염두에 두고 접근할 필요가 있다.

일반적으로 장애는 증상을 기초로 나타나는 현상을 중심으로 구분한다. 성격장애 특성은 여러 현상을 분류하여 비슷한 증상들을 범주화하게 된다. 이런 분류는 증상 분류나 진단명을 부여하는 데 유용하지만, 문제의 본질에 접근하기 어렵고 한계가 나타난다. 증상이나 그에 따른 원인을 찾으려는 노력은 오히려 장애를 벗어나지 못하므로 사람보다는

---

30 Bleiberg, 『아동·청소년 성격장애 치료』, 8.
31 John W. Santrock, 『발달심리학』, 이지연 임춘희 김수정 옮김, (파주: 교육과학사, 2016), 257.
32 Bleiberg, 『아동·청소년 성격장애 치료』, 7.

현상에 집중하게 되는 한계를 드러내기 때문이다. 특히 성격장애는 모든 사람에게 있는 특성이기 때문에 주의를 집중하면 특정 증상이 두드러지게 인식된다. 이로 인해 오히려 증상이 악순환되며 정체되거나 멈추게 된다. 증상을 병리로 인식하고 바라보는 순간부터 자신의 특성조차도 병리로 바라보게 되는 것이다. 실제 성격장애 특성은 성인기 이전에는 병리로 진단하거나 다루지 않으려는 경향이 있다. 청소년기의 성격장애 특성은 성장의 과정에서 나타나는 현상으로 볼 수 있기 때문이다. 이런 점에서 성격장애의 특성은 장애가 아니라 단순한 특성으로 인식하는 것이 적절하다고 할 수 있다. 성격장애의 특성은 성장을 지향하지 않으면, 병리적 상태가 두드러질 수 있기 때문이다. 이런 점에서 성격장애 특성은 원인에 집중되고 작용하기보다는 정상 수준에서 머무르도록 해야 한다. 하지만 성격장애는 관찰 가능한 증상을 분류하는 방식을 기초로 하므로 병의 원인보다는 증상 중심의 병리가 두드러지게 되는 것이다. 이런 점에서 성격장애는 그 증상을 정의하는 것이 더 어렵다. 성격장애는 다양한 상황에서 나타나기 때문에 기질적 특성과 환경, 그리고 상호작용의 발달 차이로 다른 유형의 증상들이 함께 나타날 수 있다. 이로 인해 성격장애에서 규정하는 증상은 대인관계에서 나타나는 주요 특성으로 개인의 내적 작용과는 다른 차원에서 나타날 수 있다.[33] 또한 성격장애의 증상은 내면의 여러 정서가 발현되는 과정에서 대인관계의 상호작용에 따라 다르게 작용하게 된다. 이로 인해 다양한 정서 경험과 작용이 현상으로 나

---

33 Lorna S. Benjamin, 『성격장애 진단 및 치료: 대인관계 접근』, 서영석·김동민·이동훈·조민아 옮김, (서울: 학지사, 2014), 27.

타나는데, 다양한 관계 패턴과 표현을 통해 드러나게 된다.[34] 결국 성격 장애의 특성은 병리적 현상에 집착하지 않는다면, 개성으로 이해할 수 있는 여지가 많다. 이런 점에서 성격장애를 병리 특성이 아니라 성격특성으로 이해하고 개입하는 것이 효과적이라고 할 수 있다.

개인의 성격장애 성격특성은 잘 드러나지 않고, 진단 범주에 반영되지 않는 경우가 많아 평가나 진단이 쉽지 않다. 결국 성격장애 관련 증상이나 특성은 면담자의 주관적 경험이나 견해에 의존하게 되며, 이는 당사자는 물론이고 다른 전문가와도 이견이 생길 수 있다. 어떤 장애는 별도의 병리적 특성과 구분이 어려우며, 그 증상들도 여러 성격장애의 특성들과 중첩되기 때문이다. 이런 특성을 속이거나 조작하고 관심을 끌려는 성향도 나타나기 때문에, 증상이 왜곡되기도 한다. 그 과정에서 전문가에게 보여주는 진단 정보는 왜곡되어 있을 수 있으며, 중복 증상으로 인해 정확한 진단을 어렵게 하기도 한다. 이로 인해 문제를 왜곡하거나 섣부른 개입이 문제를 오히려 복잡하고 어렵게 만들기도 한다. 성격장애를 비롯하여 DSM의 범주에 나타난 병리적인 증상들은 독립적이지 않고, 서로의 증상이 중첩되고 복합적으로 작용하므로 혼란이 강하게 나타날 수 있다. 중복 증상은 병리와 정상, 그리고 일시적으로 나타나는 증상 사이에서 혼란이 나타나며 그로 인해 병리적 위험성이 높아지게 된다.[35] 결국 성격장애 특성을 정상과 장애로 구분하고, 원인을 이해하고 치료하기 위해서는 신중하게 개입해야 하고, 이론적

---

34   노안영·강영신, 『성격심리학』, (서울: 학지사, 2007), 459.
35   김현진 외, 『성격심리와 성격상담』, 115.

바탕을 충분히 가지고 있어야 한다. 정상과 병리 간 차이를 구분하고 성격특성을 이해한다면 정상 수준으로 회복하는 것을 넘어 개인의 성장과 발달, 그리고 병리적 위기에 대한 넓은 이해를 통해 적극적이고 능동적인 전문적 개입을 기대할 수 있을 것이다.

4. 성격특성과 병리

성격은 서로 다른 여러 요인이 복합적으로 작용하므로 성격이 좋다는 것은 억압을 잘하고 있거나 단순하게 다른 사람들과 잘 지낸다는 것을 넘어선다. 다른 사람과 잘 지낸다는 것은 성격특성이 원만하고 다른 사람들과 조화를 이루며 더불어 살아가는 것을 의미한다. 반면에 자신의 특성을 숨기고 억압하고 있다는 것을 의미하기도 한다. 자신을 드러내지 않고 다른 사람이 원하는 방식으로 적응한다면, 부적응적이거나 불편감을 주는 특성이 나타나지 않으므로 주변 사람들은 성격이 좋다고 평가할 것이기 때문이다. 결국 성격은 겉으로 드러난 모습이나 현상으로 설명되므로 그 이면에 어떤 내용이 들어있는지 파악하기가 상당히 어렵다.[36] 따라서 부득이하게 현재의 감정이나 정서, 그리고 나타난 현상을 태생적 특성이나 과거 경험의 결과로만 인식한다면 현재의 상태는 과거에 갇히게 된다. 이로 인해 현재의 성격이나 증상은 변화된 미래를 꿈꾸지 못하게 되며 암울해지는 것이다. 이에 성격특성을 과거의 경험이나 상처를 중심으로 이해하면 혼란이 생길 수 있다. 물론 과거의 경험이 반영되어 나타나는 것이 성격이지만 그 과정에서 다른 선택의 가능성이 있었다는 것과 그 선택의 결과가 현재의 상태로 귀결되는 것은 아니라는 것이다. 이는 개인의 성격특성뿐 아니라 다른 사람과의 관계에서 두드러진다. 서로의 성격특성이 상당히 유사해도 개개인의 차가 나는 것이 당연한데, 이때 다른 차이가 두드러지고 갈등이

---

36 Beck, Emerry & Greenberg, 『불안장애와 공포증』, 52, 55.

나타날 때 변화에 대한 기대가 없다면 관계를 단절해야만 하기 때문이다.[37] 사람이 살아가는 과정에서 다른 사람의 생각이나 반응이 다르게 나타나거나 상황을 다르게 판단하는 것도 성격 차이에서 기인하는데, 이런 상황이 만들어지면 갈등과 다툼, 그리고 투쟁이 지속되기 때문에 사회생활에 어려움이 생기는 것이다.

이런 성격장애의 특성은 개인 내적으로도 유사하게 작용한다. 성격장애 특성은 주변과의 갈등이나 마찰로 나타나지만, 개인의 갈등과 고통 또한 나타내며 불편감을 줄 수 있다. 따라서 사람들 각각의 성격특성이나 요인이 개인 내적, 그리고 관계적으로 조화를 이루어야 한다. 성격특성은 각각 장단점이 뚜렷하므로 절대적으로 우위에 있거나 좋고 나쁨으로 평가할 수 없는 것으로 상대적으로 조화를 이루어야 한다. 성격은 어느 한 특성에 치우치면 균형이 깨지게 되며, 균형이 무너지면 장점의 성격특성과 요인도 문제를 만들 수 있다는 점에서 조화를 이루는 것이 중요하다. 성격은 한 차원에서만 보면 변화가 어렵게 느껴지기도 하고, 다양한 차원에서는 어떤 조합과 조화에 따라 각양각색의 성격을 나타낼 수 있다. 기질 특성이 나타나는 다양한 요인이 복합적으로 작용하게 된다.

성격은 일반적으로 유형론으로 구분되고, 각 성격유형론은 성격의 근간을 잘 설명해낸다. 어떤 성격유형론이든 각각의 특징을 중심으로 사람들의 행동과 태도를 이해하는데, 어느 정도 타당성을 가지고 있

---

37 민성길 외, 『최신정신의학』, 586.

다. 따라서 어떤 이론이 더 정확하다거나 절대적이라고 할 수 없다. 유형론에서부터 병리적 특성을 나타내는 요인까지 다양하게 나타나며 작용하기 때문이다. 더욱이 그 요인들은 병리적이라고 하더라도 생존하는 데 유용하다. 성격장애 특성을 이해해야 하는 이유는 성격장애의 특성상 문제 인식이 어렵고, 문제가 있어도 이를 다루는 것이 힘들 수 있기 때문이다. 성격장애 특성은 정신질환을 유발하는 핵심 요인으로 나타나기도 한다. 정신병은 정신증과 신경증으로 크게 구분할 수 있다.[38] 정신증은 자기 인식이 되지 않아 문제를 인식하지 못하고 외면하게 됨으로써 해결의 의지가 생기지 않아 조화를 이룰 기회를 놓쳐 분열이 가속화된다. 신경증은 자신의 문제를 인식하고 문제 해결을 위한 의지가 생겨 해결을 도모할 수 있다. 이런 점에서 성격특성은 여러 요인이 복합적으로 작용할 수 있도록 조화를 갖추어야 한다. 이런 점에서 성격은 자신의 의지와 주체적 인식을 통해 조율되어야 한다. 성격특성은 음향기기의 이퀄라이저처럼 미세하게 조정하여 정교화되는 것이다. 성격은 대상이나 상황에 따라 다르게 나타나고 작용해야 하는데, 사회적으로나 개인적으로 발생하는 갈등이나 각각의 특성들은 어느 정도의 일치가 필요하다. 그렇지 않으면 분열이 생기고 삐걱거리게 된다. 정신증을 나타내는 조현병은 이런 의미로 사용되는 것이다. 조현이라고 하는 것은 현악기의 줄과 같아서, 정교하고 최적화되어 있을 때 가장 아름다운 소리를 낼 수 있는데, 조율이 되지 않은 악기는 제각각 소리를 내고 서르 다른 불협화음이 만들어져서 귀를 괴롭히게 된다. 이런 의미에서

38　Mcwilliams, 『정신분석적 진단』, 86.

성격의 다양한 특성이 잘 조화를 갖추어 나타내는 것이 정신건강의 핵심이며, 조화를 갖추지 못한 것은 조현병이라고 한다.[39] 정신병리는 결국 정신의 요소들이 조화를 갖추고 부드럽게 상호작용하지 못해서 나타나는 불협화음으로 반영된다. 병리적으로 조현병의 진단과는 별개로 사람의 성격이나 관계, 그리고 자신의 마음이나 생각 등이 조절되지 않고 드러나는 자아 상태를 성격장애라고 할 수 있다.

---

39 오수성 외, 『정신병리학』, (서울: 학지사, 2013), 221.

II. 성격장애의 이해

3장 성격장애의 특성

4장 성격장애군의 특성

5장 C군 성격장애의 구성과 특징

6장 B군 성격장애의 구성과 특징

7장 A군 성격장애의 구성과 특징

3장
성격장애의 특성

1. 성격장애의 이해

성격장애는 DSM의 특성상 문제영역을 통해 성격특성을 구분할 수 있다. 성격장애의 문제영역은 인지, 정서, 대인관계, 그리고 충동 조절의 4개 영역으로 크게 구분할 수 있다. 인지 문제는 자신과 다른 사람, 그리고 사건을 지각하고 해석하는 방식의 비정상과 연관되어 있다.[40] 정동 문제는 정서 반응의 범위, 강도, 안정성, 그리고 적절성의 비정상성에 해당한다. 대인관계 문제는 대인관계의 범위, 양상, 그리고 적절성에서의 비정상성에 속한다. 충동조절 문제는 과잉 발달 행동이나 과소 발달 행동의 비정상성에 해당하는 문제영역으로 구분할 수 있다.[41] 각각의 영역에서 나타나는 성격장애의 문제는 일반적으로 청소년기와 성인기 초기에 나타난다. 이는 청소년기의 특성에 따라 다르게 나타날 수 있다는 것을 의미하는 것이다. 성격장애의 특성은 청소년기의 성격 발달에서 부적

---

40 김영환·오상우·홍상황·박은영, 『PAI의 임상적 해석』, (서울: 학지사심리검사연구소, 2002), 209.
41 Carver & Scheier, 『성격심리학』, 391.

응과 부적절한 결과를 초래하고, 극단적이고 경직되며, 융통성 없는 양상으로 발현된다. 성격은 범주로 구분되며 연속선상에서 이해될 수 있다. 성격은 미숙한 범주에서 정상 범주로 발달하며, 경미한 특성으로 나타나다가 현저한 성향으로 발전하게 된다. 이런 특성을 이해하면 성격발달과 그 과정을 이해하고, 문제를 해결할 수 있다.

성격장애는 A, B, C군에 10개의 성격특성이 있다. 이 성격특성은 구간이나 특성이 명확하지 않고, 간섭이 심해서 혼란을 줄 수 있다. 특히 A, B, C군에 각각 속하는 성격장애의 특성은 서로 밀접하게 연관되어 있어서 구분이 어렵고 혼란이 나타날 수 있다. 성격장애 특성의 조화는 세상을 살아가는 적당한 기술과 능력을 줄 수 있다. 성격장애는 조화가 깨어지고 균형이 무너질 때 나타나는 현상으로 잠재적인 성격특성이 드러나지 못하고 단순 모방이나 주관적 경험에 머물면서 조화를 갖추지 못한 상태로 내재화하면서 나타난다. 성격의 선천적 특성은 경험과 내적 경험, 그리고 외부 환경과 사건을 통해 경험되면서 완성된다. 이런 과정에서 갈고 다듬어져 온전성을 갖게 되는데, 이때 조화를 갖추는 것이 필요하다. 이 조화는 아무 노력 없이 만들어지는 것이 아니라, 여러 특성을 이해하고 자아를 통해 조정해야 한다. 이런 조화를 통해 세상에 적응하고 자기실현을 하게 된다. 결국 성격장애에서 가장 중요한 것은 조화를 갖추고, 주체적 능력을 통해 세상에 적응하는 것이다.

청소년기는 성격 형성을 하는 시기로 성격장애는 아동기와 청소년기를 지나면서 조직화 되는 것으로 볼 수 있다. 물론 중증의 성격장애 특성이 나타나면 아동과 청소년기에도 성격장애로 진단하고 치료해야 한다고 한다.[42] 하지만 아동이나 청소년에게 성격장애라는 병리적 진단을 하게 되면 낙인효과가 나타나고 위축감이나 낮은 자존감을 주고 대인관계에서도 회피적 태도를 가질 수 있기에 상당히 신중하고 조심해야 한다. 이런 점에서 DSM은 기본적으로 후기 청소년기나 성인기가 되었을 때 성격장애를 진단하는 것을 권고한다. 임상적으로는 아동이나 청소년기에도 성격장애의 특성은 나타날 수 있다. 아니 어쩌면 더 빈번하게 일어난다고 보는 것이 적절할 듯하다. 예전 어른들이 천방지축 뛰놀고 고삐 풀린 망아지처럼 말썽 피우며 돌아다니는 아이들에게 철들면 다 괜찮아진다고 했던 말이 이런 맥락에서 나온 것으로 생각된다. 이는 성격장애의 특성이 그 또래의 보편적 현상이므로 병리로 보기보다는 과정으로 이해하는 것이며, 이 시기에 성격특성이 뚜렷해지면서 조정이나 조절이 되지 않아서 나타나는 두드러진 특성을 병리로 진단하게 된다.

---

42 Bleiberg, 『아동·청소년 성격장애 치료』, 20.

2. 성격장애의 구조

DSM-5에서 정한 성격장애는 기질을 기반으로 생리적 특성을 포함한 속성으로 한 사람의 행동과 태도, 그리고 그 사람을 나타내는 전체가 된다. 성격은 선천적 기질과 후천적 경험을 통해 개인의 고유한 특성이 된다. 이런 점에서 성격은 다양한 요소가 복합적으로 작용해서 나타나는 모듈의 조합으로 이루어진다.[43] 일반적으로 성격특성은 여러 특성이 유형이나 범주로 구분되면서 평면적 구조에서 이해되지만, 실제 성격은 일상에서 다차원적이고 복합적인 작용으로 나타난다. 성격의 다차원적 특성은 사람을 알고 대인관계 이해를 어렵게 만드는 핵심이다.[44] 이런 복잡성은 오히려 단순화하여 다루어야 한다는 것을 보여준다.

성격장애를 이해하기 위해 이런 복잡성을 단편적으로 구분하여 볼 수 있다. 성격장애는 구조적인 특성과 기술적 특성의 두 축을 근거로 접근할 수 있으며[45] 성격을 이해하기 위해서 구조적인 특성을 파악하는 것이 필요하다. 성격에는 다차원 요인이 다양한 측면에서 반영되기 때문에 선천성인지 후천성인지의 논쟁 같은 발생적 고민은 중요하지 않다. 오히려 나타난 현상을 이해하고, 잘 적용하기 위한 과제가 더 크다. 성격장애 특성은 구조화된 특성을 중심으로 이해할 수 있다. 성격특성을 구분하는 분류가 많지만, 일반적으로 발달, 자아, 성장, 진단, 병리, 그리고 임상 특성의 6개로 구분할 수 있다. 성격의 구조는 다양한 경험

---

43 황순택·조혜선·박미정·이주영, "성격장애와 기질 및 성격특질 간의 관계," 「한국심리학회지 사회 및 성격」, 29/2(2015), 10.
44 한규석, 『사회심리학의 이해』, (서울: 학지사, 2017), 64-66.
45 Clarkin, Fonagy & Gabbard, 『성격장애의 정신역동치료』, 31.

과 가치가 반영되어 나타나는데, 그 가치를 나타내는 여러 특성과 기준이 있다. 그 기준은 이론이나 배경에 따라 다르게 나타날 수 있다. 발달적 관점에서 자아의 기능과 역할은 중요하다. 자아의 힘과 통제를 통해 성격특성이 나타나고 대인관계에서 작용하기 때문이다. 발달은 모든 성격특성에 중요한 축으로 작용하며, 자아 특성을 성격의 결과로 보기도 한다. 하지만 자아 특성이 성격을 결정짓는 중요한 역할을 한다는 점에서 성격특성의 결과라기보다는 오히려 성격특성에 영향을 주는 요인으로 볼 수 있다. 발달 특성은 성장특성과 연계되어 이해할 수 있다. 개인의 성격은 발달 과업을 넘어 성장을 지향하고, 성장을 통해 자아실현의 과제를 수행할 수 있다. 다른 측면에서 성격은 현상과 상태를 기준으로 병리적 특성이 중심이 된다. 이는 성격특성으로 나타나는 상태와 태도를 중심으로 한 진단과 병리, 그리고 임상적 특성으로 나타나는 것이다. 이를 성격장애의 성격특성 분류로 정리할 수 있다.

성장	발달특성	발달 과업을 중심으로 한 성격특성
	자아특성	자아 상태에 따른 성격특성
	성장특성	성장을 촉진하는 상담심리 성격특성
병리	진단특성	진단 기준에 따라 구분하는 성격특성
	병리특성	병리적 특성으로 구분하는 성격특성
	임상특성	임상적 개입을 위한 성격특성

성격장애 성격특성 분류

성격장애를 중심으로 한 성격특성은 개인의 성장과 발달, 그리고 그 과정에서 나타난 병리적 특성으로 구분할 수 있다. 성격의 이해에서 구조적 개념화와 함께 정서적 개념화를 함으로써 더 많은 것을 볼 수 있다. 정서적 개념화는 정서를 중심으로 구조화하는 것으로 여기에서 정서는 주로 체험하는 정서와 그것을 표현하는 정서로 구분된다. 정서를 표현하는 것은 정서의 표출과 억제라는 두 축을 중심으로 범주화가 된다. 성격장애는 대부분에게 나타나는 특성이 평균 수준을 벗어나 편향적으로 나타나는데, 이로 인해 현실 적응에 어려움을 겪는 장애를 말한다. 성격장애는 일반적으로 깊은 불안반응을 보이며 대인관계나 사회적 관계에서 부적응이 나타나고, 다른 사람을 힘들게 하는 경향이 있다. 대인관계에서도 자기중심적이며 융통성이 부족하고, 관계에서 미숙함이 드러난다. 성격장애는 자기 자신에 대한 지각과 주변과 상호작용하는 과정에서 부적응으로 나타나는 개인 특성이다. 성격은 개인의 특성과 함께 발달과제를 준다.[46]

정신장애는 임상적 장애와 성격장애의 두 축으로 나뉘는데, 임상적 장애는 주로 뚜렷한 병리적 증상으로 나타나 약물치료를 하게 되고, 성격장애는 다양한 특성으로 반영되고 나타나므로 치료적 개입이 어려울 수 있다. 성격장애와 정신장애는 세밀하게 보면 다른 점이 나타나는데, 이는 성격장애를 진단하는데 중요한 기준이 된다. 정신장애는 한시적이고 반응적으로 나타나고, 행동보다는 증상이 두드러지고, 현 상태로 진단한다는 특징이 있다. 반면에 성격장애는 지속적이며 내재

---

46 APA, 『정신질환의 진단 및 통계편람 제5판』, 703.

적으로 나타나며, 행동보다는 관계에서, 그리고 장기간의 기능에 근거해 진단한다는 특징이 있다.[47] 이런 구분에 따라 DSM은 성격장애를 A, B, C의 3개 군으로 구성한다.

A군은 괴상하고 별난 경향을 보이는 특성으로 다른 사람의 행동을 의심하는 특성의 편집성 성격장애, 사회로부터 고립되어 있어서 대인관계 형성 능력에 심각한 장애를 갖는 조현성 성격장애, 관계망상이나 피해의식 등에서 보이는 인지 및 지각의 왜곡, 그리고 괴이한 행동의 조현형 성격장애가 포함된다. B군은 극적이고 감정적이며 변덕스러움이 나타나며, 주의를 끌기 위해서 과장된 행동을 보이는 연극성 성격장애, 자신이 특별하다고 생각하여 특별대우를 기대하고, 공감 능력의 결핍을 보이는 자기애적 성격장애, 죄의식 없이 경계선을 넘나들며 타인을 괴롭히거나 해치는 행동을 하는 반사회적 성격장애, 그리고 정서 행동 및 대인관계의 불안정과 주체성의 혼란으로 모든 면에서 변동이 심한 이상 성격을 보이는 경계성 성격장애가 있다. C군은 억제되고 불안 및 두려움을 나타내는 것이 특징이다. 자신에 대해 부적절한 존재라는 부정적 자아상을 가지고 있으며, 거절에 대해 극도로 과민한 반응을 보이는 회피성 성격장애, 자신감의 결여로 자기 욕구를 다른 사람에게 종속시키며, 보살핌을 받으려는 과도한 욕구가 나타나는 의존성 성격장애, 정리 정돈, 완벽성, 정확성, 그리고 마음의 통제와 대인관계의 통제에 대한 과도한 집착을 보이는 강박성 성격장애가 있다. 이전 DSM-Ⅳ에는 특정 불능 성격장애에 연구용으로 잠정적인 수동공격성과 우

---

47   민성길, 『최신정신의학』, 588.

울성이 포함되어 있었다. 수동공격성은 겉으로 드러나지 않은 방해, 지연, 다루기 힘든 완고성, 비능률성이 특징이고, 우울성은 만성적인 불행감을 호소하는 증상으로 업무나 대인관계에 어려움, 자기비판, 자기경멸이 주요 특성으로 나타났다.[48] DSM-5에서는 이 두 개의 성격장애가 제외되었으며, 성격특성을 신중하게 구분하려는 기준과 함께 다른 의학적 상태로 인한 성격 변화를 포함한 기타 성격장애와 대안적 연구 모델도 제안하고 있다.[49]

성격장애군	주요 특성	성격장애	주요 특성
A군	사회적 고립 기이한 언행 정서적 냉담 대인관계 무관심	조현형	대인관계 기피, 인지적·지각적 왜곡, 기이한 행동
		조현성	관계형성 무관심, 감정표현 부족, 대인관계 고립
		편집성	불신, 의심, 적대적 태도, 보복 행동
B군	정서적 불안정 대인관계 부적절 행동적 미성숙	반사회성	법과 윤리 무시, 권리 침해, 폭력 및 사기 행동
		연극성	관심 끄는 행동, 과도한 극적 감정표현
		경계성	불안정한 대인관계, 격렬한 애증, 충동 행동
		자기애성	웅대한 자기상, 찬사 욕구, 공감능력 결여
C군	불안한, 소심한 신중한, 겁내는 조심스러운	강박성	완벽주의, 질서정연, 절약에 과도한 집착
		회피성	부정 평가에 예민, 부적절감, 대인관계 회피
		의존성	과도한 의존 욕구, 자기주장 결여, 굴종적 행동

성격장애의 분류와 특성

---

48 이정균·김용식,『정신의학』, 455.
49 민성길,『최신정신의학』, 590.

한편으로는 DSM의 범주화와는 다르게 성격장애를 차원에서 접근해야 한다는 주장도 있다. 차원이라는 것은 평면적 범주가 아니라 시간과 공간, 대상 등에 따라 다르게 작용하여 나타나는 것으로, 다양한 차원과 층을 전제로 한다.[50] 이는 범주냐 차원이냐의 문제라기보다는 내담자를 돕고 성격장애의 특성과 증상에 접근하기 위해 당연히 검토해야 한다. 이런 점에서 성격장애의 구조와 특성을 단편적으로 보지 말고, 전체적인 조망과 개별적인 특성을 모두 고려해야 한다.

50　Benjamin, 『성격장애 진단 및 치료』, 472.

3. 성격장애의 발달 특성

DSM-5 성격장애의 발달 특성은 아동기, 청소년기, 중년기, 그리고 노년기에 이르는 전 생애 과정에 걸쳐 완성된다고 할 수 있다. 이는 병리적 특성을 넘어 발달과제로 나타난다. 성격장애가 청소년기에 두드러진다는 것이 근거가 된다.[51] 성격장애의 구조와 특성은 청소년기에 다양한 현상을 경험하면서 균형을 잡게 된다. 이는 신체 발달과 마찬가지로 개인차가 심하며, 개인에게도 다양한 방식으로 전개될 수 있다. 청소년기 이전에는 성격 발달과정에서 다양한 경험을 하게 되는데, 이 경험은 기질과 주변의 반응과 결과, 그리고 그로 인한 자기 인식과 학습으로 이루어진다.[52] 이 경험은 처음부터 적당하게 나타나지 않고, 과도 또는 과소 경험으로 나타나게 되는데, 이때 과도하게 경험된 자기 인식과 학습은 다른 사람을 불편하게 하며 성격장애 특성으로 자리하게 된다.[53] 과소 경험은 당장에 주변을 불편하게 하지 않아서 큰 문제가 되지 않지만 시간이 지날수록 과소 경험은 정서 에너지나 사회기술 부족으로 불편함을 만들게 된다. 이를 해결하기 위해서는 과도하거나 과소한 자기 인식과 학습으로 습득된 각 개인의 취약점을 극복하여 자기 자신과 세상의 갈등, 그리고 세상에 적응하는 과정에서 자기중심성을 찾아야 한다. 어릴 적에는 자신에 대한 확신도 적고, 능력도 미숙하여 자신이 가진 여러 가지 경향성을 학습하고 경험하면서 성장하게 된

---

51 Bleiberg, 『아동·청소년 성격장애 치료』, 7.
52 R. S. Siegle, Saffran, R. Jenny, N. Eisenberg, Judy S. DeLoache, E. Gershoff, 『발달심리학』. 송길연 옮김. (서울: 시그마프레스, 2019),
53 Carver & Scheier, 『성격심리학』, 403.

다. 청소년기 이전에는 신체와 사고, 그리고 정서 등 개인의 특성을 나타내는 모든 측면에서 끊임없이 변화한다. 성격에 개인차는 있지만, 다양한 상호작용에서 균형과 불균형 상태를 계속 오가며 혼란을 경험한다. 이런 상태에서 일시적으로 경험하는 성숙 경험은 내담자의 주관적 경험에 대처하고, 지각하고, 다른 사람과 관계하도록 하는 힘이 되며 지속적인 변화의 도구가 된다.[54]

아동·청소년기에는 경험이나 능력이 부족하여 미래에 대한 불안으로 위축이나 회피 성향 같은 C군의 특성이 두드러지고, 청소년기를 지나면서는 자기 재능과 역량이 커지고 사회에 적응하는 과정에서 혼란과 갈등이 증폭된다. 이는 B군 성격장애의 특성으로 반영되어 나타나게 된다. 중년기를 넘어서면서 다른 사람과의 관계에서 자기 생각을 명확하게 드러낼 수 있다. 이는 세상보다 자신이 더 크다고 생각하는 확고함이 특성으로 나타나는 A군의 성격으로 반영된다. 이런 발달 특성은 정신의 중심이 되는 자아를 중심으로 성격특성에서도 나타나는데, 아동·청소년기에는 자아의 취약성이 나타나는 C군의 특성으로 나타나고 반영된다. 청소년기에서 중년기에 이르는 인생 대부분 시간에서 경험하는 삶의 여정은 자아 혼란이 나타나는 시기로 자기 생각이나 의지와 다른 데서 발생하는 혼란과 갈등 속에서 자신과 세상이 갈등하며 안정적인 자리매김을 하는 시기이다. 이때 나타나는 성격은 B군의 성격장애 특성과 유사하며 갈등 속에서 서서히 견고해진다. 자아가 견고해지면 세상과의 갈등과 적응의 문제를 넘어서 자기만의 세상이나 철학을 세울 수

---

54 Bleiberg, 『아동·청소년 성격장애 치료』, 20.

있게 된다. A군의 특성은 자신만의 견고한 세상을 세울수 있는 힘을 갖는다. 이런 특성을 적절하게 발달시키면 자아실현의 과정을 이룰 수 있게 된다. 이런 자아실현 과정에서 자아가 적절히 발현되도록 조화와 균형을 이루는 과정에서 나타나는 현상으로 성격장애를 이해할 수 있다. 성격장애는 성격의 발달을 통해 치유할 수 있으며, 오히려 삶을 풍요롭게 하며 대인관계와 사회적응에 유용하게 작용할 수 있다. 이런 특성은 자아의 발달과 성숙 속에서 자연스럽게 견고해지며 자신의 철학과 의지에 따라 세상에 적응하고 세상을 변화시키는 능력이 된다. 따라서 성격장애는 증상이나 현상으로 이해하기보다는 발달의 과정에서 나타나는 다양한 특성 요인으로 이해하고, 에너지를 확충하여 건강하게 활용할 수 있도록 해야 한다. 특히 중년기 이전에 나타나는 성격특성은 발달과 성장의 과정으로 이해하고 개입할 수 있어야 한다.

성격장애는 병리적으로 보면 중증도가 심한 A군, B군, C군의 순으로 이해되지만, 발달 도식에서는 오히려 C군, B군, A군의 순으로 이해하고 살펴보는 것이 더 이해에 도움이 된다. 성격장애 분류 체계에 대해 다축 체계를 통해 구조적 안정성을 찾아왔는데, 이런 점들이 오히려 다른 병리들과의 혼란을 주기도 한다. 이는 DSM에서도 '이런 분류가 연구와 교육적 측면에서는 유용하지만 심각한 한계가 있으며 타당성이 지속적으로 입증되지 않았다'고 명확히 하고 있다. DSM-5에서 제시한 성격장애의 일반적인 진단 기준은 다음과 같다.[55]

55　APA, 『정신질환의 진단 및 통계편람 제5판』, 705.

> A. 내적 경험과 행동의 지속적인 유형이 개인이 속한 문화에서 기대되는 바로부터 현저하게 편향되어 있다. 이러한 형태는 다음 중 2가지(또는 그 이상)에서 나타난다.
>   1. 인지(즉, 자신과 다른 사람 및 사건을 지각하는 방법)
>   2. 정동(즉, 감정 반응의 범위, 불안정성, 적절성)
>   3. 대인관계 기능
>   4. 충동조절
>
> B. 지속적인 유형이 개인의 사회 상황의 전 범위에서 경직되어 있고 전반적으로 나타난다.
>
> C. 지속적인 유형이 사회적, 직업적, 또는 다른 중요한 기능 영역에서 임상적으로 현저한 고통이나 손상을 초래한다.
>
> D. 유형은 안정적이고 오랜 기간 동안 있어 왔으며 최소한 청년기 혹은 성인기 초기부터 시작된다.
>
> E. 지속적인 유형이 다른 정신질환의 현상이나 결과로 더 잘 설명되지 않는다.
>
> F. 지속적인 유형이 물질(예. 남용약물, 치료약물)의 생리적 효과나 다른 의학적 상태(예. 두부 손상)로 인한 것이 아니다.

성격장애의 일반적 진단 기준(DSM-5)

　　DSM의 일반적 성격장애 진단 기준의 핵심은 개인이 속한 사회 문화 적응 여부라고 할 수 있다. 문화적응은 개인과 사회가 서로에게 경험하는 것이지만, 실상은 그 기준이 개인이 아니라 사회에 있다는 점에서 개인의 특성을 침해할 우려도 있다. 적응의 문제를 '부적응'으로 설명하기도 하는데, 이는 주로 인지와 정동의 차원에서 발현되어 나타난다. 신체적인 문제는 다른 증상으로 보거나 범주를 달리해서 구분하기 때문에 나뉘어 있고, 인지적인 측면과 감정과 관련된 정동에서 주요하게 나타난다. DSM-Ⅳ에서는 정동은 정서로 분류하고 있다. DSM-5에서는 정서와 정동을 구분하고 있는데, 이는 정서가 개인의 인지와 태도, 그리고 신체에 이르기까지 전반적으로 영향을 주기 때문이라고 볼 수 있다. 정서보다 정동은 현재의 의미에서 깊은 내면의 정서보다는 드러나는 증상을 중심으로 한다. 이런 의미에서 정동은 감정적 태도를 반영하는 것으로 보인다. 이는 감정이나 사고의 표출에서 조절이 정교하지 못한 생태를 나타내는 충동 조절로 반영된다. 이런 문제는 사회에서 대인관계 영역에서 나타나기 때문에 일반적인 성격장애 진단의 기본적인 형태로 인지, 정동, 대인관계 기능, 그리고 충동 조절의 4가지 영역으로 나타난다.

이상의 기본적인 형태가 두 가지 이상이 나타나며, 여러 가지 조건에 부합되면 성격장애로 구분한다. DSM-5에서 제시하는 조건은 사회상황의 전 범위에서 전반적으로 나타나는 것을 들고 있다. 나아가 이런 우형이 사회적, 직업적, 그리고 다른 중요 영역에서 임상적으로 현저한 고통이나 손상이 나타나야 한다. 이는 다른 사람과의 관계나 사회생활에 현저한 문제가 나타나지 않는 것은 개인 특성이나 성격의 고유성으로 볼 수 있다는 것을 의미한다. 이런 구분은 사회활동의 문제에서 개인과 집단, 그리고 개인과 개인의 관계에서 나타나는 다양한 갈등과 부적응적 상태에 대한 폭넓은 인식과 적용을 하는 것이다. 결국 성격장애는 개인의 고유성을 넘어서 사회관계에서 부적응으로 나타나는 것으로 일상생활에 장애가 나타난다는 것을 의미한다. 이런 특성이 최소한 청년기나 성인기 초기부터 시작된다는 것은 성격이 형성되는 청소년기의 특성이 반영되어 지속된다는 것이다. 이는 상당히 장기간에 걸쳐 비교적 일관성 있게 나타난다는 것을 의미한다. 물론 이런 특성이 다른 정신질환이나 약물 등으로 인한 상태가 아니라는 것을 명확히 한다는 점에서 분명히 특성 요인을 나타낸다. 이런 점에서 성격장애는 성격의 형성과정에서 나타나는 두드러진 특성을 이해하고, 조율하고 조화를 갖추도록 함으로써 건강한 적응과 태도를 나타낼 수 있게 하는 발달적, 성장적 관점에서 효과적인 의미가 있다.

4장
성격장애군의 특성

1. 성격장애의 군집 특성

성격장애는 주요 특성을 중심으로 세 가지 군집으로 구분한다. 성격장애는 정상과 병리적 상태인 이상^{異常}의 경계에 있다. 이상은 정상의 범주를 벗어난 비정상적인 것으로 병리적으로 발현된다. 성격장애는 정상과 경계, 그리고 병리로 이어지는 체계에서 연관성을 찾을 수 있다. 이런 점에서 성격장애는 병리적 특성보다는 성격특성으로 이해할 수 있다. 병리적 특성이 일상의 성격특성에 기반하고 있으며, 병리적 특성도 개인의 정도나 환경과의 상호적 특징에 따라서 다르게 나타날 수 있기 때문이다. 다른 병리들이 그런 것처럼 특별한 차이가 있는 것이라기보다는 정도 차이에 따라 구분된다. 따라서 각각의 성격장애는 서로 밀접하게 연관되어 있다. 이론적으로 이해하고 설명을 위해 인위적으로 구분한 것일 뿐 실제로는 구분이 어렵다. 더욱이 그 특성이 여러 차원에서 스펙트럼처럼 연결되어 명료한 구조화나 개념화가 상당히 어렵다.[56] 성격장애 특성은 이를 구분하기 위해 경계를 다시 세분화하여 구조화하고 있다. 성격장애의 스펙트럼은 다음과 같이 구분할 수 있다.

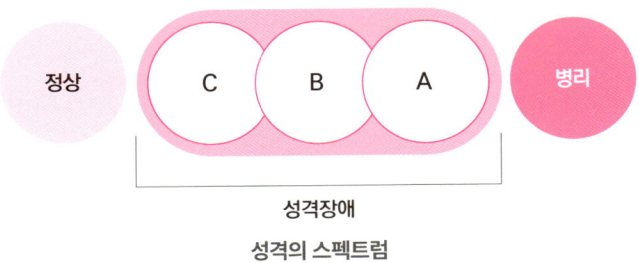

성격의 스펙트럼

성격장애의 특성상 다른 사람이나 사회의 규준에 맞는 적응의 정도에 따라 구분하기도 한다. 성격장애 특성의 구분은 A, B, C군으로 구분하는데, 이 분류는 유사한 특성으로 분류하기도 하지만, 병리적 정도로 구분하기도 한다. C군은 정상 범주에 비교적 가까우며, A군은 병리적인 특성이 강하게 나타난다. A군은 병리적 특성이 비교적 두드러지지만, 중증이 아닌 경우에는 일상 범주에서 정도가 높은 수준으로 볼 수 있으며, 그 정도가 심하게 벗어나 있는 것으로 구분하지는 않는다. A의 범주를 넘어서는 강한 정도는 별도의 병리로 구분한다. 이런 점에서 병리적 특성이 비교적 두드러지는 A군도 일상 수준에서 생활하는데 심각한 정도의 장애를 나타내는 것으로 보기에 애매한 것이 있어서 구분에 혼란이 나타나기도 한다. 이처럼 성격장애는 세 가지 기본 군群을 중심으로 전체를 조망하고, 그 안에 개별 성격장애 특성이 자리하고 있다. 이 특성들은 각각 다양한 방식으로 연계되어 있고, 복합적으로 작용한다. 성격장애의 특성을 이해하고, 개인에게 작용하는 방

---

56 이정균·김용식, 『정신의학』, (서울: 일조각, 2005), 442.

식이 안정적으로 드러나는 것을 성격이라고 한다. 결국 성격장애 성격 특성은 정상 범주의 적응 능력을 발현하는 것으로 볼 수 있는데, 이때 자아의 조절기능이 내재화되어 있으면 조정되고 적절하게 반응하게 된다.[57] 성격장애는 성격장애 성격특성이 성격장애 스펙트럼에서 자아의 조절기능 문제로 인해 나타나며, 어떤 것에 집중되는지에 따라 병리의 특성이 될 수 있다.[58] 스펙트럼의 특성상 성격장애는 마치 천칭 저울처럼 정교하고 미세하게 조절되지 않으면, 한쪽으로 급격하게 쏠림현상이 나타나게 된다. 성격장애는 이런 쏠림현상으로 인해 나타나는 불안정한 성격적 특성이라고 할 수 있다. 성격장애 군집은 이런 특성을 잘 보여주는 것으로 A군과 C군의 상대적 특성에 B군의 균형과 조절의 불안정으로 인해 나타나는 특성을 반영한다고 할 수 있다. C군은 자신보다 외부의 힘이 크게 작용하는 것이라고 볼 수 있으며, A군은 자기 힘이 강하게 작용하는 구조로 볼 수 있다. B군은 두 힘 사이에서 균형을 맞추지 못하고, 조절하지 못하는 상태를 반영하는 것이다. 이렇게 성격장애의 세 군집은 성격특성의 본질을 잘 제시하는 것으로 볼 수 있다.

성격군	C군	B군	A군
대상	다른 사람	혼란과 갈등	자기 자신
관계	의존	혼돈	고립
에너지	대상	불안정	자기

성격장애의 군집 특성

57 Richard D. Chessick, 『자기심리학과 나르시시즘의 치료』, 임말희 옮김, (서울: 도서출판 NUN, 2012), 200.
58 Clarkin, Fonagy & Gabbard, 『성격장애의 정신역동치료』, 71.

이와 함께 고려해야 하는 것은 성격장애가 군집에 따라 나타나는 특성도 있지만, 개인의 기능 수준 및 심각성에 따라 다르게 나타날 수 있다는 점이다. 성격의 손상과 연관되는 수준별 구분은 이를 잘 나타낸다. 성격 곤란, 단순 성격장애, 그리고 고도 성격장애로 나누는 손상 정도에 따른 세부 수준은 성격장애를 이해하고 개입하는 데 도움이 된다. 성격곤란personality difficulty은 상황과 밀접한 연관이 있다. 특정 상황에서 부적응이 나타나고 대부분 대인관계 기능이나 사회적 관계는 적정 수준, 또는 그 이상에 머물러 있다. 단순 성격장애simple personality disorder는 특정 상황에 국한되지 않고, 대인관계 기능과 사회적 관계에서 지속적인 어려움이 나타난다. 또한 자신과 다른 사람에게 고통을 초래하거나 어느 정도 위해를 가한다. 고도 성격장애severe personality disorder는 성격이상으로 자신이나 다른 사람에게 심각한 위협을 주며, 이를 경감시키기 위해 어떤 조치를 해야 하는 정도를 말한다.[59]

이를 전제로 성격장애의 군집 특성을 파악하는 것은 임상에서의 이해와 개입을 유용하게 한다. 이런 다양한 차원을 이해하고, 세 가지 성격장애 군집의 특성을 이해한다면 내담자를 이해하는 것은 물론이고, 심각해 보이거나 혼란스러운 문제에 근접하는 데 도움이 될 수 있다. 성격장애를 이해하거나 접근하는 방식은 이론적 근거와 배경에 따라 다르고, 일상에서 나타나는 빈도와 정도에 따라 다르게 인식된다. 성격장애를 구조화하는 것이 어려운 이유는 성격장애의 이런 특성 때문이기도 하다. 세부적인 문제나 경험하는 것은 다양하고 복합적으로 나타나고,

---

59 민성길 외, 『최신정신의학』, 592.

성격장애의 특성상 다양한 스펙트럼이 현란한 건반 악기처럼 소리를 내기 때문에 본질을 파악하지 못하면 증상에 매몰되어 길을 잃고 헤매게 될 수 있다. 따라서 성격장애를 이해하려고 할 때는 마치 양파의 껍질을 벗겨 내듯이 조심스럽게 하나씩 단순화하여 탐색해야 한다.

2. C군 성격장애 특성

C군의 성격장애는 B군과 A군 성격장애 군에 속하는 성격장애 유형들보다 약하게 나타난다는 특징이 있다. 약하다는 것은 힘들지 않다는 것보다는 세상에 적응하며 부대끼는 과정에서 개인 특성을 드러내지 않고, 숨기거나 회피하는 성향이 강하다. C군은 불안과 두려움의 정서 특성과 소심한 행동이나 태도가 나타난다. 자신이 부적절한 존재라는 부정적 자아상을 가지고 있다. C군에 속하는 자아의 상태는 독립적이지 않고, 자신을 강하게 나타낼 수 없다는 점에서 불안과 두려움이 주요 특성으로 나타난다. C군 성격장애의 기본형은 '의존'이라고 할 수 있다. 의존은 자기 존재에 대한 불안정성과 확신의 부재로 자기 자신을 지키기 위한 방어적 태도가 반영되어 나타난다. 의존이 기본 태도로 나타난다는 것은 취약한 자아를 나타내는 것으로 볼 수 있으며, 개인의 차원에서 사회적 차원으로 확대되고 전환되는 과정에서의 태도로 이해할 수 있다.

C군의 기본 태도인 의존은 사회에 적응하는 과정에서 나타나는 개인의 기본적인 적응 태도로 누군가에게 의존하는 것이 안전하므로 나타나는 현상이다. 의존적인 태도는 회피와 강박의 두 가지 방향으로 발전하게 되는데, 이는 자아의 적응을 위한 태도로 볼 수 있다. 회피는 말 그대로 문제를 직면하지 않고 문제를 우회하거나 회피함으로 직면하지 않는 태도로 나타나는데, 이는 문제를 외면함으로써 자아를 지키려는 노력으로 나타나는 현상이다. 회피는 문제를 해결하거나 넘어서려는 시도 자체를 외면하는 태도이다. 의존성과 회피성은 일상에서 다

양한 심리 특성을 나타내고, 중독 성향과도 밀접한 관계가 있는 것으로 나타났다.[60] 강박은 회피와 상대적인 태도로 스스로 문제에 대응하려는 노력과 태도가 반영된 것이다. C군의 세 가지 하위 성격특성들은 서로 간섭 현상이 나타난다. C군은 자아가 취약한 상태에서 의존에서 벗어나 자신을 찾으려는 과정에서 병리가 나타난다. 자아의 상태는 의존해야만 하는 약한 상태인데, 의존대상을 벗어나 탈피하려는 힘이 생기는 과정에서 성격장애가 나타난다. 이 과정은 취약한 자아가 의존적 상태에서 벗어나 서서히 자립하는 과정의 시작이다. 강하지 않은 자아가 취약한 상태를 벗어나는 과정에서 자아는 미숙함을 보이고, 위축과 회피, 그리고 자발적으로 하려는 강박적 태도가 일관성 없이 나타나거나 어느 한 영역에 고착되어 나타나게 된다.

이런 점에서 C군의 성격특성의 본질은 자아의 자립적 기반을 마련하는 것이라고 볼 수 있다. 취약한 상태를 탈피하는 과정에서 자아는 의존적 상태에서 벗어나서 스스로 하려고 하는 강박적 태도와 자신이 맞서야 하는 상황으로부터 탈피하기 위한 방어적 태도인 회피가 나타난다. 실제 의존에서 벗어나는 탈피 상황에서 강박과 회피의 두 축의 갈등이 나타나게 된다. 강박과 회피는 의존과 상대적 태도로 나타나는 두 측면이다. 강박과 회피는 능동과 수동의 에너지로 작용한다. 강박은 문제를 직면하고 해결하려는 노력이 나타나는 것이고, 회피는 문제해결의 의지보다는 자신감이 위축되어 문제를 피하게 되는 것으로 볼

---

60 장문선·박기쁨·정성훈·우상우, "의존성, 회피성 성격특성의 심리적 특성과 중독성향 간의 관련성," 「동서정신과학」, 14/1(2011), 14.

수 있다. 따라서 자신감이 있을 때는 스스로 하려는 마음이 작용하여 능동적인 강박적 태도가 나타나게 되지만, 자신감이 하락하게 되면 자신의 높은 기준과 평가에 대한 불안으로 수동적 태도로 소극적으로 나타난다. 이는 문제를 회피하는 태도로 나타나, 해결하고 싶은 의지와는 다르게 나타날 수 있다. 성격장애 C군의 특성과 발현 과정을 이해하면 병리적 증상을 넘어 어떻게 성장을 하게 되는지 알 수 있다.

성격장애는 발달의 과정과 단계에 따라 나타날 수 있는데, C군은 아동기의 발달 경험이나 특성과 연결되어 나타날 수 있다. 아동기는 부모에게 의존하면서 세상을 경험하고, 부모와의 분리를 경험하게 된다. 이때 분리와 관련된 불안과 이중적 감정, 경험, 그리고 태도 등이 복합적으로 나타나 혼란을 겪게 된다. 이 시기 아동은 부모에게서 벗어나려는 마음과 의존의 마음 사이에서 갈등하게 되고, 양가적 태도에서 죄책감이 나타나기도 한다. 무기력해지는 증상은 벗어나려는 힘이 부족하여 생기는 태도로 회피가 되고, 힘이 생기면 스스로 노력하여 해결하고 극복하려는 강박적 태도가 나타나게 된다. 따라서 C군의 성격장애 특성은 자아가 힘을 갖는 과정에서 충분한 힘을 갖지 못하거나 정교해지지 않으면 나타나는 특성이다.

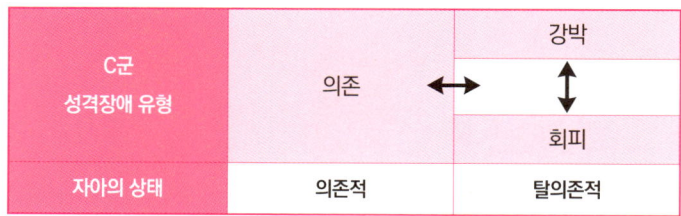

성격장애 C군의 특성 구조

3. B군 성격장애 특성

B군의 성격장애 특성은 A군과 C군 사이에 있으며 두 성격의 특성이 혼란스럽게 나타난다. 혼란스러움은 A와 C군 양쪽의 서로 다른 에너지 사이에서 혼란이 만들어지고 균형을 이루지 못해서 한쪽으로 치우치는 현상으로 나타나는 것이다. B군의 특성은 혼란스러운 상태를 나타내는데, 내면의 감정이나 정서의 표출과 위축 사이를 오락가락하는 것이 특징이다. 이는 자아의 힘이 어느 정도 생겨서 자신을 드러낼 수 있는 상태에서 세상과 부대끼며 혼란을 경험하는 것이다. C군이 자아 상태의 크기 정도를 나타낸다면, B군은 자아를 드러내는 방식이다. B군의 성격특성은 혼란스러운 자아가 자신의 감정이나 정서, 그리고 행동이나 태도를 조절하지 못해서 나타나는 특성으로 이해할 수 있다. B군의 자아는 기본적으로 자기애를 기반으로 하지만, 에너지가 올라왔다 내려가는 상승과 하락의 반복이 나타났다. 개인의 감정, 기분은 물론이고 상대에 대한 태도에서 혼란과 갈등이 생긴다. 이를 드러내고 표현하는 방식이 거칠게 나타나고 조절과 통제가 미숙한 상태를 나타낸다.

B군은 C군의 취약한 자아가 자기에게 애정이 생기면서 자신을 드러내고 표현하려는 것이다. B군은 자신을 드러낼 힘을 가지고 있지만, 내적 확신이나 자신감이 충분하지 않아 생기는 현상으로 이해할 수 있다. 이런 점에서 B군의 성격특성은 본질상 자아의 '혼란'이라고 할 수 있다. 자아의 혼란은 자아가 힘이 생기면서 나타나는 현상과 연관하여 살펴볼 수 있다. 자신을 드러내는 것에서 미흡하여 나타나는 혼란은

외적 표현과 내적 결핍 사이의 혼란과 갈등이며, 이것은 표현의 미숙함으로 드러난다. 혼란과 갈등은 자기 존재에 대한 자기 확신의 결여로 반영되며, 기본 태도는 자아 표현의 미숙함으로 나타난다.

B군의 특성을 기반으로 하는 하위 유형은 자기애성, 경계성, 연극성과 반사회성이다. B군은 C군의 취약성이 팽창하면서 자기애성으로 확대되는 현상이 나타난다. C군 특성의 자아가 발달하고 확장되면 자기에 대한 애정과 확신이 생기게 된다. 이때는 자신을 있는 그대로 인식하기보다는 실제 자신의 능력이나 상태가 더 크고 강하게 반영되기 때문에 자아 팽창 현상이 나타난다. 자아가 커지면 다른 사람이나 사회와 갈등이 증폭되고 부딪히게 된다. 이런 특성은 자아가 세상과 부딪히면서 자신의 세계를 넓혀가게 된다. 이런 특성으로 갈등이 생기고 결국 B군의 대표적 특성인 혼란이 두드러지는 경계성 특성이 나타난다. 경계성은 자신과 다른 사람과의 관계에서 나타나는 혼란된 정서와 감정, 그리고 관계에서의 복합성으로 나타난다. 혼란이 극대화되면 자기 자신은 물론이고 다른 사람에게도 큰 혼란과 상처를 줄 수 있는데, 이것이 경계성 성격장애의 특징이다.

B군 특성에서 자아는 팽창과 혼란, 그리고 현실 상태로 반영되고 나타난다. C군의 취약한 자아가 팽창하면서 자기애성으로, 그리고 사회적응 과정에서 혼란을 겪으면서 자아의 현실을 인식하게 된다. 혼란을 통해 자신에게 향하던 에너지가 대상으로 전환되면서 자기애성은 반사회성과 연극성으로 반영된다. 연극성은 세상에 적응하기 위해 자신을 포장하는 것이고, 반사회성은 자신이 아닌 다른 사람이나 대상

을 향하는 것이다. 이런 경향성은 B군의 기본 특성에 영향을 주는 자아와 대상성의 두 방향으로 발현된다. 자아와 대상성의 특성은 자기애성 성격장애와 반사회성 및 연극성 성격장애로 구분된다. 이 사이에 경계성 성격장애의 특성이 나타난다. 하지만 경계성 특성은 성격특성의 구조적 위치를 가늠하기가 상당히 어렵다. 경계성의 특성은 실제로는 성격장애 특성 전체를 아우르는 것이기도 하고, 자기애성과 경계성의 관계에서도 사용되어 혼란을 준다. 이런 점은 원초적 반응에서 위협을 줄이기 위한 반응으로 과활성화되었다가 불쾌한 경험이나 감정으로 인해 위축이나 철회 과정이 반복되어 나타나는 방어패턴으로 볼 수 있다.[61] 이런 현상은 일상적으로 누구나 경험하는데, 그 경험의 진폭에 따라 현상이 다르다. 이 진폭이 없이 일관된 반응을 한다면 이것이 더 큰 병리적 문제이고 현상이 된다. 아주 미세하게 움직이는 진폭 반응을 통해 균형을 갖추는 것이 중요하다. 이런 맥락으로 볼 때, 성격장애는 정상과 이상의 경계선에 있으며, 이런 특성이 나타나기 때문에 전체적인 맥락에서 성격장애 전체가 경계성의 특성을 가진다고 보는 것이 타당하다. 또한 경계성 성격장애의 특성도 단순히 특정한 성격과 성격의 사이에서 혼란을 일으키는 것이 아니라 전체 성격특성의 핵심적 특징을 넘나들며 복합적으로 작용하기에 혼란이 가중된다. 코헛은 환자의 비난을 정신적 실재로서 긍정해 주면, 이 비난 뒤에 환자는 공감적 유대를 방해하는 장애물들을 없애려고 노력하며, 성공하게 되면 경계성 성격장애가 자기애성 성격장애로 바뀌어 분석 가능한 환자로 바뀌게 된다

61　Beck, Emerry & Greenberg, 『불안장애와 공포증』, 55

고 하였다.[62] 이런 관점은 치료적으로 의미가 있으나 구조적으로 경계성을 어떻게 이해해야 하는지 혼란을 줄 수 있다. 일반적으로 경계성 성격장애는 치료가 불가능하다고 알려져 있어 더 그렇다. 결국 경계선의 문제에서 나타나는 경계성은 그 범위와 범주의 혼란을 가질 수 있기에 특정한 구조보다는 전반적인 맥락으로 병리를 만드는 가장 핵심적 특징이라고 볼 수 있다.

B군의 자아 특성은 발달과정의 청소년기 특성과 맞물린다. 청소년기는 자신에 대한 희망과 환상이 있으며, 발달과정에서 자기애와 자아의 발달 특성이 나타난다. 청소년기의 발달 특성은 자기중심성으로 인지발달의 형식적 조작기에 해당한다. 이 시기의 청소년은 자기 관심사와 다른 사람의 관심사를 구분하지 못하고 자기에 몰두하는 자기중심성을 보이게 된다. 이때 상상 속의 관중과 개인적 우화가 나타난다. 상상 속의 관중 imaginary audience 은 자신을 주인공으로 생각하고, 다른 사람을 구경꾼으로 생각하는 것이다. 이는 현실에서 자신이 관심의 초점이 아님을 의미하는 것이기도 하다. 상상 속의 관중은 다른 사람에게 관심받고 싶은 욕망을 반영한 태도이며, 자신이 매력적이라고 믿는 것과 실제 매력적인 것과 달라 혼란이나 갈등이 나타난다. 개인적 우화 personal fable 는 자기감정과 사고가 독특해서 다른 사람들이 이해할 수 없을 것이라는 믿음이다. 자기 자신이 소중하고 중요한 인물이라는 믿음은 다른 사람과의 갈등을 일으키지만, 성숙해지면서 사회적 상호작용을 하고 각자의 관심사가 따로 있음을 이해하고, 상상적 관중이 실제

---

62   Chessick, 『자기심리학과 나르시시즘의 치료』, 214.

관중이 되면 이런 자기중심적 사고는 서서히 변화하게 된다. 이런 청소년기의 발달은 사회인지, 즉 사회적 관계를 이해하는 적응 능력으로 다른 사람의 감정, 생각, 의도, 그리고 사회 행동 등 인간관계의 기본이 된다. 이를 통해 다른 사람의 생각이나 정서 등을 이해하는 능력으로 원만한 관계를 유지하게 된다. 청소년기의 자아에 대한 인식은 자기애성으로 반영되고, 현실에 대한 인식은 사회성 향상으로 이어지게 된다. 이 과정에서 나타나는 다양한 정서적 반응이 B군의 특성이 된다. 결국 B군의 성격장애 특성은 이상적 자아와 현실적 자아의 통합과 균형의 과정에서 나타나는 현상으로 볼 수 있다. 이런 현상은 비단 청소년기에만 국한되지 않고, 중년기 이후까지 이어지기도 한다. 이런 특성이 두드러지고 특정 상태가 지속되는 것을 병리라고 볼 수 있다. 이 과정에서 현실적 자아를 찾고, 내면의 힘을 키워 세상과 소통하고 다른 사람과 상호적 관계를 원만하게 하는 것이 과제이다.

B군 성격장애 유형	자기애성	경계성	반사회성	대상 ↕ 자기
			연극성	
자아의 상태	팽창 자아	혼란 자아	현실 자아	
자아의 방향	자기	↔	대상	

성격장애 B군의 특성 구조

B군의 성격장애 특성은 자기 자신에 대한 힘과 세상의 힘 사이에서 균형을 이루기 위한 과정에서 나타나는 불안정한 상태나 상황으로 인해 나타나는 현상이다. 천칭 저울처럼 끊임없이 이어지는 불안정한 상태가 미세 조정을 통해 안정화가 되어야 한다. 이는 고정된 안정이 아니라 불안정의 안정화로 적정선을 유지하는 힘의 균형이 나타나는 상태라고 할 수 있다. B군의 성격장애는 이런 통합과 균형의 상태가 유지되지 않을 때 발현되는 현상을 의미하는 것이다. 일상적으로 B군의 상태는 일시적으로 나타나지만, 성격장애는 고정적으로 반영된다. 자신과 대상의 상호작용에서 나타나는 갈등과 균형을 조절하는 것으로 내적이고 외적인 상호작용이 동시에 나타나 혼란이 표출된다는 특징이 있다.

4. A군 성격장애 특성

A군의 성격장애 특성은 다른 성격 군에 비해 뚜렷하게 자기 특성을 나타낸다. B군의 성격장애 특성은 여러 성격장애 증상이 중첩되며 경계가 뚜렷하지 않아 혼란스럽게 나타나는데, A군은 그 특성이 뚜렷하게 나타난다. A군의 뚜렷한 성격특성은 자신의 고유하고 독창적인 것을 중심으로 세상을 재편하려는 특성으로 나타난다. 이는 C군의 취약한 자아와 B군의 혼란을 넘어 뚜렷한 자기 생각이나 의지를 드러낸다. 자신의 상태와 작용은 사고와 정서의 두 축을 중심으로 한다. A군의 성격장애 특성은 사고와 정서를 드러내는데, 자기중심, 내부, 그리고 외부의 방향으로 나타난다.

A군의 특성은 확고한 자기 사고와 확신으로 자신과 세상을 바라본다. 이로 인해 다른 사람의 시각에서는 기이하고 특이하게 보일 수 있는 것이다. A군은 뚜렷한 자아를 중심으로 세상을 바라보고 판단하며 자신의 방식으로 인식하게 된다. 이런 특성은 사고 중심의 편집성과 정서 중심의 조현성과 조현형으로 구분할 수 있다. 편집성은 자기 방식으로 세상을 재단하고 정보를 수집하여 논리적으로 구성을 한다. 조현성과 조현형은 뚜렷한 자기만의 세상이 있는데, 조현성은 자기 내부를 향하고, 조현형은 외부로 드러내는 차이가 있다. 이로 인해 유사한 특성을 가진 A군이 다르게 인식된다.

A군은 뚜렷한 자기만의 세계를 갖는 것이 특징이다. 자신의 에너지가 상당히 안정적이라서 주변 환경이나 상황에 휘둘리지 않는다. 자

기 세계가 뚜렷하다는 측면에서 세상에 휘둘리지는 않지만, 세상과의 단절이나 고립이 나타날 수 있다. 현실 자아의 능력은 확충되고 자아의 힘이 생기지만, 자신을 드러내고 소통하는 방식은 미숙하다. 결국 A군의 성격장애 특성은 자신을 다른 사람에게 드러내고 표현하며 전달하는 방식의 정교함이 필요하다. A군 성격장애에는 각 성격장애의 특성과 현상이 있지만, 이를 잘 표현하고 정교화해서 세상과 조화롭게 하는 방식에서 문제가 나타나는 것이다. A군 성격장애는 자아정체성 형성과 연관이 있다. 자아정체성은 자기가 누구인지에 대한 탐색과 실제적 경험을 통해 형성되는 것이다. 이는 자아개념의 발달에서부터 유능감과 효능감의 단계를 거쳐 자아정체감을 형성하고, 자아존중감으로 자신을 세워가는 과정에서 나타나는 특성으로 볼 수 있다.

 A군의 세 가지 성격장애 유형은 편집성, 조현성, 그리고 조현형이다. 편집성은 사고를 기반으로 하고, 조현성과 조현형은 정서를 기반으로 한다. 따라서 편집성은 냉정한 사고 경향이 있으며, 조현성과 조현형은 상대적으로 정서적이고 충동적 경향이 나타날 수 있다. 편집성은 자기중심적 사고체계를 가지고 있어 정보를 수집하여 구조화하는 능력을 나타낸다. 조현성과 조현형은 정서 체계에서 경험하고 반영하기 때문에 일관성의 결여가 나타날 수 있으며, 다른 사람들과의 상호작용이 어려울 수 있다. 자아의 방향에서 편집성은 자기중심 사고를 하고 정서는 내부로 향하는 조현성과 외부로 드러나는 조현형으로 구분할 수 있다. 자기중심은 자신을 중심으로 세상을 재편하려는 것이고, 내부를 향한다는 것은 자기 세계를 구축하고 외부의 침입을 허용하지 않으려는 방어적이고 폐쇄적인 특성이다. A군의 특성은 자기 세계를 명확히 하고

드러내려는 힘으로 작용하지만, 상호작용과 관계를 무시하면 고립되는 병리적 특성을 나타낸다. 자아확립을 통해 자신의 사고와 정서를 통제하고 조절할 수 있는 상태를 지향하는 것으로 성격장애의 특성을 통합해야 한다. A군 성격장애 특성은 C군에서부터 이어진 자아의 발달과 확립을 구성하고, 자신을 지키고 드러내서 세상과 조화를 갖추고 상호작용의 힘을 갖는다.

A군 성격장애 유형	편집성	조현형	외부
		조현성	자기
자아의 상태	사고 ↔		정서
자아의 방향	자기인식 ↔		자기표출

성격장애 A군의 특성 구조

A군의 성격장애 특성은 자신을 중심으로 세상과 현상을 파악하고, 이를 재구조화한다는 특징이 있다. 자기중심으로 생각하고 판단하여 편협한 사고나 정서적 상태에 머물게 되면서 갈등이 증폭되고 결과적으로 고립 경향이 나타난다. 자신의 사고나 인식, 그리고 정서를 고집하는 편집성이 기본 형태이며, 이를 중심으로 세상과 사람을 판단함으로써 갈등이 표면화된다. 이때 다른 사람에게 자신의 인식을 강요하게 되는데, 이로 인해 세상이나 다른 사람들과 동떨어질 수 있다. 이때 나타나는 사회의 반응에 대한 작용으로 조현성과 조현형으로 구분되는데, 조현성은 자기 인식에 대한 회피나 철회로 인한 고립으로 나타나며, 조현형은 자기 인식에 반응 요구의 경향으로 나타난다.

5. 성격장애에서의 자아 구조

성격장애 성격특성은 자아를 중심으로 나타나는 현상을 다루고 있다. 성격장애 특성은 정상과 병리 사이에서 미분화된 상태를 나타낸다. 성격장애 특성은 경계성 성격장애 특성을 축으로 양쪽을 각각 약한 자아와 강한 자아로 구분할 수 있다. 약한 자아는 위축된 자아에서 자아의 힘을 만들면서 자신에 대한 확신이 만들어지는 과정이며, 강한 자아는 자아의 힘을 가지고 세상과 대면하면서 자신의 영역을 만들어가는 과정이다. 각각 약자와 강자라는 두 축은 실제 사람들이 경험하는 대인관계에서의 자아 특성을 나타낸다.

이는 A군의 취약한 자아 상태가 발달하여 자아의 고유한 특성과 영역을 만들어가는 과정에서 나타나는 다양한 성격특성과 성격으로 자리잡는 과정에서 필연적으로 나타날 수 있는 미숙함이나 조율 과정의 상태를 나타내는 것으로 볼 수 있다. 처음에는 성격특성이 거칠게 나타날 수 있으며, 이런 특성이 발현되면서 적절하게 조율되는 것이다. 전체적인 조망에서 본다면 성장의 숲을 빠져나가기 위해 중간에 거치게 되는 여러 경로가 있는데, 성격장애는 그 경로에 있는 어떤 특성을 나타내는 것으로 볼 수 있다. 마치 게임의 각 단계^{stage}와 같아서 한 단계를 넘어서 다음 단계로 넘어가야 하는데, 성격장애는 특정 단계에 고착되어 머물러 있거나 어떤 영역을 반복하는 것으로 이해할 수 있다. 결국 각 발달의 단계마다 수행해야 하는 과제가 있으며, 그 과제를 건강하게 수행하면 다음 단계로 성장하게 된다. 이렇게 단계를 넘어가는 것을 성장, 또는 발달이라고 한다. C군에서 출발해서 A군에 이르는 과정은 자기 성장을 하는 것으로 볼 수 있다.

C군의 약한 자아가 A군의 강한 자아로 성장하는 과정과 단계를 보여주는 것이다. 자아가 성장하고 발달하는 과정 및 단계에서 어느 순간 고착되어 어떤 단계나 상태에 머물게 되면 경직된 특성이 나타나고, 이로 인해 성격장애가 된다. 결국 자신이 현재 주로 사용하는 특성을 이해하고, 발달과제로 인식하는 과정을 통해 부드럽고 유연해지게 된다. 유연해지는 것은 적응력이 좋아진다는 것을 의미한다. 이는 사회 적응 및 응집력을 높여 다른 사람과의 관계에서 원만해지게 한다. 성격장애는 다른 사람과 원만한 관계를 갖지 못할 때 나타난다. 반면에 과도하게 유연해지면 다른 사람이나 사회로부터 존중받지 못하거나 개인의 고유한 특성을 침범당할 수 있다. 이런 점에서 어느 정도의 유연성과 동시에 자신의 고유성을 유지하는 힘과 균형을 유지하는 것이 중요해진다. 소위 회복탄력성이라는 힘은 위기나 어려움을 이겨내고 자기 자신을 지키는 힘을 나타내는 핵심이 되기도 한다. 성격장애의 특성과 발달은 세상을 살아가는 한 개인의 고유한 특성과 적응력, 그리고 자신을 건강하게 하는 힘인 유연성과 탄력성을 기반으로 하는 성장 과제로 이해할 수 있다.

성격장애의 각 유형은 사람을 구분하고 병리적으로 이해하는 데 유용하다. 그렇다고 성격장애로 진단을 내리면 마음이 편해지는 것도 아니다. 어쩌면 그 사람이 아프니까, 그리고 그건 병이니까 라고 위안을 하지만, 결국 자신은 물론이고 주변 사람들이 힘들어지게 된다. 또한 성격장애의 진단이 상당히 복잡하고 어려우며, 개인의 고유한 특성과 병리 사이에서 그 경계가 모호하다는 점에서 성격장애를 병리적 진단에 국한하지 말고 치료적 개입에 무게를 두어야 한다. 그리고 일상 수준의 회복목표를 넘어 기능 강화와 능동적 의미에서의 성숙한 인격으로 세상에 적응하는 힘과 능력을 기르도록 해야 한다. 각 성격장애의 특성은 실제로 상당한 유기적 관계에 있으며, 이런 성격특성이 다양한 심리 작용으로 발현되고 다른 사람과 관계하는 과정에서 정교하게 다듬어지게 된다.[63] 시간이 지날수록 정교해져서 성숙한 성격특성이 나타나면 지혜를 얻고 존경을 받게 된다. 이런 성격특성은 각각의 개별 요인을 충분히 학습하고 정교하게 통합하여 세상에 적응하는 힘으로 작용해야 한다. 결국 성격장애 특성은 병리적인 분류보다는 성장 촉진을 위한 지표로 이해하고 상담에 적용해야 한다.[64] 각각의 지표들은 개인의 성장 상태를 보여주고 대인관계에 작용하는 힘이자 강력한 생존 능력이 되기 때문이다.

성격장애 특성을 세분화하고 구조를 이해한다면, 성격장애를 이해하는 데 도움이 될 수 있다. 성격장애는 이론에 따라 다르게 이해되고, 주요 논점이 다르기 때문이다. 결국 성격장애가 나타나는 다양한 형태는 본질적인 특성을 파악해야 이해할 수 있으며, 개입도 가능하다. 성격장애에 나타나는 임상적 증상들이나 태도는 복합적이고 중복되며 개연성 없이 나타나기도 하기에 어느 정도 안정적인 구조나 방식을 토대로

---

63 Beck, Emerry & Greenberg, 『불안장애와 공포증』, 57.
64 Bleiberg, 『아동·청소년 성격장애 치료』, 4.

개념화가 필요하고, 이를 토대로 세부적인 내용을 분석하여 개별화해야 한다.[65] 이를 통해 개인의 고유성이나 특성을 찾을 수 있고, 그 현상을 통해 핵심 정서를 다룰 수 있게 된다. 성격장애의 특성 구분은 크게 발달과 성장의 사이에 존재하는 병리적 현상으로 이야기할 수 있다. 발달과 성장은 하나의 맥락을 가지고 있는데, 이 맥락의 사이에서 분열의 축으로 작용하는 것이 병리이다.[66] 병리적인 현상은 일시적이거나 만성적으로 작용하는데, 이런 병리의 축을 성격장애라고 할 수 있으며, 발달과 성장의 축을 성격장애 특성이라고 구분할 수 있다. 결국 성격장애의 이해나 치료는 기본적으로 발달과 성장의 축에 문제가 발생한 것으로 볼 수 있으며, 치료는 발달과 성장이 지속되도록 맥락을 살리는 것이라고 할 수 있다. 성격장애 특성의 발달과 성장은 일직선으로 구성되고 진행되기보다는 나선형 모델이라는 점에 주목해야 한다. 이 과정에서 정체나 단절, 또는 분열적 상태가 나타나는 것을 중증 성격장애, 즉 병리적인 증상으로 볼 수 있다. 성격장애를 이해하는 것은 맥락적 인식과 체계를 통해 성장을 이해하고 다음 단계를 이해할 수 있는 성장체계를 갖는 것이 필요하다. 성격장애 특성은 병리 차원에서 스펙트럼으로 구조화되어 있고, 범주와 차원으로 다양하게 작용한다.[67] 이를 토대로 성격장애의 특성을 정리하면 다음의 표와 같이 구조화할 수 있다.

---

65 김현진 외, 『성격심리와 성격상담: 성격심리, 성격장애와 상담치료』, (서울: 교육과학사, 2021),
66 Clarkin, Fonagy & Gabbard, 『성격장애의 정신역동치료』, 34.
67 Clarkin, Fonagy & Gabbard, 『성격장애의 정신역동치료』, 34.

중심군	C군				B군				A군			
성장							반사회성			조현형		강 ↕ 약
							편집성					
				자기애성		연극성			조현성			
			강박성		경계							
		회피성										
	의존성											
	약 ←――――――――――――――――→ 강											
발달	아동청소년				청소년-중년				노년			대상
병리	약				중				강			강도강도
태도	의존	회피		몰입		방어 ←――――――→ 공격						방향
	대상	자기	자기	자기		자기	대상	선-자기 후-대상	자기	대상		
	현상	사고		정서	경계	현상	사고			정서		
	반응(수동적) 태도					대응(능동적) 태도						
	자기					대상						
	내면세계					외부세계						
	경계 ←――――――→ 경계											
대상	★	★	★★★	★★★★	★★★ ★★★	★★★★★	★★★★	★★★ ★★★	★★★	★★★		통제
자아	★	★★	★★★	★★★★	★★★	★★★★	★★★★	★★★★★	★★★★	★★★ ★★★		강도
	취약(약)				혼란(중)				확고(강)			

* 은 정도와 강도의 수준을 나타내는 것으로 상대적인 개념으로 표현했다.

성격장애 특성체계 구분

각 성격 군집은 구조적 경향성을 가지고 있다. C군의 성격특성은 의존성 성격장애를 기본으로 하며, 외향과 내향의 방향성과 능동과 수동의 특성이 나타난다. 회피는 내향과 위축으로 나타나고, 의존과 강박은 외향과 발산, 그리고 능동적 태도가 나타난다. 강박은 불안으로 인해 자기 자신을 드러내는 데 어려움을 겪고 대상과 갈등을 회피하기 위한 태도로 한계를 정하는 것이라고 볼 수 있다. 이 경우에 과경계가 생기고 자기애성과 회피성 사이에서의 갈등을 경험하게 된다. 이로 인해 자기애적 특성을 발달시키지 못하면 회피가 나타나게 된다. 결국 임상적으로 강박성이 강화되면 회피적 태도가 나타나게 되는 것은 이런 이유이다.

B군의 성격특성은 자기애성을 중심으로 자신과 세상의 사이에 경계성이 나타난다. 이로 인해 B군의 주요 특성은 자기애성과 경계성이 두드러지게 나타나며, 이 두 특성은 다시 연극성과 반사회성의 특성과 만나서 복잡하게 반영된다. 자기애성은 연극성 성향이, 반사회성은 경계성 성향과 비슷하게 드러나기 때문에 혼란을 주기도 한다. 이는 구조적으로 자기와 대상의 상대적 특성으로 구분되며 경계성은 자기와 대상의 경계에서 나타나는 혼란을 보여준다. B군의 핵심인 혼란은 연극성과 반사회성에도 반영되는데, 연극성과 반사회성은 대상적 특성을 가지게 된다. 연극성은 자신을 꾸미고 관심이 자신에게 있으므로 자기화로 보이지만, 실제적으로는 세상에 대한 방어적 특성을 나타낸다. 쉽게 말하면 세상이 원하는 방식으로, 세상에 보여주고 싶은 방식으로 자신을 포장하기 때문에 방어적이라고 할 수 있다. 자신을 드러내지만, 결과적으로 자신의 내면을 감추기 때문에 물러서는 방어로 나타난다.

반면에 반사회성은 자신의 내면을 감추고 공격적 특성을 나타내는데, 이는 문제의 중심이나 원인을 대상에게 전가하는 방식으로 나타난다. 이로 인해 대상화가 되며, 공격적 태도를 보이게 된다. 이는 내면을 외부로 돌리는 특성으로 반영되지만, 결국 내면의 약함이 외부로 드러나는 것으로 볼 수 있다.

A군은 자기가 강화되는 것으로 볼 수 있는데, 편집성은 외부의 힘에 대한 불신과 불안으로 자기 확신을 과대하게 나타내고 해석하는 경향으로 나타난다. 이로 인해 다른 사람을 불신하고 자신의 인식으로 다른 사람과 상황을 재단하려는 특성이 나타난다. A군의 조현형과 조현성은 자아가 강화된 상태이므로 대상과의 관계에서 견고한 자기가 드러난다. 이로 인해 소통의 방식에서도 주장을 강하게 나타내고 다른 사람에게 전파하려고 하는 지배적 성향이 나타나기도 한다.

성격장애에 대한 구조적 모델은 사람과 증상 이해를 위한 방편으로 활용될 수 있을 뿐 여기에서 제시하는 것이 절대적인 것도 아니고, 충분한 이론적 근거를 제시하는 것도 아니다. 단지 이런 고려사항들이 내담자를 이해하고 증상의 개선을 도우며, 상담사 자신에게도 힘이 될 수 있을 것이라는 믿음에 기초한다. 이런 시도는 다양하게 이루어져 왔고, 도식이나 모형을 통해 제시되는 구조적 접근은 상담 개입 초기에 상당히 유용하다.[68] 구체적인 치료와 개입에서도 매우 유용하게 사용된다는 모델도 있지만, 적어도 성격장애를 다루는 데 있어 도식이 주는 한계

---

68 Benjamin, 『성격장애 진단 및 치료』, 53; Arnoud Arntz & Gitta Jacob, 『심리도식치료의 실제』, 최영희·윤제연·최상유·최아란 옮김, (서울; 학지사, 2021), 88-89.

가 있음도 인정해야 한다. 성격장애 상담에서 개개인의 특성을 충분히 고려하고 개별 경험을 중심으로 지속되어야 한다는 것은 성격장애 개입의 중요한 원리가 될 수 있다. 이런 점에서 어느 정도 도식으로 구조화하는 것은 일상에서 자주 만나는 내담자나 사람들 사이에서 성격장애 특성이 중증 성격장애로 전개되는 과정을 막고 성장을 지향하도록 전환하는 기반이 될 수 있다. 일시적으로 성장을 위한 퇴행의 역할을 하는 성격장애 특성을 이해한다면, 성장과 치료에 유용할 것이다. 성격장애 특성 체계는 상담 개입을 위한 다양한 정보를 제공하며, 이를 통해 성격 특성과 문제, 그리고 발달의 방향과 목표를 세워 전략적으로 개입하도록 할 것이다. 성격장애 상담 개입은 다양한 이론과 기술을 통해 접근함으로써 혼란을 줄이고 보다 체계적인 이해와 접근을 도울 수 있다.

5장

C군 성격장애의 구성과 특징

1. 의존성 성격장애 : DPD

의존성 성격장애$^{\text{Dependent Personality Disorder}}$는 C군의 기본 특성을 나타내는 것으로 주변 사람에게 의존하고 보호받으려는 욕구가 강하다. 자신의 욕구나 원하는 것을 얻기 위해 주변 사람들에게 끊임없이 매달리고, 의존하게 된다. 자신의 욕구나 요구가 거절당할까 두려워 다른 사람의 무리한 요구에 당황스러워도 순응적으로 반응한다. 주변 사람들과 단절이나 거절에 대한 두려움이 있고 분리불안이나 불안정한 대인관계를 보이곤 한다. 다른 사람에 대해 의존하고 순응하면서 자신의 주장이나 욕구 등을 명확히 인지하지 못하고 다른 사람의 눈치를 보거나 수동적으로 반응하게 되면서 스스로 폄하하는 경향으로 낮은 자존감이 나오고, 다른 사람의 의지에 따라 자신을 맞추려고 하게 된다. 스스로 무엇인가를 할 수 있다는 의지와 확신이 부족하기에 무엇인가를 하려고 도전하고 노력하기 어렵다. 자기주장이나 욕구를 알아차리거나 드러내지 못하므로 다른 사람이 알아주기를 바라는 마음이 커지게 된다. 이로 인해 힘 있는 사람에게 의존하게 되면서 자신감은 더 떨어지고 자아는 위축되는 악순환을 겪게 된다.

　의존적 성격장애는 초기 아동기의 취약성이 지속되면서 나타나는 것으로 볼 수 있다. 사람은 누구나 태어나서 주변의 도움을 받아야만 한다. 주변의 도움 없이는 생존 자체가 불가능하기 때문이다. 결국 생존을 위해서라도 의존은 필수적 도구이자 인생의 출발점에서 누구나 가져야 하는 생존 도구이다. 이런 점에서 사람은 누구나 의존적 상태에서 출발하고 성장할 수밖에 없다. 의존성 성격장애를 이해할 때 이런 점을 충분히 연상하면서 성격장애 특성을 이해해야 한다. 이 시기에는 부모와 분리되는 것 자체로 불안이 유발되며, 존재 자체에 대한 심각한 위협이 된다. 의존적 상태는 출생 이후 초기 생존 전략이라는 점에서 상당한 의미가 있다. 이 시기에 무의식적 경험과 본능적 힘이 작용하기에 기본 바탕이 작용하게 된다. 더욱이 사회는 더불어 살아야 하며 사람은 상호의존적이어야 한다는 점에서 의존은 중요하다. 의존에 대한 경험을 통해 세상에 대한 신뢰를 경험하며, 그것은 성장할 수 있는 안전한 울타리가 된다. 이런 점에서 의존성은 성격장애의 가장 기초가 되기도 하며, 사람이 살아가는 필수 전략으로 중요한 의미가 있다. 의존성 경험은 취약한 자신이 세상에 살아가기 위해 갖게 되는 세상에 대한 기본 인식을 제공하는데, 발달에서 결핍이 발생하면 고착되고 성장에 방해가 된다. 따라서 충분히 좋은 양육환경과 경험을 통해 성장해야 하는데, 초기 경험에 따라 성장과 정체의 상태로 작용하게 된다. 일반적으로 발달의 차원에서 결핍은 고착을 만들지만, 과충족도 성장을 저해하는 핵심 역할을 한다는 점에서 적절한 경험은 중요하다. 의존성을 경험하는 시기에 부모의 돌봄의 결핍이나 과보호는 큰 혼란을 주게 된다. 결핍은 부족을 채우기 위해 의존을 만들고 과보호나 과충족은 불안을 미숙하게 표현하게 한다. 부모의 일관되지 않은 양육 태도로 인해 생긴 혼란은 결과적으로 의존성을 강화하는 요인이 된다. 청소년기 이전에 겪은 부모에 대한 경험에서 비롯된 관계 태도는 일반적으로 의존성 성격장애의 원인으로 본다. 이는 양육자와의 부적절한 관계에서 형성된 불안정 애착 관계로 설명되며, 어린 시절의 익숙함을 벗어나지 않으려는 경향으로 볼 수 있다. 또한 어린 시절 부모의 돌봄을 과도하게 받거나 반대로 부모가 자식에 의존하는 정서나 상태가 성인기까지 이어지는 것으로 볼 수 있다. 어른이 되어서도 자신도 모르는 경향이 나타나 어린 시절의 경험을 재현하게 되는데, 특히 어린 시절의 경험과 유사한 상황이나 대상에게 의존 특성이 두드러지면서 병리적 현상이 나타난다. 결국 의존성 성격장애의 건강한 발달은 아동기의 의존적 경험을 벗어나서 독립적으로 사고하고 행동하며, 그에 대해 스스로 책임지는 힘을 갖는 것이라고 할 수 있다.

의존성 성격장애의 진단은 일반적으로 미국정신의학회에서 제시하는 정신장애 진단통계 편람(DSM-5)을 기준으로 한다. DSM에서 제시하는 의존성 성격장애 증상은 주변 사람의 보호나 돌봄에 대한 욕구가 과도하여 지나친 순종적 태도를 보이거나 의존대상과 헤어지는 것을 두려워하고 불안해한다. 또한 의존대상에 대한 극심한 집착이 일어난다. 일반적으로 성인 초기에 나타나는 증상은 성인이지만 자신이 결정하지 못하고 어떤 결정을 해야 할지를 주저하는 혼란이 지속된다. 무엇인가를 선택하고 결정하는 것이 불안하므로 많은 사람의 조언을 듣지만 그럴수록 더 혼란스러운 상태가 된다. 이런 상태가 악순환되면서 결국 독립적으로 생활하지 못하게 된다. 주변 사람의 지지나 동의를 받지 못하는 것이 두려워 반대하거나 다른 의견을 내지 못하며, 자기 능력이나 판단에 확신이 없어 무엇인가를 새롭게 시작하는 것을 두려워한다. 자신이 힘들거나 불편한 상황에서도 다른 사람의 평가나 인정을 받기 위해 무리한 선택을 하려고 하면서 오류나 왜곡된 선택을 하게 된다. 거절하지 못해서 힘들어하면서도 상대가 원하는 대로 끌려다니게 된다. 자기 자신을 스스로 돌봐야 하는 상황이나 혼자인 상황에서 무력감을 느끼며, 지지하는 사람과 관계가 소원해지면 급히 대체 대상을 찾게 된다. 항상 스스로 자기 자신을 돌봐야 하는 상황에 대한 두려움이 다른 사람에게 집착하는 증상으로 나타난다.

　　의존성 성격장애는 의존적인 성향과 순종적 태도로 상담에서 '착한' 사람으로 보이기도 하지만, 그런 모습은 오히려 치료의 대상이 되며 독립적 성인으로 성장하고 적응하는데 장애가 된다. 의존성 성격장애는 상담 관계에서도 의지할 사람을 찾으며 이로 인해 상담자와 의존 관계를 형성하려고 하고 순종적 태도를 보이게 된다. 이런 관계에 변화를 주는 것이 상담의 목표가 되며, 이를 조절하지 못하면 병리적 관계가 반복된다. 따라서 의존적 성격장애를 치료하기 위해서는 상담자와 내담자가 서로 긴밀한 관계를 유지해야 하지만, 상담 초기 라포를 형성하면서 내담자가 상담자를 과도하게 의존하거나 절대적 대상으로 우상시할 수도 있다. 이런 관계는 일시적으로 치료에 도움이 되지만, 장기적으로 이 관계에서 상담자는 내담자가 건강한 분리 개별화 과정을 거치도록 함으로써 독립적인 자아를 통해 자기 삶을 주도할 수 있도록 해야 한다. 이 과정에서 내담자는 상담자와의 분리에서 불안이 증폭되고, 그것이 더 큰 두려움을 발생시켜 그에게 집착하게 하거나 분노를 일으켜서 증상이 심해지는 것처럼 보인다. 적어도 사회적으로 순응적인 사람은 '착한 사람'으로 평가되어 주변에 불편감을 주지 않았기 때문에 치료과정에서 억압된 증상이 발현되면서 상담을 받더니 더 안 좋아지게 되었다고 느낄 수 있다. 특히 정서적 분리 과정에서 내담자 스스로 무기력하고 무능하게 느껴질 때, 상담자의 적절한 개입과 지도가 필수적이며, 자립과 대처 방안에 대한 성공 경험을 통해 자신에 대한 믿음을 형성시키면서 새로운 과제에 대한 두려움을 극복할 수 있도록 해야 한다. 이 시기는 선택과 결정에 대한 지지와 공감, 그리고 변화에 대한 다양한 시도를 통해 내담자가 정서적 안정감과 자신감이 생기도록 해야 한다.

의존성 성격장애는 청소년기에 발달과제 수행과정에서의 발달 특성이 나타나지 않고, 사회에 순응적이고 수용적인 태도를 보이는 경우가 많다. 이는 정서발달과정에서 감정적 애착 관계로부터 방어적 신체 증상이나 분리불안과 같은 불안정한 정서 경험의 가능성도 있다. 위축된 자아는 의존적 경향을 나타내며 자신을 학대하고 착취하는 사람에게도 의존하는 모습이 나타난다. 이런 경우 다른 사람에 의한 지배력에 강한 영향을 받는 가스라이팅gaslighting에 취약해진다. 주변에 자신을 신뢰하고 지지하는 사람이 생겨도 바람직한 애착 관계가 형성되지 않으면 상대에게 더 많이 집착하고 애정을 갈구하면서 자신에 대한 사랑을 끊임없이 확인하는 모습에 지쳐 상대를 떠나게 만들기도 한다. 결국 혼자가 되면서 의존적 성향에 더 집착하는 악순환이 생기게 되고, 독립적인 과업 수행이 어려워져서 직업 활동에도 문제가 생기게 된다.

의존성 성격장애는 우울증 같은 기분장애를 동반하는 경우가 많으며, 광장공포증, 사회공포증 같은 불안장애를 함께 경험하기도 한다. 자신의 불안을 공감해줄 수 있고, 믿고 의지할 수 있는 애착 관계를 형성할 수 있는 동반자를 만나 새로운 관계와 지속적인 신뢰를 만들면 호전될 수 있다. 이때 중요한 것은 일관성 있는 태도인데, 어린 자녀를 둔 부모들은 특히 자녀들에게 정서적으로 일관적인 태도를 통해 신뢰감과 안정감을 주는 것이 중요하다.

의존성 성격장애가 성격 발달의 시작점이라고 볼 때, 자신의 행동이나 과업, 그리고 태도 등에 대해 스스로 책임을 져야 하는 상황이 되면 갈등과 문제가 발생할 여지가 생긴다. 과업을 자기 스스로 해결해야 하는 상황에서는 항상 두 개의 방향성이 생긴다. 하나는 과업을 해결하려는 것이고, 다른 하나는 과업을 해결하지 않고 피하려는 것이다. 두 방향은 상대적인 것처럼 보이지만 실제로는 상당히 밀접하게 연관되어 작용한다. 예를 들어 설명하자면, 처음에 과업이 주어지면 스스로 해결하려고 시도한다. 이 시도는 의존성에서는 상당한 용기가 필요한데, 용기를 낸다는 것도 큰 도전이며 상당히 어려운 결정이다. 용기를 낸다고 해서 문제를 해결하고 성공 경험을 얻는 것은 아니다. 성공 경험을 얻기 위해 많은 시행착오를 경험하고, 그 결과로 자아가 발달하게 된다. 이 과정에서 좌절을 경험하고 포기하려는 마음이 생기게 되는데, 이때 공감과 지지가 이 과정을 성공적으로 수행하는데 절대적이다. 이때 경험적으로 인정받으려는 욕구가 생기게 되고, 과업을 수행하기 위한 강박성의 경향이 나타난다. 성공 경험을 바탕으로 성장하게 되면 강박성 경향이 발달하고, 실패 경험이나 때로는 성공 경험을 했어도 충분한 인정이나 지지와 공감보다는 높은 기준에 의해 평가가 반복되면 기준이 높아지고 자신의 능력과 기대의 격차가 심해진다. 이로 인해 퇴행적인 회피성이 나타나게 된다. 따라서 회피성은 의존성과 강박성에서 각각 퇴행하게 될 수 있다. 결과적으로 진정한 성장을 위해 두려움과 불안을 극복하고 성장을 지향해야 한다. 이런 과정은 의존성 상태를 벗어나는 과정으로 볼 수 있는데, 이는 정신건강의 기반이 된다. 의존성을 벗어난 후의 성장지향점을 강박이라고 할 수 있는데, 이를 위해 개인의 포부, 기술, 재능, 그리고 이상화된 목표들이 견고한 연속체를 형성함으로써 균형을 이루게 된다.[69] 의존성의 특성은 불안과 두려움을 갖는 것인데, 이를 극복하는 과정에서 용기와 도전을 통해 새로운 경험을 하게 된다. 그렇지 않으면 불안과 두려움의 에너지로 인해 위축되고 용기를 잃게 된다. 도전하는 힘은 절대적인 지지를 통해 생기게 되는데, 이를 통해 불안과 두려움 속에서도 소심하게나마 도전할 수 있는 용기가 생기게 되는 것이다. 의존적 상태에서는 새로운 것을 시도하거나 그런 요청을 외면하게 되는데, 이런 태도가 퇴행적으로 작용한다. 이때 의존에 머무르거나 의존할 수 없는 상황에서는 외면하고 회피

---

69 Chessick, 『자기심리학과 나르시시즘의 치료』, 195.

함으로써 상황을 모면하는 태도가 나타난다. C군의 성격장애 특성의 기본형인 의존성이 발달과정에서의 경험과 에너지가 작용하면서 강박과 회피의 자리로 옮겨져 전개되는 것으로 볼 수 있다. 강박의 자리에서 경험에 대한 긍정적 지지나 공감에 대한 결핍은 동력을 상실하게 되어 성장동력을 잃고 후퇴하게 만들며 회피의 자리로 물러나게 한다. 이는 실제 능력이나 힘을 가지고 있으면서도 의존의 태도가 나와 도전과 용기를 내지 못하는 상태이다. 그렇다고 의존할 수 있는 상태도 아니므로 고립되고 외로운 상태에 머무르게 된다. 의존, 회피, 그리고 강박은 마치 톱니바퀴가 정교하게 맞물려 돌아가는 것처럼 연계되어 있다.

결국 의존성 성격장애는 의존성을 탈피하여 자신의 능력을 획득하고 성장하는 일련의 과정과 그 요소들의 상호작용으로 과업에 대한 성취와 경험을 축적하는 과정이라고 할 수 있다. 의존성의 강한 힘을 벗어나서 자신을 찾는 여정의 초기 단계에서 나타나며, 이때 두 방향성의 경험은 유기적이라서 혼란을 겪기도 한다. 어쨌든 의존성 성격장애에서 중요한 경험은 지지와 공감과 연관된 것으로, 자신을 믿어주고 지지

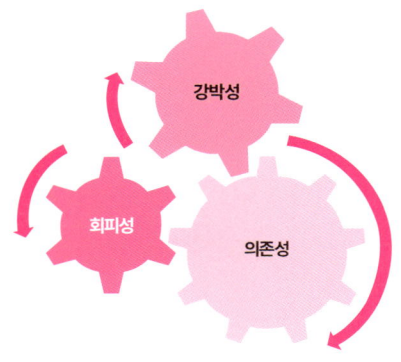

C군 성격장애의 관계 특성

하는 대상을 통해 경험한 신뢰로부터 의존성의 발달적 과제를 획득할 수 있다. 의존성은 이런 점에서 건강한 성장과 여정을 위한 기반이 되고, 이를 통해 세상과 맞설 힘을 가질 수 있다.

의존성이 강하게 작용하면 회피성의 축을 작용시키고, 회피성이 작용하면 의존성의 축이 작용하게 된다. 이 두 축과 반작용하는 것은 강박성인데, 강박성의 작용은 회피성과 의존성을 약화시키고 자아성을 강화하게 됨으로 자기 중심성이 강하게 작용하게 되어, B군의 자기애성으로 전환된다.

2. 회피성 성격장애 : AVPD

회피성 성격장애Avoidant Personality Disorder는 자신이 경험하는 세상의 과업이나 살면서 부딪히는 많은 과제에 대한 자신감의 결여와 해결 능력에 대한 확신이 부족할 때 나타나는 위축된 태도이다. 이는 다른 사람에게 의존이 어렵거나 그 대상이 없는 경우에 주로 나타나며, 사회적으로 억제, 위축, 그리고 부정 평가와 부적절한 정서 반응에 과민한 경우에 나타난다. 회피성 성격장애는 의존성 성격장애와 유사한 측면이 있는데, 특히 거절에 예민하고, 이로 인해 사회적으로 무기력한 모습을 보이는 특성이 그러하다. 거절 받지 않을 것이라는 확신이 드는 사람만을 대상으로 관계를 맺으며, 거부나 상실에 대한 두려움이나 고통으로 오히려 고립되거나 혼자 지내려고 한다. 내면에서는 친밀한 관계와 특별한 관계를 원하지만, 실제로는 두려움이 커서 대인관계를 피하려는 경향이 나오며 사회공포증을 동반하기도 한다. 의존성 성격장애가 대상에게 의존하는 특성이 있다면, 회피성 성격장애는 의존성 성격장애와 두려움은 유사하지만, 반응은 정반대로 나오게 된다.

의존성 성격장애는 대상과 접촉을 갈망하고 의존을 원하는 경향이 있는데, 회피성 성격장애도 의존성 성격장애와 같은 마음을 가지고 있다. 단지 그런 마음을 드러내지 않고 숨기며 수동적 태도를 나타낸다. 이런 마음이 표현되는 방식이 외적으로는 정반대로 나타나고 내면과 일치하지 않으므로 다른 사람에게 오해를 받기도 한다. 때로는 자기 스스로도 혼란이 생기는데, 실제 자기 마음과 다르게 반응하고 원하는 것에 오류가 생기면서 다른 사람과 소통되지 않기 때문이다. 결국 회피성 성격장애는 자기 마음을 숨기고 다른 사람과 관계를 단절하면서라도 문제를 피하게 된다. 이런 특성은 회피성 성격장애의 내향적 특성이 반영되어 나타난 것으로, 감정이나 정서를 표현하지 않아서 문제가 커지기도 한다. 회피성은 어떤 부분에서는 의존하고 싶은데 의존할 대상을 찾지 못했거나 경험이 없어서 겪는 혼란의 상태일 수도 있다. 마음은 있는데 용기도 없고, 도전할 힘도 부족하기에 정체된 상태의 무기력함이 주로 나타나는 것이다. 이런 점에서 회피성 성격장애는 행동이 과도하게 억제되는 작용이 발생한다. 이런 특성은 어릴 적의 모욕감이나 당황, 수치 등의 정서 경험과 환경적 요인이 상호작용하며 나타난다. 행동 태도는 소심함, 수줍음, 근성 없는 성격과 내면에 과도한 자의식, 부적절감 및 열등감 등이 있다.

의존성 성격장애 특성이 자신과 의존대상을 동일시하는 것이라면, 회피성 성격장애는 의존을 벗어나 있으므로 자신에 대한 평가가 중요하게 작용한다. 회피성은 자기 확신과 능력을 드러내고 인정받는 데 어려움을 겪어 자존감이 낮고 거절에 대한 지나친 경계심을 갖게 된다. 다른 사람이 자신을 거부할지 모른다는 생각으로 다른 사람의 평가에 집착하기도 한다. 다른 사람이 자기를 싫어하는 눈치가 보이면 실망이나 모욕감을 느껴 사회 참여나 대인관계 형성에 어려움을 겪는다. 사회적응 과정에서 능동적인 일을 피하고 수동적이거나 독립적인 일을 선호한다. 도와주려는 의도를 가진 사람의 반응도 지적이나 비판으로 받아들이고, 상담에서 해석이나 명확화도 비판으로 오인할 수 있다. 이런 성향을 종합해 보았을 때 전반적으로 위축되어 있고 회피적 태도를 보인다.

회피성 성격장애 증상은 정신장애 진단통계 편람(DSM-5)에 따른 진단 기준으로 보았을 때 사회관계의 억제, 부적절감, 그리고 부정적 평가에 예민함이 광범위한 양상으로 나타난다. 회피성 성격장애는 일반적으로 자신에 대한 평가를 경계한다. 비판이나 거절에 대한 두려움이나 인정받지 못함에 대한 두려움으로 대인관계나 직업 활동을 회피하게 된다. 다른 사람과의 관계에서 상대가 자신을 좋아한다는 확신이 없으면 만남 자체를 피하거나 친밀감 없이 피상적 관계를 가짐으로써 실체가 없는 고립감을 경험하기도 한다. 사람들과의 관계에서 수치감을 경험하거나 놀림 받는 것이 두려워 다양한 관계를 피하고, 제한된 관계에서만 소통하는 방식을 선호한다. 사회적 상황에서 비판이나 거절당하는 것에 집착하게 된다. 자신에 대한 부적절감으로 새로운 대인관계를 맺는 것에 어려움을 느껴 그에 대한 기회를 만들지 않게 된다. 자신을 사회적으로 부적절하고, 매력이 없다고 치부하고, 다른 사람과 비교하면서 열등감을 경험하게 된다. 대인관계나 낯선 상황에서 당황해하는 인상을 주는 것을 피하려고 한다. 때로는 다른 사람의 요청을 거절하지 못해서 힘겨워하고 어려움에 빠지기도 한다. 가끔 회피적 성향과는 다르게 새로운 일이나 개인적 위험을 감수하게 되는데, 이는 능동적이고 자발적인 것이 아니라 거절하지 못해 어쩔 수 없이 하게 되는 것으로 볼 수 있다.

회피성 성격장애는 상담에서도 쉽게 예민해져 자기 스스로 또는 상담사에게도 쉽게 상처를 받으며 상담을 그만두고 도망가야 할 많은 이유를 찾기도 한다. 상담에서 이루어지는 치료적 개입에서 상처를 받으려는 경향이 나타나 치료에 어려움을 겪기도 한다. 상담에서 상담사의 반응이나 해석에 민감해지고 말을 곡해하여 분노하거나 상처를 받기도 한다. 그런 상황을 피하려고 상담을 거부하거나 거절에 대한 두려움에 집착하기도 한다. 상담에서는 자기 정서를 회피하기보다는 자연스럽게 직면하면서 혼란을 정리하고 자기 정서를 인식하고 드러내는 것이 중요하다. 회피성 성격장애는 자기 정서도 외면하기 때문에 무감각한 자기 정서 인식을 우선해야 할 필요가 있다. 이를 통해 자신을 이해하고 수용하며, 직면하면서 힘을 만들어야 한다. 세상에 대면하여 자기 입장이나 태도를 드러내고 적응하는 힘을 가져야 한다. 내면이나 자기 확신 등의 힘을 통해 사회와 상호작용하는 것을 치료적으로 볼 수 있다. 이는 자기 내면의 힘을 키우고, 구체적으로 자기주장 훈련이나 일반적 사회기술 훈련을 통해 자신을 표현하여 상대와 상호작용할 수 있다. 이는 자기 내면의 힘을 키우는 것과 동시에 자신을 드러내고 사람들과 동등하게 상호작용할 수 있는 힘을 갖는 것이다. 나아가 집단상담이나 치료에서 자기 자신에 대해 위축된 상황에서 벗어나 다른 사람들과 상호작용하는 훈련을 하는 것이다. 초기 아동기에는 회피성 경향이 소극적이고 내향적인 성향과 수줍음이 많은 특성으로 나타나지만, 성인이 되면서 소심하고 불안한 기질과 함께 친밀감 형성과 자기표현 및 사회적응에 어려움을 겪고 대중 앞에 서는 것을 두려워하게 된다. 이는 대인기피증이나 다른 공포증 등으로 전개될 수 있다.

회피성 성격장애는 의존성 성격장애에서 의존성을 탈피할 때 나타나지만, 자신에 대한 확신이나 이를 뒷받침하는 기술과 능력이 부족하여 자신을 드러내지 못하는 경향으로 나타나기도 한다. 이로 인해 다른 사람에 대한 평가나 판단에 집중하지만, 정작 자신은 그런 시도에 대한 용기나 도전이 부족하다. 이는 근자감$^{근거없이~갖는~자신감}$을 형성하고 결국 허상이나 환상 같은 비현실적인 상태에서 무기력함을 느끼게 된다. 때로는 자기비판이나 엄격한 기준을 가지고 있어 과도한 평가에 대한 예견과 불안으로 감히 도전의 용기를 내지 못하기도 한다. 이로 인해 회피성 성격장애는 환상이나 몽상적 세계에서 비현실적 감각이 있거나 외적으로는 지나치게 안일해 보이기도 한다. 자신의 불안을 회피하고 주변 사람에게 그 책임을 전가하거나 대리하게 한다. 그렇다고 고마움이나 감사를 표현하지 못하는데, 이는 자신이 가진 기준이 높으므로 주어진 결과에 대해 만족스럽지 않기 때문이다. 이런 태도는 양육자나 영향력 있는 주변 대상으로부터 학습되었거나 경험했을 가능성이 높다. 이런 상황은 결국 회피를 넘어 고립의 상태로 전환되고 고립상태가 지속되면 조현성의 특성과 유사하게 보일 수 있다.

3. 강박성 성격장애 : OCPD

강박성 성격장애$^{Obsessive-Compulsive\ Personality\ Disorder}$는 C군의 성격장애 중에서 가장 독립적이고 자율적인 성격으로 나타난다. 이런 성격특성은 C군의 특징인 자아의 취약성을 나타내는 의존성이나 회피성과는 거리가 있어 보인다. 자신에게 주어진 일에 최선을 다하려고 하며, 책임감을 가지는 것처럼 보인다. 일반적으로 생활 양식이나 일 처리 방식에서 사소한 세부 사항이나 규칙에 집착하거나 완벽주의 성향을 보이는 것, 또는 과하게 경직되어 있거나 고지식한 태도, 또는 고집으로 나타나기도 하고, 자기 자신의 방식을 고수하는 등의 완고한 성격특성으로 나타나기도 한다. 이런 특성은 자기 자신의 일에 최선을 다하고 잘 수행하는 것으로 보이지만, 그 이면에는 압박감과 스트레스로 인한 어려움과 타인지향적인 성향으로 수행에서 어려움이 나타난다. 강박성 성격장애는 의존성 성격장애나 회피적 성격장애와는 다르게 자기 몫의 역할에 성실하고 충실한 특성을 나타내는 경향이 있다.

강박성의 가장 큰 특징은 불안과 관련되어 있다. 불안은 C군의 가장 본질적인 특성으로 C군의 다른 두 성격장애는 불안을 의존하거나 회피함으로써 방어하지만, 강박은 이런 불안에 쉽게 직면하게 된다. 불안은 현실적인 문제를 수반하기도 하지만, 실제 문제없이 발현되기도 한다. 이런 불안은 보편적으로 나타나는데, 사람들은 이런 불안에 대해서 상당히 무감각해지기도 한다. 강박성은 이런 불안을 상당히 잘 숨기는 기능을 발달시킨 고기능 군에 속한다. 강박성에 관해 사람들이 잘 모르는 것은 마음속에 극도의 괴로움을 경험하고 있는데, 다른 사람에게는 흔들리지 않는 침착한 모습을 보이려는 욕구와 능력으로 고기능에 속하기 때문이다.[70] 강박성은 성과도 있고 외적으로 편안해 보이지만, 그 안에는 강력한 태풍이 불어 온 마음을 뒤흔들어 놓고 있다. 이로 인해 강박성이 건강하게 자기화되지 못하고 퇴행하여 회피성을 갖는 경우가 많다. 중증 강박성 성격장애는 시간이 경과 할수록 회피성과 복합적으로 나타나게 된다. 불안은 사람의 태도에 영향을 미치고 적당한 정도의 불안은 동기를 제공하거나 수행 능력을 향상하게 한다. 이런 점에서 의존과 자율의 적정선을 찾는 것이 중요하다. 강박성은 이런 적정선을 찾으려는 시도를 가능하게 하는 장으로 이해할 수 있다. 강박성의 수행력은 적정선에 대한 가능성을 탐색하여 자기 능력을 객관화함은 물론이고, 주관적 인식에도 지대한 영향을 주기 때문이다.

강박성의 이런 특성은 스스로 과제를 수행하는 능력이 있거나 지지기반이 있어서 과업을 수행하면서 획득한 능력치가 일정 수준 이상에 도달해야 가능할 것이다. 강박성으로 과업을 수행했다고 해도 이후에 자발적으로 할 수 있다는 자신감과 신념, 그리고 그것을 수행할 기능이 뒷받침되어야 한다. 하지만 이때 우연히 성공했거나 지속적인 성취에 대한 확신이 떨어지면 이전보다 더 위축되기도 한다. 이런 경우에는 회복탄력성이 부족하여 융통성이 필요할 때 어려움이 예상되고 경직된 태도가 나오게 된다. 자신의 방식을 고수하고 자신이 설정한 기준에서 조금이라도 벗어나면 불안이 커지므로 다른 가능성이나 변동성을 최소화하게 된다. 일반적으로 가장 많이 나타나는 성격장애 특성으로 볼 수 있

---

70 Scott Stossel, 『나는 불안과 함께 살아간다』, 홍한별 옮김, (서울: 반비, 2020), 43.

으며, 여성보다 남성이 더 높은 것으로 나타난다. 이는 사회적 활동에서 나타나는 특성이기도 하며, 사회문화적 배경에서 많이 나타난다. 특히 한국과 같은 체면 문화와 집단성이 강조된 배경에서 보여진 부분에 평가를 받아야 하는 상황에서는 사회적으로 고립되거나 비난받지 않으려는 방어적 특성에서 나타난다. 강박성 성격장애의 이면에는 다른 사람의 비난이나 부정 평가에 대한 두려움 등으로 문제에 적극적인 대처를 하는 특징이 있다. 이런 태도는 평상시에 열심히 대비하는 것으로 나타나며, 어떤 결과가 나오기 전까지 스스로 불안해하며 이로 인해 강박적 태도를 보이게 된다. 일반적으로 강박성 성격장애는 정돈, 완벽, 정신적 통제 및 대인관계 통제에 과도한 집착이 광범위하게 나타나는 것으로 볼 수 있다. 이는 상황 변화에 적절하게 반응하지 못하거나 임기응변 능력이 미흡하여 융통성, 개방성, 효율성 등에 대한 주도적이고 능동적인 힘이 부족하기 때문이라고 할 수 있다. 결국 자신의 불안으로 예측이 어려운 상황을 회피하려는 태도로 나타나며, 자신이 통제할 수 있는 상황이나 환경 안에서 머물려고 하는 특성을 나타내는 것이다. 이런 점은 다른 사람을 통제하고 지배하려는 태도로 이런 경향성이 현상으로 나타나게 된다.

강박성 성격장애 증상은 정신장애 진단통계 편람(DSM-5)에서는 8개의 주요 특성을 제시하고 있다. 이 가운데 4개 이상의 특성이 나타나면 장애군으로 분류한다. 8개의 특성은 밀접한 연관성이 있으며, 이를 중심으로 다양한 태도가 반영되어 나타나게 된다. 강박성 성격장애는 전체적인 맥락보다는 내용의 세부, 규칙, 목록, 순서, 조직 혹은 스케줄에 집착되어 있어 활동의 중요한 부분을 놓치는 특성이 있다. 이는 핵심에 대한 혼란을 겪는 것으로 본질보다는 부수적인 요소로 제한되어 오히려 일을 수행하는 데 방해가 된다. 또한 강박성 성격장애는 업무 수행에서는 완벽함을 보이지만 아이러니하게도 이로 인해 일의 완수를 방해받게 된다. 이는 자기 자신의 완벽한 기준을 만족하지 못해 계획을 완수할 수 없는 경우를 포함하는데 이는 자신이 가진 기준이 상당히 높거나 능력 수준을 넘는 기대로 인해 실제 수행에 어려움이나 두려움을 느끼기도 한다. 이로 인해 현상적으로 강박성 성격장애는 회피성 성격장애와 동반되어 나타나거나 중첩되어 혼란을 일으키기도 한다. 여가활동이나 친구와의 교제보다는 일이나 성과에 지나치게 열중하게 된다. 이는 소위 경제적인 필요에 의한 것이 명백히 아니라는 특성이 있다. 이 말은 실제적 필요에 의한 것이 아니며, 정서적인 충족을 위한 활동을 하는 것이 아니라는 것을 의미한다. 따라서 강박적 성격장애는 실제적인 성과와 평가 가능한 것을 지향하는 것이라고 할 수 있다. 또한 지나치게 양심적임, 소심함 그리고 도덕 윤리 또는 가치관에 관해 융통성이 없다는 특징이 나타나기도 한다. 이는 문화적 혹은 종교적 정체성으로 설명되지 않는 특성으로 지나친 결벽이나 절차와 과정에 집착하는 특성으로 나타날 수 있다. 즉 융통성이나 적응 유연성이 떨어짐으로써 나타나는 강박적 태도라고 할 수 있다. 이런 태도는 자신이 일하는 방법에 대해 정확하게 복종적이지 않으면 일을 위임하거나 함께 일하지 않으려 하는 태도가 나와 대인관계에서 제한이 나타나며, 다른 사람과 갈등을 일으켜 고립되기도 한다. 또한 자신과 다른 사람을 위해 돈 쓰는 것에서 인색해지기도 하는데, 이는 돈을 미래의 재난에 대비하기 위한 것으로 인식하기 때문이다. 이는 불안에 대한 정서적 특성과 상황에 대한 대응 능력의 결핍으로 볼 수 있다. 이는 전반적으로 경직되고 완강한 태도를 보이는 것으로 강박성 성격장애의 핵심 특성으로 보인다. 이런 특성은 지나치게 깔끔함을 따지거나 집착하는 태도, 이와는 정반대의 현실적 가치가 없음에도 낡고 가치 없는 물건을 버리지 못하는 정서적 태도로 나오기도 한다. 이런 강박성 성격장애의 특성은 일반적으로 대부분 조금씩은 나타나지만, 병리적인 경우는 4개 이상의 증상이 동시에 나타나고 오랜 기간 지속된다는 특징이 있다.

강박성 성격장애의 원인은 유전적 요인과 양육 태도, 아동기 심리적 외상 같은 환경요인이 복합적으로 작용하는 것으로 받아들여지고 있지만, 다른 성격장애 특성과 마찬가지로 명확한 원인은 아직 밝혀지지 않고 있다. 프로이트의 항문기$^{anal\ stage}$ 시기에 대소변 조절 훈련에서 부모나 양육자와 갈등을 겪으면서 나타난 고착화의 현상으로 볼 수 있다. 하지만 이런 상황이나 환경에서도 개인차가 존재한다는 점에서 개인의 특성이나 경험을 넘어서 집단의 문화가 이런 특성을 유발하는 것이라고 설명하기도 한다. 특히 일 중심적이고 생산성을 강조하는 환경이라면 환경적 요인이 강박성 성격장애에 영향을 줄 수 있다는 것이다. 하지만 이런 원인에 대한 논의는 실제로 명확하게 원인으로 규정할 수 없으며, 비교적 높은 요인 가능성에도 불구하고 명확한 상관성은 드러나지 않는다.

강박성 성격장애의 특성은 일반적으로 요구되는 융통성, 효율성 및 상호작용을 거부하면서 정리 정돈 및 대인관계의 조절에만 과도하게 집착하는 양상이 광범위하게 나타난다는 점이다. 어떤 일에 대해서 세부적인 내용, 부차적인 요소, 그리고 규칙이나 절차에 지나치게 집착하여 중요한 부분을 놓치거나 완벽주의 같은 자신만의 엄격한 기준으로 일의 마무리가 지연되고 끝까지 완수하지 못하는 경우가 많다. 이는 해야 할 일에 대해서 계획의 세세한 부분까지 완벽하게 만들어야 하고, 이에 너무 집착해서 계획을 마치지 못하는 상황이 되는 것이다. 결국 일을 마치지 못하게 되면서 현실적인 답답함과 한계로 인해 회피적 성향이 나타나기도 한다. 여가 활동이나 사람들과의 교제보다 일이나 성과에 지나치게 열중하며, 취미나 여가 활동을 즐기기보다는 매사에 임무와 업무적 관점에서 접근하게 된다. 지나치게 양심적이고, 소심하며, 융통성이 떨어진다. 일상에서 항상 경직된 완고함을 보이며 원칙을 고스하며 다른 사람들의 의견을 받아들이거나 타협하고 조절하는데 어려움이 나타난다. 직장에서 융통성과 타협을 발휘해야 하는 상황에 직면하면 어려움과 고통을 느낀다. 자신의 감정을 표현하는 데 어려움을 느끼고 상대방의 감정 표현도 불편하게 받아들이며, 대인관계는 형식적이고 진지하며 지나치게 통제되고 격식이 차려진 성격을 띤다. 이런 태도는 매우 경직되어 있고, 사무적이며 융통성이 없으며, 다른 사람과 감정교류를 하지 못한다. 심하면 감정표현이 미숙하여 상처를 주기도 하지만, 정작 과거의 일이나, 자신의 관심사에 대해서는 세부적인 것까지 세밀하고 정확하게 짚어내고 대답을 요구하는 경향으로 인해 불편하고 껄끄러운 관계를 만들기도 한다.

때로는 자신이 가지고 있는 물건이 언제 다시 필요할지 모르고 물건을 버리는 것은 낭비라고 생각하여 낡고 가치 없는 물건을 버리지 못하는 태도가 나타나기도 하며, 무엇인가를 버리는 행위에서 큰 불안을 겪게 된다. 자신이 관여되어 있는 모든 일이 자신의 방식으로 처리되어야 하므로 일을 위임하거나 함께 하지 않으려 한다. 돈에 대한 인색함은 실제 형편보다 더 낮은 수준의 생활을 하며 미래의 재난에 대해 대비하기 위해서 지출을 엄격하게 통제해야 한다는 생각으로 저장 강박의 태도로 인해 주변과 갈등을 일으키기도 한다. 이는 강박성 성격장애의 일반적인 이해와 사뭇 다르기 때문에 혼란을 주기도 한다. 강박성 성격장애는 일상에서 자신의 삶을 잘 정돈하고 다른 사람 보기에도 큰 문제가 없는 경우가 많아서 문제 인식 자체가 어렵기도 하다. 또한 강박성 성격장애의 특성은 다른 성격장애 특성보다 사회적으로 적응을 잘하는 것처럼 인식되므로 진단과 평가에 혼란이 나타나거나 신중할 필요가 있다. 따라서 병리적인 차원에서 강박성 성격장애의 진단 기준에 해당하는지 상당히 신중해야 한다. 이는 내담자 자신은 물론이고 가족 면담 등을 통해 내담자의 평소 태도, 가치관, 대인관계 양상 등을 비교하면서 종합적으로 판단해야 한다.

강박성 성격장애의 치료는 약물치료, 개인 정신치료, 집단 인지행동 치료 등을 시도해 볼 수 있으나 각 치료의 효과에 대해서는 이견이 많다. 하지만 다른 성격장애와는 다르게 내담자 자신이 어려움과 고통을 인지하고 있거나 도움을 요청하는 경우가 많다는 점에서 치료적 개입이 비교적 수월하다고 할 수 있다. 나아가 다른 성격장애 치료와 마찬가지로 체계적 치료계획을 기반으로 장기간 치료가 필요하다. 최근에는 약물치료로 선택적 세로토닌 재흡수 차단제(SSRI) 등이 사용되기도 하지만, 그에 대한 효과는 아직 명확하지는 않다. 우울증이나 불안장애 등이 동반되는 경우, 약물치료를 시행하면 동반증상에 대해서는 상당한 호전이 있는 것으로 알려져 있으나, 이것도 성격장애 특성에 어떤 연관성이 있고, 치료적 효과가 있는지 명확하지 않다.

보통 18세 이후에도 강박성 성격장애 기준에 따른 진단이 가능하지만, 강박성 성격장애 진단을 받게 되면 이후로 고착화 경향이 나타난다. 예후는 다양하며 예측도 어렵다. 이차적 증상으로 적응장애, 충동조절장애, 기분장애 및 대인관계에 어려움이 나타날 수 있다. 강박장애, 아스퍼거 장애, 섭식장애 같은 높은 동반 이환율[71]을 보이는 것으로 보고된다. 자신의 완벽주의 성향이 좌절되면 쉽게 우울해지며, 융통성이 없고 완강하기에 사회생활에 어려움을 겪는다. 정서적으로 냉담하므로 가정, 직장 등에서 친밀한 대인관계를 맺는 데 능숙하지는 못하다.

강박성 성격장애는 강박장애와는 구분되어야 한다. 실제 이론서나 임상 장면에서는 강박성 성격장애와 강박장애 사이에 혼돈이 나타나거나 혼용되는 경우가 많다. 강박장애는 원하지 않는 생각과 행동을 반복하는 강박사고와 강박행동이 주된 증상으로 불안장애의 하위 유형으로 나타난다. 강박장애의 주요 특성인 강박사고와 강박행동은 강박성 성격장애에서는 나타나지 않는다는 것을 의미하는 것이기도 하

---

71 일정 기간에 발생한 환자의 수를 인구당 비율로 나타낸 것으로, 어떤 시점의 환자 수를 나타내는 유병률과는 다르다.

다. 이런 점에서 강박성 성격장애는 회피적 성격장애와 동반되는 특성을 나타낸다. 결국 강박성 성격장애는 외부로 드러난 것과 다른 사람의 평가에만 민감한 것으로 볼 수 있다. 강박장애의 특성인 강박사고와 강박행동은 다른 사람들의 평가보다는 자신의 불안 특성이 강하게 반영되면서 병리적 특성이 두드러진다. 강박장애도 자신이 원하지 않지만, 발생하는 강박사고와 자신이 조절하기 어려운 충동적 행동인 강박행동이 주요 증상이다. 강박성 성격장애는 강박행동과는 다른 태도적인 측면이 주를 이루며, 종종 회피적 태도로 인해 결과가 뒤따르지 못하는 경우가 많다.

    이런 특성을 실제 임상에서는 구분하는 것이 상당히 어려운 것도 사실이다. 강박장애가 세계보건기구^{WHO}가 정한 세계 10대 질환에 속하지만, 다른 증상에 부합되는 장애가 있는 경우는 강박사고나 강박행동이 강박장애 진단에 적용되지 않는다는 특징이 있다. 강박성 성격장애와 구분되는 특징에도 이런 경향이 반영되는데, 강박장애의 경우에는 장애 특성이 강하게 작용하지만, 강박성 성격장애의 경우에는 이면에 자신도 모르는 다른 사람에 대한 평가와 적응에 대한 불안이 있음을 인지할 필요가 있다. 자신도 모르게 잘해야 하고, 다른 사람의 평가에 민감해지면서 그 기준을 서서히 높이기 때문이다. 이로인해 자신의 능력과 수행에 대한 부담감이 높아지고, 결국 스스로 철회하거나 회피하는 특성을 나타내는 것이 강박장애와 다른 점이다. 강박장애는 스스로 멈추고 싶어도 멈출 수 없는 조절과 통제에 한계를 나타내며, 이면에 다른 사람의 평가와 같은 외적 요인보다는 자기 자신의 불안이 강하게 작용한다는 점에서 차이가 있다. 이는 다른 사람의 눈치를 보지 않고 고집스러운 사고나 행동 특성이 나타난다는 점에서 구별된다. 강박성 성격장애는 다른 사람의 눈치를 보면서 행동이나 사고의 철회나 번복, 그리고 고립이 반복되면서 위축되는 성향으로 회피적 성향으로 반영되기 때문이다. 이런 특성은 불안장애로 발전하기도 하는데, 내면에서 축적되고 있는 동안에 발현되지 않았기에, 외부의 촉발사건이 있거나 만일 그렇지 않더라도 언제든 드러날 수 있다.[72] 억압이 지속되었기 때문에 주변에서 의아해하거나 그들에게 공감받지 못한다는 것이 오히려 더 큰 문제가 된다.

    강박성 성격장애는 개인 특성이 뚜렷하게 나타나 주체적인 것으로 보이지만, 다른 사람의 평가에 민감하기에 자신의 세계를 유지하려고 하는 노력으로 볼 수 있다. 강박성은 자신에 대한 힘이 약한 C군에 속하므로 본질상 자신을 지키려는 엄청난 노력의 결과가 태도로 반영된다. 이로 인해 어려움이 생기고 주변과 갈등이 생기기도 하지만, 대부분 자신의 세계 안에 머물기 때문에 다른 사람의 관여를 어려워하고 다른 사람과 협력하고 공존하는 것에서 스트레스가 발생한다. 자기 세계 안에서 안전감을 느끼므로 다른 사람의 개입을 최소화하려는 노력으로 에너지가 고갈될 수 있으며, 이를 유지하기 위해 어려움을 겪을 수 있다. 강박성 성격장애는 다른 사람의 평가에 민감하므로 자신의 성취에 만족감을 느끼기보다는 안도감을 경험하게 된다. 안도감은 만족감과는 달리 성취에 대한 자부심이나 충족감보다는 탈진이나 소진

---

72   Stossel, 『나는 불안과 함께 살아간다』, 43.

과 연계된 허탈감을 경험할 수 있다. 이로 인해 새로운 시도를 하기보다는 회피적인 태도가 안전하다는 것을 학습하면서 퇴행적 상태에 머물게 된다. 이는 외적으로는 회피성 성격장애 특성이나 저장 강박 등의 태도로 이어질 수 있다. 자아의 힘이 취약하여 나타나는 불안과 연관되기 때문이다. 이런 점에서 강박적 태도는 자기 능력을 조금씩 강화하여 자아의 힘을 강화해야 하는 과업을 수행하는 과정에서 나타난다. 강박성 성격장애의 성장점은 자신의 태도나 성취 결과를 통해 자부심과 자존감을 강화해 나가는 것이다. 다른 사람의 평가를 자신이 스스로 인정하고 존중함으로써 자신에 대한 확신이 서서히 만들어지고 비로소 견고한 자아가 형성되는 것이다. 이런 맥락으로 강박성 성격장애의 성장점은 자기애성이라고 할 수 있다. B군은 C군의 성장 자리가 되는데, 자기애성은 B군의 기본형으로 자기 자신에 대한 확신과 자존감을 나타내는 성격특성을 나타내기 때문이다. 자기애성은 강박성을 통해 학습되거나 강화된 자신의 능력을 기반으로 본인에 대한 자기 인식과 현실적 능력으로써 안정적으로 반영될 수 있다.

6장
B군 성격장애의 구성과 특징

1. 자기애성 성격장애 : NPD

성격장애 B군의 기본 유형인 자기애성 성격장애$^{Narcissistic\ Personality\ Disorder}$는 자신에 대한 사랑과 확신으로 다른 사람과 비교할 수 없는 우월함을 가진 상태로 자신을 인식하며, 다른 사람과 상호작용이 부족하여 일상생활에 적응하지 못하는 특성을 나타낸다. 자기애성 성격장애는 B군의 성격장애 특성의 기초가 되는 것으로 자기 자신에 대한 과장된 평가, 인정받고 싶은 욕구, 다른 사람에 대한 공감의 결여를 특징으로 하며, 자기도취와 자기중심성의 성격이 굳어져 사회 부적응적 상태가 지속되는 것이다. 자기애성이라는 말은 그리스의 우물에 비친 자신의 모습을 보고 사랑에 빠진 나르시스^{Narcissus}에서 유래했는데, 그리스 신화를 통해 알 수 있듯이 자신에 대한 애정이 가득하여 다른 것들은 보이지 않는 상태를 나타내는 말이다. 일반적으로 자기애성 성격장애는 성공욕으로 가득 차 있으며, 주변 사람에게 존경과 관심을 받으려고 한다. 자신의 지위나 성공을 위해 대인관계에서 착취, 공감 결여, 사기성 같은 행동 양식을 보인다. 연극 등 예술 분야, 운동, 학문연구를 하는 전문인에게 많이 발생하는 경향이 있으며, 이들 중에는 스스로 천재라고 생각하는 사람도 많다.

자기애성은 B군의 기본이 되는 성격특성으로 볼 수 있다. 이것은 C군의 위축된 자아가 발달하면서 힘을 갖게 된다. 이때 자아는 자기 자신에 대한 확신과 함께 능력에 대한 기대가 커지게 된다. 자아가 확대되면서 자기중심적이 되고 팽창 현상이 나타난다. 자기애성 성격장애 특성을 가진 사람은 자기 자신은 사랑하면서 다른 사람을 사랑하는 것에는 인색하다. 이로 인해 다른 사람을 무시하거나 다른 사람이 자신을 위해 존재한다고 생각하게 됨으로써 갈등을 일으킬 수 있다. 자기애성을 가진 사람은 자존감과 관련된 갈등과 혼란에 있다. 자아의 힘이 생기기는 했지만, 내적 정서나 자아의 힘은 부족하여 나타나는 방어적 현상이라고 할 수 있다. C군에서는 다른 사람에게 집중되어 자신을 보지 못했다면, 자기애성은 자신에게만 집중하는 특성을 나타낸다. 다른 사람이 자신을 위해 존재한다고 믿기 때문에 안하무인의 태도를 보이게 된다. 자기애성 성격장애의 특징은 자기 능력에 대한 과대한 확신과 존재에 대한 환상으로 경험되고는 한다. 외부로 드러나는 태도는 자신의 환상 속에서 나타나는 미성숙하고 과장된 자아상으로 나타나고, 비판과 좌절을 견디기 어려워 긍정적 자기 존중감이 확장되어 나타나는 것이다. 자신에 대한 과대한 마음을 드러내고 자신이 생각하는 방식대로 다른 사람들이 반응하지 않으면 불편감을 느낀다. 긍정적 자기존중을 유지할 수 있는 건강한 발달과정을 거치지 못할 때, 다른 사람에 대해서는 이상화와 평가절하, 그리고 자신에 대해서는 과대지각과 열등감을 번갈아 가지면서 혼란을 겪게 된다. 자기애성 성격장애는 B군의 특성인 혼란이 나타나며 자신에 대해 존중받기를 원하는 마음과 다른 사람에 대한 감정과 정서의 양극과 혼란으로 자기 자신에 대한 평가와 원함에 대한 혼란이 나타나게 된다.

자기애성은 내적 취약성과 굴욕, 그리고 관심 부족에 대해 완벽주의, 권력, 그리고 통제 등에 관한 왜곡된 확신을 조직화한다. 이런 반응은 거부 또는 회피적 애착 패턴과 연관이 깊다.[73] 자신이 설정한 완벽한 기준에 미치지 못하거나 기대하는 자기 모습이나 기준에 미치지 못하면 견디지 못하게 된다. 무력감, 취약성, 고통, 의존적 경험, 그리고 특히 무시당하는 경험은 통제 불능의 상황을 만든다. 이런 점을 다른 사람에게 투사하고, 오히려 상대가 무력, 무가치 그리고 쓸모없다고 지각하며, 찬사, 힘, 만족을 성취하기 위해 다른 사람을 조정하거나 도움을 주는 도구로 여기게 된다. 이와 함께 다른 사람에게 끊임없이 자신의 완벽주의, 거대성, 그리고 힘을 인정하라고 강요한다. 그러나 아무리 다른 사람으로부터 찬사 또는 승인을 받거나 실제로 성취를 많이 하더라도, 자신의 부족함이 드러날까봐 두려워한다. 수치심과 조롱에 대한 두려움, 그리고 굴욕감은 자신의 삶에서 내내 지속되는 위협으로 다가온다.[74] 자기애성 성격의 전형적인 특성은 자신을 거대하게 보는 환상의 자아 팽창, 자기중심의 지나친 기대나 요구, 그리고 몰입 등

73　Bleiberg, 『아동·청소년 성격장애 치료』, 28.
74　Schwartz-Salant, 『자기애성 성격장애의 치료와 분석심리학』, 74.

이 있다. 이는 자기 자신의 부적절감과 무력감, 그리고 다른 사람에게서 경험되는 진솔한 애착, 신뢰, 관심을 얻지 못하는 것에 대한 방어로 볼 수 있다.[75] 이런 점에서 자기애성 성격장애의 증상은 대인관계에서 다른 사람을 배려하거나 존중할 줄 모르고, 자신의 중요성에 지나치게 집착하며 매사에 자기중심적인 사고를 지니는 것이다. 자신의 실제 능력보다 높은 비현실적인 기준으로 무한한 능력, 재물, 권력, 높은 지위, 아름다움이나 이상적 사랑을 기대한다. 이런 목표가 달성되어도 현재에 만족하지 못하고 더 높은 목표만 바라보면서, 현재 달성되지 못한 것에서 실망하고 좌절한다. 존경과 관심의 대상이 되려고 끊임없이 애쓰며 주변 사람들에게 인정을 강요하거나 자신이 원하는 반응이 나오지 않으면 불편감을 주게 된다. 내면을 충실하게 만들기보다는 치장을 하여 드러내는 것에 관심이 많고, 친구를 깊이 사귀는 것에는 관심이 없고, 그럴듯한 모임이나 사람들과 어울리는 것을 좋아한다. 다른 사람이 자신을 비판할 때는 상대에게 모욕이나 모독을 주고, 강하게 비난하거나 무시하게 된다. 실패나 실의에 빠질 때는 스스로에 대한 열등감, 수치심, 허무감 등이 강하게 작용하여 괴로워하는데, 이때 자신의 감정에 빠져 다른 사람의 감정이나 상태에는 관심이 없거나 무감각해진다. 자기애성 성격장애는 자신감이 지나치게 넘치게 나타나기도 하고, 자기 정서에 몰입하여 지나치게 감정적인 상태가 되기도 한다.

DSM에서는 주로 청년기에 시작되고 과대성(공상 또는 행동상), 숭배 요구, 감정이입의 부족과 같은 광범위한 양상이 여러 상황에서 나타나며

75　Bleiberg, 『아동·청소년 성격장애 치료』, 29.

5개 이상의 주요 특성을 보고한다. 다음에 나타난 증상들은 DSM에서 제시하는 주요 특징들이다. 자기 중요성에 과대한 느낌이 있다. 성취와 능력을 과장하고, 적절한 성취 없이 특별대우 받는 것을 기대하게 된다. 무한한 성공, 권력, 명석함, 아름다움, 이상적인 사랑과 같은 공상에 몰두하고 있다. 자기 문제는 특별하고 특이해서 다른 특별한 높은 지위의 사람(또는 기관)만이 그것을 이해할 수 있고 또는 관련해야 한다고 믿는다. 자신에게 과도한 숭배를 요구한다. 특별한 자격이 있다는 느낌이 있다. 즉, 특별히 호의적인 대우 받기를 원하거나 자신의 기대에 대해 자동적으로 순응하기를 불합리하게 기대한다. 대인관계에서 착취적인데, 이는 자기 목적을 달성하기 위해서 다른 사람을 이용하는 것을 의미한다. 감정이입이 부족하며 다른 사람의 느낌이나 요구를 인식하거나 확인하려 하지 않는다. 다른 사람을 자주 부러워하거나 다른 사람이 자신을 시기하고 있다고 믿는다. 오만하고, 건방진 행동이나 태도를 보인다. 하지만 성취나 지위에 대한 욕구나 중요성이 감퇴하는 중년기까지 자기애적 특성의 부적응적인 부분을 알지 못할 수 있다. 이로 인해 사회적으로 고립된 이후에서야 상담의 필요성을 느끼게 되는 경우가 많다. 결혼 생활에서 배우자가 자신을 인정하지 않는다고 비난하면서 자기 스스로 만성적인 고통을 받을 수 있고, 우울증이나 성 문제로 갈등을 겪기도 한다.

자기애성은 내면에 머무르는 은밀한[covert] 자기애와 외부에 반영되는 드러난[overt] 자기애로 구분하기도 한다. 자기애적 사람은 자신을 아끼고 돌봐주는 상대보다는 칭찬해 주고 우러러보는 상대를 중요한 대상으로 여긴다. 두 가지 경향성은 실제 임상에서 혼란을 주기도 하며, 스스로 자기애성 성격장애가 아니라고 생각하는 요인이 되기도 한다. 자기의 구조적 결핍과 병리에 관심을 두었던 코헛은 자기심리학의 틀 속에서 자기애성 성격장애와 자기애성 행동장애를 구분하였다. 두 가지 모두 자신이 약하고 결함이 있어서 이를 메우고 회복하려는 방어적 시도로 자기해체, 자기쇠약, 자기왜곡이 나타나는 점에서는 동일하다. 그러나 자기애성 성격장애는 자기애적 결함이 내적 증상으로 표현되는 경우로서 무기력하고 사소한 것에 과민반응을 보이거나 자신의 신체에 대한 건강염려증, 수치심 혹은 우울증과 같은 정신적인 증상이 나타난다. 이에 반해 자기애성 행동장애는 성도착이나 섹스 중독, 반사회적 비행과 같은 행동으로 나타난다. 자기애성 성격장애의 행동적 특성은 거만하고 이기적으로 보이기도 하며 자기 확신에 찬 모습으로 거침없이 말하고 행동한다. 또한 자신의 성취나 재능에 대해 사실보다 과장되게 자랑을 늘어놓으며, 자신이 매우 특별한 존재라고 생각하기 때문에 공통의 규칙이나 의무가 마치 자신에게는 해당되지 않는 것처럼 행동한다. 정서적으로는 실패나 비난에 직면해도 동요하지 않으며 태평스럽고 즐거운 편이다. 자신이 공격당했다고 생각하면 격렬한 분노와 적대감과 함께 복수하고 싶다는 열망에 휩싸인다. 시기와 질투의 감정을 빈번하고 강하게 느끼며, 스스로 설정한 높은 기대치에 미치지 못하고, 만족하지 못할 때는 우울과 불안감에 빠진다. 일상적인 일에 쉽게 지루함을 느끼고 뭔가 새롭고 자극적인 것을 찾으려고 한다. 사람들이 자신에게 주목하고 칭찬하는 것에 대한 욕구가 강렬하다. 권력, 높은 지위, 리더십 등 지배적 위치에 대한 열망이 강하며, 자신의 감정을 적절한 수준과 방식으로 표현하지 못하고 지나치게 억압하기도 한다. 대인관계에서는 사교적이며 외향적으로 보이지만 조금 지나면 과도한 자기과시나 다른 사람을 배려하지 않는 태도가 나타낸다. 배려와 공감 능력이 부족하여 피상적으로 대인관계를 하는 경우가 많다. 다른 사람에게 강렬한 감정과 애정을 느끼고 지나치게 이상적으로 생각하면서 자기 생각대로 상대를 통제하려고 한다. 자기애성 성격장애의 치료적 개입이 어려운 것은 스스로 자기애를 포기하는 것이 어렵기 때문이다.[76] 치료적 개입을 위해서는 자신이 심리적 문제를 가지고 있고 도움이 필요하다는 것을 인정하는 것부터가 시작인데 자존감과 관련되어 이를 수용하기 어려운 경우가 많다.[77] 또한 개입하는 전문가를 스스로 판단하여 평가하기 때문에 치료 시작 전부터 저항이 시작되기도 한다. 특히 상담사에 대해서 평가절하하는 태도를 보이기 때문에 제한적인 부분이 많다.

자기애성은 자아의 성장에서 상당히 중요한 의미와 역할을 한다. 자기애성의 두 경향은 자신에 대한 자신감과 결핍에 대한 보호의 경향으로 나타난다. 자신감은 자기애를 통해 자신을 성장시킬 수 있는 발판을 마련할 수 있다. 자신을 사랑하고 존중하는 힘은 세상에 맞설 수 있는 기반을 주기 때문이다. 자기애성의 발현은 자신의 내면을 아름답게 가꾸고 채움으로써 자신감을 가진 상태에서 자신이 있는 상태로의 전환을 나타내는 것이기도 하다. 이는 단순한 마음을 가지고 있는 것

---

76 Clarkin, Fonagy & Gabbard, 『성격장애의 정신역동치료』, 281.
77 민성길 외, 『최신정신의학』, 592.

과 실제 능력을 획득하여 마음이 실제 반영되는 것으로 발달하는 것을 말한다. 이는 매사에 여유를 갖게 하고 다른 사람이나 주변을 볼 수 있는 힘을 주기도 하는데, 자기애성 성격장애는 주변을 돌아보지 않고 자신에게만 집중한다. 자기애성은 자기 상실이 두려워 자신을 보존하고 인정받으려는 욕구가 강하게 나타나는 특징이 있다. 자기애는 현대정신분석 학자인 코헛의 자기심리학에서 심층적으로 다룬다. 인간의 초기 성격 형성과정에서 나타난 특성이 반영되어 나타난 것으로 볼 수 있다. 자기애성 성격장애는 자신에 대한 자기 집중을 다른 사람에게 요구하면서 자신을 지나치게 과대화하고 이에 대한 상대의 반응을 기대하는 과정에서 확대되어 나타난다. 이로 인해 다른 사람에 대한 통제, 비난, 공격, 무시, 적극적 자기 사랑 등의 태도가 나타나게 되며 다른 사람의 욕구는 무시하면서 자신에 대한 사랑과 복종의 대상과는 조화를 이루려 한다. 기대하는 정서는 적극적 사랑, 보호, 복종이며, 두려움은 무시, 비난, 통제로 나타난다. 이로 인해 다른 사람과의 관계에서 지배와 통제에 대한 태도로 인해 갈등과 혼란이 나타난다. 자기애성 성격장애의 기본적인 특성은 다른 사람과의 관계에서 수동적이고 방어적이라는 것이다. 이는 관계와 사회성보다는 자기 자신에 집중하는 특성으로 나타난다. 자기애성 성격장애는 C군의 성격특성에서 B군의 특성으로 전환되는 성격특성을 잘 나타낸다. 자기 자신을 세상에 내놓을 수 있는 준비가 되어 있으며, 공적으로 인정받을 수 있는 상태로 볼 수 있다. 또한 청소년 후기의 특성이 있다고 볼 수 있으며, 사회 초년생에게 나타나는 특성으로 자기 확신이나 경험적 자신감이 강화된 상태로 정체성의 문제와 깊은 관련이 있다.[78] 이런 상태는 때로는 다른 사람들을 무시하거나 자기 자신에 대한 확신이 넘치는 상태로 볼 수 있다.

이 시기가 지나고 진정한 자신의 실력이나 자신이 생기면 차분하고 안정된 상태로 통합하면서 다른 사람과 상호 존중할 수 있게 된다. 과장된 자신감과 주변에 대한 인정욕구가 강하게 드러나고 다른 사람에 대한 공감이 부족하다. 이로 인해 다른 사람의 마음을 이해하거나 돌보지 못하고 자기 입장만 내세워 일방적인 관계를 맺게 된다. 이로 인해 시간이 지날수록 주변으로부터 고립되기 쉽다. 대인관계가 빈약한 상태에서 자신의 목적에만 집중하므로 우월감에 대한 확신과 소통의 부재로 인해 다른 사람과 단절 경향이 높아지게 된다.

자기애성 성격장애의 특성이 자신을 보호하고 방어하는 것이라는 전제로 불안에 대한 과도한 반응으로 볼 수 있다. 과대한 자기개념은 자신을 보호하기 위해 확대되어 나타나는 것으로 마치 복어가 적을 만났을 때 자신을 부풀려서 크게 보이려고 하는 것과 같은 현상으로 볼 수 있으며, 비공감적 대인행동은 다른 사람과의 관계에서 자신이 상대적으로 위축되거나 자기통제에 대한 불안이 작용하기 때문에 다른 사람과 거리를 두거나 공감하지 않게 된다. 결과적으로 나타난 현상이나 태도는 자신에 대한 본질적인 신뢰가 없거나 불안으로 인해 나타나는 현상에 대한 반작용으로 볼 수 있다. 이런 점에서 자기애성 성격장애는 실제로 자기 자신에 대한 이상적 또는 환상적 태도가 드러나 반영된 것

---

78   Schwartz-Salant, 『자기애성 성격장애의 치료와 분석심리학』, 19.

으로 볼 수 있으며, 팽창된 자신의 모습을 현실로 인식하는 혼란에서 발생된 것이라고 볼 수 있다. 따라서 자기애성 성격장애는 현재의 자기 자신을 수용하고 다른 사람과 공감하면서 상호작용이 증가하도록 해야 한다. 이를 위해 자기 능력이나 재능이 구체적이고 실제적임을 증명하거나 스스로 확증하는 것이 필요하다. 단지 우월하다는 감정이 아니라 현실적이고 구체적인 증거로 자기 자신을 세워나가고 자아가 힘을 갖게 되는 것이다. 근거 없는 자신감은 일상생활 적응을 어렵게 하며, 관계나 적응의 노력을 포기하거나 자신에 대한 혼란을 주기도 한다. 이로 인해 실패에 대한 두려움이 커지게 되고, 실패를 원천적으로 봉쇄하려는 자신의 세계에 갇히게 되는 것이다. 다른 사람과 다른 특별한 재능이나 능력이 있다는 것을 믿어도 구체적인 계획이나 실행 능력이 떨어지면 나타나는 현상으로 볼 수 있으며, 아동기의 발달과정에서 필요로 하는 격려와 지지에 의존하며 자신이 인정받는 것 자체에 에너지가 집중된 상태임을 나타낸다.

스스로의 모습에서 자신에 대한 기대나 환상이 반영되어 과대 자기의 형태로 나타나면 자신이 세상의 중심에 있고, 다른 사람은 자신을 위해 존재한다고 생각하면서 자신의 부정적인 측면을 다른 사람에게 투사하게 된다. 자신의 기대나 환상을 반영해주지 않는 대상에게 분노가 동반된 공격성이 나타나게 되고, 자존심에 상처를 주는 대상으로 오히려 공격받았다고 인식할 수 있다. 이로 인해 관계에서 갈등이 증폭되거나 분쟁을 일으키기도 한다. 자존심이 강해 보이는 이면에는 나약한 자신이 있어서 열등감, 패배감 등에 시달릴 수 있으며, 무가치함이 지배적 정서로 나타날 수 있다. 다른 사람과 건강한 관계를 유지할 힘이 부족하며 자신은 가치가 없는 존재라고 느끼기도 한다. 이런 작용은 오히려 반발로 나타나고 다른 사람에게 향한 관심을 철회하고, 배려하지 않고 고립되거나 자신의 목적을 위해 다른 사람을 이용하는 태도로 나타나기도 한다. 잘난체하면서 허세를 부리거나 다른 사람을 비아냥거림으로써 상대의 기분을 상하게 하기 쉽다. 욕심이 많고, 자신에게 없는 것을 다른 사람이 가지고 있다고 생각되면 심하게 질투하거나 특별대우를 요구하며 그것을 당연시하는 태도를 보이기도 한다. 다른 사람을 무시하는 경향이 많지만, 오히려 다른 사람의 태도에 민감하게 반응하거나 작용하기도 한다.

이는 다른 사람을 자신에게 굴복시키려는 의지가 강하게 나타나면서도 이상적으로 존경하고 자신을 사랑해주는 대상을 찾으려는 경향이 동시에 나타나 개입을 어렵게 하기도 한다. 자기애성 성격장애의 치료는 자신에게 집중되어있는 성격의 극단적 성향에서 균형을 이루어야 한다. 자신을 중심으로 하는 것에서 다른 사람과 상호작용하는 관계로 확장되는 것을 의미하기도 한다. 이는 자기애성 성격장애에서의 균형을 자기 자신에게 충실하고 내실 있는 실력을 확충하는 것과 다른 사람의 인정이라는 측면에서 이해할 수 있다. 다른 사람과의 상호작용을 지향하고, 이 과정에서 일시적인 퇴행이 나타나 다른 사람에게 의존하는 경향의 혼란이 나타나기도 한다. 자기애성의 특성 중에 임상적으로 나타나는 현상 가운데 하나는 자기애성 격노가 있다. 자기애성 격노는 가벼운 짜증에서 긴장성 분노에 이르는 스펙트럼으로 나타나는데, 자기대상에 대한 기대가 충족되지 못하거나 무너지면서 나타나는 현상이다. 이 때 정서적으로 굴욕감을 경험하게 되면서 급성으로 나타나기도 하고 만성적 분노와 잔인성으로 나타나기도 한다. 종종 신체화를 동반하거나 격노를 조절하지 못하고 자해나 자살로 이어지기도 한다.[79] 이런 특성은 경계성 성격장애로 증상이 심해지기도 한다. 정상적으로는 자기 주장성을 가지고 선택하고 성취하며, 실망의 상태나 기대가 충족되지 않을 때 이를 수용하고 조절하는 힘의 균형감각을 가지고 있다. 하지만 자기애성 상처가 심각하거나 자기 대상에게서 공감을 얻지 못하면 자기애성 성격장애의 공격성과 분노 표출로 발현되어 나타나게 된다.

자기애성은 자기를 중심에 두는 성격장애 특성이며, 자기애성의 스펙트럼을 넘어서면 다른 사람과 세상을 접하게 된다. 자기애성이 있다는 것은 다른 사람이나 세상에 맞서서 자신을 표현하고 드러내는 힘이 생기고 있음을 의미한다. 자기애성은 결국 성격을 나타내는 중심에 있다고 할 수 있다. 자기애성에 대한 이론에서 학자에 따라 그 기반이나 인식이 다르므로 혼돈을 발생시켜왔다. 자기애는 자신을 사랑하는 힘을 나타내는데 자신을 사랑할 줄 모르면 다른 사람을 사랑하는 법조차 모르게 된다. 예수께서는 '내가 너희를 사랑한 것 같이 서로 사랑하라'고 하신다. 이는 사랑을 받아본 경험이 있는 사람이 세상에 속하고 다른 사람들과 신뢰의 관계를 만들어 갈 수 있다는 것을 말하는 것이기도 하다. 이런 점에서 자기애성은 세상을 향하는 시작점에서 자신을 강화하는 힘이며, 세상을 마주하는 능력을 나타내는 것이기도 하

---

79 Chessick, 『자기심리학과 나르시시즘의 치료』, 205.

다. 자기애는 본질적으로 자기를 중심에 두고 있으며 자기에게 정신에너지가 집중되므로 세상이나 다른 대상에 관심을 거의 기울이지 않는다.[80] 이는 자기애성이 성격 발달, 그리고 성격장애 특성의 중심에 있다는 것을 의미하는 것이기도 하다. 이는 자신을 중심으로 하는 내부 세상의 중심에 있으며, 개인 심리의 발달 과제로 성장점이 된다. 자기애성의 자리는 자기 생각을 중심으로 자신의 고유한 세계를 만들어 갈 수 있는 기본 자리가 된다. 이를 통해 자신의 세계를 구축하고 자신이 원하는 세상을 창조하는 힘을 나타내는 것이다. 이는 발달의 과정으로 설명할 수 있는데 의존성에서 시작된 발달은 회피와 강박의 혼란을 넘어 자기 자신에 대한 현실적 능력을 갖게 되면서 자기애성에 도달하게 된다. 자신의 노력과 수고를 통해 만들어진 현실적인 결과나 자신에 대한 인식이 구체화 된 자기애성은 자신에 대해 스스로 확신이 생기는 것으로 전 생애 걸쳐 나타나는 자기와 대상과의 관계에서 상호작용을 만들면서 건강한 긴장 상태를 유지할 힘을 준다. 이는 적절한 기술과 재능을 동원하여 세상에서 자신의 목표와 이상을 구현해가는 것을 나타낸다.[81] 자기애성은 복잡한 자기의 심리적 특성을 나타내며 세상을 대하는 모든 개인적인 행동이나 태도, 그리고 인식과 그에 대한 반응에도 영향을 준다. 이런 점에서 개인의 성격이 형성되고, 자신에 대한 인식의 기본 개념을 형성하고 견고히 하는 것이 자기애성 성격특성이다. 자기애성의 성장점은 A군의 특성을 지향해야 한다. 이 과정에서 자기애성

---

80 N. Schwartz-Salant, 『자기애성 성격장애의 치료와 분석심리학』, 김성민 옮김, (서울: 달을 긷는 우물, 2020), 6.
81 Chessick, 『자기심리학과 나르시시즘의 치료』, 196.

특성의 과업은 B군의 주요 성격장애인 경계성과 연극성, 그리고 반사회성을 통합하는 것이 된다. 이 과업에서 다양한 혼란을 겪게 되므로, B군의 각각의 성격장애 특성을 이해하고 성장점을 찾으며, 혼란을 정리한 후 이를 통합하여 내재화하는 것이 필요하다.

이런 특성은 아래 그림과 같이 B군 성격특성의 구조적인 면에서 잘 나타난다. C군 특성들의 상호작용과 발달을 통해 자기애성이 나타나면, 강박성이 나선형 발달과 성장을 통해 점차 강해지게 된다. 이렇게 자기애성이 강화되면 자기애성을 기반으로 B군의 성격특성이 자리 잡으면서 개인의 정서와 감정, 그리고 행동이나 태도 등 전반적인 개인 성격이 반영되어 윤곽을 잡아간다. 이 과정에서 대인관계 기술과 능력을 학습하고 유능감과 효능감이 향상되며 탄력성이 강화되면 건강한 B군 특성을 나타내고 다른 사람과의 관계는 물론이고 사회에서의 자기 역할을 훌륭히 수행할 수 있는 기초적인 자원을 갖게 된다.

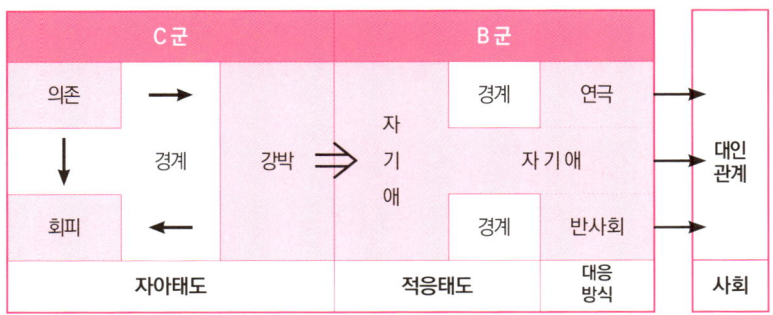

B군 성격장애의 특성과 구조

2. 경계성 성격장애 : BPD

경계성 성격장애Borderline Personality Disorder는 성격장애의 정점에 있는 것으로 불안정한 대인관계, 반복적인 자기 파괴적 행동, 극단적인 정서 변화와 충동성을 나타낸다. 경계성 성격장애의 특성을 자신과 다른 사람이라는 구도에서 자신과 다른 사람의 경계, 자기의 내면에서 억압과 표출의 경계, 그리고 정서와 사고의 경계 등 다양한 이분법적 구도에서의 경계 갈등과 혼란을 나타내는 것이라고 할 수 있다. 일반적으로는 애착 능력 결함과 중요한 대상과의 분리separation에서 나타난 부적응적 행동 패턴, 그리고 감정의 불안정성이 중심이 되는 성격장애라고 할 수 있다. 경계성은 서로 다른 두 개의 특성이 만나는 지점에서의 중첩과 간섭 등의 작용으로 인해 나타나는 혼란과 갈등상태를 나타낸 것이다. 양극성 장애와 유사한 측면이 있지만 구별된다. 하지만 경계성 성격장애는 예측할 수 없다는 특징이 있다.[82]

경계성 성격장애는 본질상 경계 혼란이 있다는 것을 의미하므로 복잡하고 뒤죽박죽 섞여 있어서 그 실체를 가늠하기가 어렵다. 물론 다른 성격장애들의 특성도 뚜렷하게 구분할 수 있는 것이 아니지만, 경계성 성격장애는 성격장애 특성 전체를 아우르며 일관성없이 발현되므로 혼란과 복잡성이 극대화되어 있다고 할 수 있다. 경계성은 성격장애 전체를 아우르는 특성들이 간헐적으로 급변하기 때문에 성격적 특성을 명료하게 구별하기 어렵다. 자아의 위축과 팽창이 반복되며, 사고와 정

82　Bleiberg, 『아동·청소년 성격장애 치료』, 23.

서 등이 마구 뒤죽박죽 나타나서 혼란스럽게 된다. 경계성 성격장애는 혼란 그 자체라고 할 수 있으며, 개입에도 혼란이 나타나 맥락이나 개입에 대한 안정성도 상당히 떨어지게 된다.

경계성은 과잉 행동, 빈약한 적응력, 부정적 기분 그리고 불안정한 수면과 생활 양식으로 주변을 힘들게 한다. 기질적으로 까다로우며, 와해 된 애착유형으로 분리에 취약하고 정서적으로 불안정하며 과잉 행동과 감정 기복이 심해서 쉽게 화를 내며 착취적이다. 사소한 당혹감이나 좌절도 촉발요인이 되어 강렬한 감정 폭풍, 통제할 수 없는 정서 등의 에피소드를 촉발한다. 주변에 의존할 대상의 유무에 따라 불안, 과민 등이 나타나며, 끊임없는 관심과 버려짐에 대한 불안에 집착하게 된다. 의존대상과 있으면 순간적으로 의기양양하고, 깊은 행복감을 경험하기도 하지만, 순간에 자기혐오, 절망감, 실망감, 적개심 등이 나타난다. 자기중심성은 자기애성과 마찬가지로 경계성의 주요 특성이며, 다른 사람의 거부와 무관심에 분노와 충동이 드러난다. 전형적인 경계성은 다른 사람의 거부와 무관심을 경험하면서 주관적인 통제 불능감, 과각성, 외로움, 자기와 다른 사람에 대한 부분적 인식을 더 강하게 경험한다. 이는 대처 경험, 대인관계에서 경직성을 나타내며, 특정 스트레스 상황에서 위로를 주지 못하고 불안정성이 두드러지게 된다. 순간적인 느낌과 욕구로 요동치는 경험을 하며, 내적 세계와 외적 환경에서 심한 혼란을 경험한다. 이런 취약성 조절을 위해 자극을 추구하거나 필사적으로 자신을 둔감하게 한다. 적극적으로 자기희생을 하거나 버림받지 않으려고 다른 사람을 조정하기도 한다. 폭식, 문란한 성행위, 약물남용, 자해 등은 취약성 조절의 전략으로 작용한다. 특히 자해와 자살 시도는 취약성의 두려움을 감추기 위한 것으로 나타난다. 일시적 이상화와 과의존을 보이지만 다른 한편으로는 적개심, 평가절하, 그리고 버려짐과 배신을 자주 경험한다.[83]

경계성은 자아상, 대인관계, 정서의 불안정과 충동적 특징이 있다. 자기애성과 상당히 유사하게 나타나는 부분이 있는데, 충동성이나 변화무쌍한 정서 표현은 자기애성과 다른 특성이기도 하다. 자기애성이 자기중심성으로 자신에게 집중되어있다면, 경계성은 자신과 다른 사람에 대한 평가가 일관되지 않고 급격한 변화로 인한 혼란과 갈등이 극대화된다. 급격한 정서변화와 충동성은 우울과 분노의 극단 성향이 나타나는 것처럼 보여 상태를 가늠할 수 없으며, 자해나 자살과 같은 충동성이 나타나기도 한다. 경계성 성격장애는 관계 경험의 상호작용이 중요하다. 누군가에게 지지를 받고 있거나 돌봄을 받고 있다고 느낄 때는 외로움과 공허감의 증상을 주로 하는 우울 증상이 나타나기도 한다. 이런 관계에서 상실의 위험이 발생하면 자비롭고 자애로운 모습의 이상화된 대상이 한순간 잔인한 박해자가 되면서 경계성 성격장애의 증상으로 나타나게 된다. 중요한 대상과 분리 separation 상황에서 버림받는 것에 대한 극심한 공포 abandon fear가 발생하게 되는데, 이를 줄이기 위해 그 사람의 잘못과 잔인함에 대하여 격노에 찬 비난을 하거나 자기파괴적 행동을 보이게 되는 것이다. 이런 행동이 상대에게 죄책감을 일으키거나 반대로 극단적 방어 반응을 불러일으키게 된다. 이런 불안정

83　Bleiberg, 『아동·청소년 성격장애 치료』, 31.

성은 충동적이고 자기 파괴적 행동으로 이어지고, 주변의 스트레스에 반응하는 경우가 많고 분노와 우울 상태의 극단을 오가기도 한다. 이 시기에 해리 증상, 관계 사고와 약물남용, 혹은 성적 문란 등의 충동적 행동들이 흔히 일어날 수 있다.

경계성이라는 말은 일반적으로 신경증적 증상과 정신증적 증상을 복합적으로 나타낸다는 의미이지만, 실제는 임상이나 학술적으로, 또는 전문가마다 다르며 시대와 상황에 따라 다르게 이해되기도 한다. 신경증 증상을 보이지도 않고 뚜렷한 조현병 증상을 나타내지도 않는 중간 범위를 표현하는 용어이다. 심리학에서는 신경증^{neurosis}과 정신증^{psychosis}으로 구분한다. 신경증은 일상생활이나 인식에 치명적인 영향을 미치지는 않지만, 정서적 혹은 행동적 측면과 대인관계에서 큰 어려움을 겪게 된다. 정신증적 문제는 일상에 지장을 줄 만큼 심각한 경우를 말한다. 정신증은 현실 인식 능력의 손상으로 나타나는데, 주어진 상황에 전혀 맞지 않는 표현이나 정서 경험으로 나타난다. 신경증과 정신증적 증상을 모두 가지고 있어 어느 하나로 구분되지 않는다는 의미에서 경계선, 혹은 경계성이라는 용어를 사용하기도 하지만, 구체적인 증상이나 내면의 심리적 경계가 모호하거나 적절하게 통합되지 못할 때 나타나는 것으로 보기도 한다. 다른 한편으로는 치료하기 어려운 환자에 대한 명칭으로서의 경계성을 사용하기도 한다. 치료 시에 내담자나 환자가 치료적 노력에도 불구하고 반응을 보이지 않아 진단명을 경계성이라고 하는 경우가 많다는 것이다. 물론 심리치료자가 정신과적 문제를 보이는 환자를 치료할 때 항상 성공하는 것도 아니고 치료과정이

순조롭게 진행되는 것도 아니다. 하지만 문제점은 치료자들 사이에서 경계성이라는 용어를 이용해 진단함으로써 치료의 실패를 내담자 탓으로 돌리고 상담사의 변명이나 자기합리화를 반영하게 되기도 한다는 것이다. 이런 이해와 인식을 넘어 경계성 성격장애는 증상에 따라서만 보지 않고, 정서적으로나 통제적 의미에서 조절 능력이 부족하거나 충동적 반응이 강하게 나타나는 경우라고 할 수 있다. 결국 경계성이라고 하는 것은 자신의 정서나 행동, 그리고 성격적 특성을 통제하고 조절하지 못하며 상당히 불안정한 상태에 있는 것이라고 할 수 있다. 이는 둘 다의 특성이 있으나 혼란이 지속되고 조절되지 않기 때문에 나타나는 현상이라고 할 수 있다.

정신장애 진단통계 편람$^{DSM-5}$에 의한 진단 기준은 성인기 초기에 시작되며 대인관계, 자아상 및 정동의 불안정성과 현저한 충동성의 광범위한 형태로 여러 상황에서 나타나고, 9가지 정도의 주요 증상 중에서 5가지 이상의 항목을 충족하면 진단하게 된다. 경계성 성격장애의 특성은 실제적 혹은 상상 속에서 버림받지 않기 위해 미친 듯이 노력한다는 점이다. 버림받지 않기 위한 노력에 자살이나 자해행위는 포함하지 않는다. 경계성 성격 장애의 특성에서 진단 기준으로 자신을 손상할 가능성이 있는 최소한 두 가지 이상의 경우 충동성(예를 들면 소비, 물질남용, 좀도둑질, 부주의한 운전, 과식 등)과 반복적 자살 행동, 제스처, 위협 혹은 자해 행동은 다른 측면에서 구분한다. 자기애성 성격장애는 과대 이상화와 과소평가의 극단 사이를 반복하는 것을 특징으로 하는 불안정하고 격렬한 대인관계의 양상으로 나타나며, 주체성 장애로 자기 이미지 또는 자신에 대한 느낌의 현저하고 지속적인 불안정성도 나타나게 된다. 또한 현저한 기분의 반응성으로 인한 정동의 불안정, 예를 들면 일반적으로 수 시간 동안 지속되며 단지 드물게 수일간 지속되기도 하는 격렬한 삽화적 불쾌감, 과민성 불안 등이 나타나고, 만성적인 공허감이나 부적절하게 심하게 화를 내거나 감정을 조절하지 못하는 상태, 예를 들면 자주 울화통을 터뜨리거나 늘 화를 내거나, 자주 신체적 싸움을 하기도 한다. 일시적이고 스트레스와 연관된 피해적 사고 혹은 심한 해리 증상이 동반되기도 한다. 이런 증상은 개인의 상태와 상황에 따라 다르게 작용하고 나오는데, 경계성 성격장애의 치료와 개입은 안정적이고 믿을 수 있는 관계를 통해 개선될 수 있다. 정리하면 경계성 성격장애는 본질상 자기 자신에 대한 확신과 다른 사람의 평가와 반응 사이의 갈등과 혼란이 강하게 나타나는 상태로 불안정한 대인관계, 반복적 자기파괴, 극단적 정서변화와 충동성이 대표적이다. 버림받음을 피하기 위한 처절한 노력과 불안정하고 강렬한 대인관계, 자기 자신이 어떠한 사람인지에 대한 분명한 개념이 없으며, 만성적인 공허감을 느끼고, 분노 조절에 어려움을 느끼며, 자신에게 손상을 줄 수 있는 충동성을 보인다. 또한 자해 행동을 하기도 한다.

경계성 성격장애는 핵심 증상이나 내담자의 태도에 따라 다양한 유형으로 발현된다. 위축과 충동, 분노와 자책의 상대적 방향성이 나타나기도 한다.[84] 위축은 마찰을 피하고, 만성적 우울감을 느끼며 온순하고 순종적이며, 자신에게 중요하다고 생각되는 소수의 사람에게 강

---

84 Benjamin, 『성격장애 진단 및 치료』, 166.

한 애착을 형성하는 형태로 나타난다. 또 그 대상에게 집착하며 자신의 자율성을 억제하게 된다. 이로 인해 다양한 반응으로 우울, 좌절, 절망, 무력감, 무가치함 등이 나타나고, 유아적 의존 상태에서 의존과 집착을 나타낸다. 경계성 성격장애의 주요 특징인 분노나 적개심 같은 충동의 경향을 억제하게 된다. 분노 표출은 자기 비난으로 인식함으로 자해나 자기학대 및 자살 시도 등의 자책이나 자신을 벌주는 형태로 나타나기도 한다.[85] 이와 상대되는 충동형은 변덕이 심하고 종잡을 수 없으며 다른 사람에게 애정과 관심을 받지 못하면 수단과 방법을 가리지 않게 된다. 이는 연극성 성격장애의 증상과도 유사한데, 눈에 잘 띄도록 하거나 극단적으로 쾌활해지거나 과장된 행동 등으로 주목받으려고 한다. 이런 행동은 계획적이지 않고 대안이나 결과를 고려하지 않는다. 이로 인해 무책임한 행동이 나타나고 극단적 경향을 보이게 된다. 자주 좌절과 절망을 경험하면서 자기 가치를 낮게 평가하고 회의감으로 버려졌다고 느끼기도 한다. 분노가 나타나는 분개형은 수동공격성의 증상과 유사하지만, 분노나 공격 행동이 훨씬 강력하고 빈번하다. 끊임없는 분노와 불만을 수시로 표출하며, 융통성이 없고, 고집이 세고, 무뚝뚝하다. 화를 잘 내고 비판적이며 비관적이다. 관심을 갈망하며 거부를 두려워하지만, 실상은 정반대로 나타난다. 이런 이중적 행동이 자주 나타나며, 종종 자신을 벌하는 형태의 특성이 나타나기도 한다. 이중적 태도나 행동으로 인해 큰 혼란을 경험하며 결국 자기 스스로를 벌하는 형식이 나타난다. 자신의 결함을 인정하지 못하고 자

---

85 Theodore Millon & Grossman Seth, 『중증성격장애: 치료의 이론과 실제』, 최영안·김광현 옮김, (서울: 시그마프레스, 2013), 174.

기방어적이고 수동적 태도로 다른 사람에게 의존하는 상황에 대한 분노가 커지고, 이를 감추려고 자책하며 신체에 여러 증상을 표출하게 된다. 이런 태도의 경향성은 명확히 구분되지 않는다는 경계성의 특성과 부합하며, 복합적이고 혼란스럽게 반영되고 표출된다. 이로 인해 경계성의 스펙트럼이 만들어지고, 경계성 성격장애 특성을 중심으로 병리적 현상이 두드러지고 증상이 심해지는 현상이 나타날 수 있다.

이런 증상이 나타나는 경계성 성격장애는 일반적으로 개인 심리치료로 접근하게 된다. 경계성 성격장애의 특징이 대인관계가 불안정하므로 안정적인 치료관계 형성이 어렵다. 상담사나 치료사의 반응을 자주 오해하고 공격적으로 반응하고 자살 위협을 하기도 하며, 통제하고 지배하려는 태도를 보이기도 한다. 따라서 모호한 답변보다는 명료한 답변과 일관되고 안정적 지지 태도를 통해 관계 형성을 하는 것이 우선시되어야 한다. 이런 특성은 경계성 성격장애를 이해하고 개입하는데 나타나는 혼란을 대변하는 것이기도 하다. 실제 경계성 성격장애 증상은 다양하므로 다른 증상과 명확히 구분되지 않는다. 경계성 성격장애와 유사한 증상은 기분장애나 조현형 성격장애, 연극성 성격장애, 의존성 성격장애, 자기애성 성격장애 등 주요 성격장애 특성이 다양하게 반영되어 나타나기 때문에 임상적으로 상당히 혼란스러운 경우가 많다. 가장 많이 나타나는 것은 기분장애로 우울과 조증 상태가 번갈아 나타나는 정서적 반응상태로 적응에 어려움을 나타낸다. 조현형 성격장애의 33% 정도가 경계성 성격장애와 겹친다는 연구 결과가 있을 만큼 구별이 어렵다. 이를 구별하는 것은 사회적으로 고립되어 있는지, 아니면 인간관계 영역에서 불안정한 정서와 감정을 나타내는 정도인지로 구분하기도 한다. 의존성 성격장애의 특성인 자신감 부족과 무력감은 경계성 성격장애의 특성에서 혼자서 무언가를 계획, 실행, 결정하지 못하고 사소한 일에도 다른 사람의 도움이 필요하다는 점에서 중복된다. 의존성 성격장애는 복종하고 의존함으로 관심과 애정을 지속하지만, 경계성 성격장애는 내면에는 의존적 의지가 강하지만 실제로는 의존 대상에게 분노, 적개심을 드러내는 등 역설적 행동을 표출한다는 점에서 구별된다. 같은 B군의 특성을 나타내는 연극성 성격장애는 다른 사람의 관심을 받는 것에 공통점이 있으나 연극성 성격장애는 다른 사람의 관심에 치중하고, 경계성 성격장애는 버림받을지 모른다는 공포감이 우세하다는 차이점이 있다. 자기애성 성격장애는 자신이 남보다 우월하고 특별한 존재라는 확신에서 특별한 대우를 받기를 바라고, 다른 사람을 무시하거나 비난하는 태도가 나타나지만, 경계성 성격장애는 분노로 인해 자기 파괴적 행동이나 충동적 행동을 하거나 다른 사람에게 버림받는 것에 대한 불안과 공포를 느낀다는 점에서 구별된다.

경계성은 정신에너지의 종류와 내용에 따라 나타나는데, 종류와 내용이 비순차적이고 산발적이며, 경계 작용도 스펙트럼처럼 나타나므로 가늠할 수가 없다. 다양한 에너지의 조합이 나타나고, 이를 통제하는 자아의 작용이 조절력 문제로 혼란을 일으키고 요동치게 만든다. 이는 흔들리는 배 위에서 불안해서 움직이면 더 심하게 요동치는 것처럼 파동이 강화된다. 정서적 안정구조를 만들어 스스로 다스리는 힘이 필요한데, 이런 작용이 나타나지 않는 것이 경계성이라고 할 수 있다. 어떤 것을 선택해도 만족스럽지 않으며, 원함과 기대, 그리고 현실과 이상 사이에서 혼란이 나타나 복잡해지는 상황이 연출된다. 마치 러시안룰렛처럼 방아쇠를 당겼을 때 어떤 총알이 어떤 식으로 나올지 모르기 때문에 더욱 불안이 강화되고, 이로 인해 다시 정서적인 불안이 나타나며 다양한 대극의 에너지들이 각각 제멋대로 작용하여 혼란이 증폭된다. 마치 수십 마리의 두더지 게임을 하는 것처럼 스스로 감당할 수 없는 상태가 지속되어 갈등과 혼란이 극대화되며, 이런 에너지가 내부에 머물다가 갑자기 외부로 방출되어 폭발이 일어나는 소방관의 악몽이라는 역류backdraft 현상처럼 나타나게 된다. 역류현상이란 급격한 팽창으로 인해 폭발이 일어나는 것처럼 내면에서 불꽃 없이 연기만 나면서 타는 훈소상태燻燒狀態가 지속되다가 외부 촉발사건을 통해 순간적으로 불길이 폭발하듯이 나타나는 현상을 뜻한다. 이런 상태는 외부 요인이나 촉발 인자를 예측하기가 어려워 어떤 방식으로 발화할지를 알 수 없으며, 한번 발화하면 한동안 침전상태가 유지되어 일상에서 혼란을 주게 되고 대응을 어렵게 한다.

경계성의 에너지는 정신이나 성격에 영향을 미치는 다양한 요인들이 작용한다. 이런 요인은 성격장애의 특성이나 다른 성격유형에서 제시하는 요인들이 복합되어 나타나기에 몇 개의 단위로 구조화하거나 구성할 수 없다. 이해를 위해 주요 에너지를 중심으로 정리하면, 행동, 사고, 정서, 자기와 타인, 그리고 관계 등으로 정리할 수 있으며, 이 요인들은 각각의 특성들과 조합되어 특이한 형태로 작용한다.

에너지	축소	경계	확대
행동	위축		충동
사고	부정		환상
정서	우울		경조
자기	과소		과대
타인	의존		통제
관계	눈치	에너지 반응축	지시

경계성의 주요 에너지의 종류와 내용

경계성의 에너지는 마치 러시안룰렛 총알처럼 예측하기 불가능한 상태가 지속되며, 혼란이 극대화되는 구조로 되어 있다. 촉발사건에 따라 그냥 넘어가거나 격한 환호나 환영, 그리고 극대노^{極大怒}하기도 한다. 이런 점들은 경계성 성격장애를 다루기 어렵고, 다시 경험하더라도 에너지의 소진이 많아 회피하게 하며, 이로 인해 양극의 상태가 혼란스럽게 발현되면서 균형과 통제를 상실하는 악순환의 고리에 빠지게 된다.

경계성 에너지의 발현 구조

경계성 성격장애는 극도로 혼란스러운 상태에 있는 것인데, 발달의 과업을 통해 이런 상태를 벗어나게 되면 두 개의 경향성을 따라 성장하게 된다. 두 개의 경향성은 상대적인 것으로 구분하지만 어느 한쪽에 에너지가 더 우위에 있는 것은 아니다. 오히려 두 에너지가 균형을 이루고 조절하여 통합되는 것이 건강한 균형 상태에 있는 것이라고 할 수 있다. 경계성 성격장애를 넘어서면 대인관계의 영역으로 이동하게 된다. 경계성 성격장애의 너머에 있는 에너지는 결국 대인관계에서 나타나는 안정적 태도의 이중성, 즉 두 방향성을 나타낸다. 두 방향성은 연극성과 반사회성인데, 연극성은 기대반응형으로 자신을 향하며, 반사회성은 귀책사유형으로 다른 사람이나 대상을 향한다. 자기의 책임과 상대의 책임으로 에너지가 나뉘며, 자기책임은 기대를 반영하여 자신을 변형하는 형식이나 기대 부응의 태도로 나타난다. 반면에 반사회성은 어떤 상태나 문제의 원인을 다른 대상에게 돌리는 귀인전환歸因轉換을 통해 자신을 방어하며, 다른 형태로 나타나는 것을 의미한다. 특히 반사회성은 이 책임을 사회구조나 기성세대에게 돌림으로써 개인과의 갈등이나 대면을 최소화하고, 구체적인 실체가 없는 행위를 통해 안전한 대응을 하는 것이다. 이를 통해 자기책임이나 불안을 안전하게 돌림으로써 자기를 방어할 수 있게 된다.

성격 특성		주요 특성				
경계성	연극성	자신	기대부응	수용반응	방어	혼란
	반사회성	타인	기대요구	수용요구	공격	충동

경계성 성격의 발달과 주요 특성

경계성 성격장애는 B군 특성의 기본형인 자기애성과 사회적응 특성을 나타내는 연극성과 반사회성의 중간에서 균형자로 그 역할을 한다. 경계성의 특성이 균형을 유지하지 못해서 생기는 급격한 변동성과 혼란으로 인해 널뛰기하는 것이므로, 균형을 이루는 것이 성장점이 된다. 균형을 이룬다는 것은 자기를 향한 축과 세상에 대응하는 방향의 축, 그리고 세상에 대응하는 방향의 두 축인 네 개의 축이 균형을 이루어야 하므로 상당히 정교해야 한다. 경계성을 중심으로 자기애성과 세상에 대응하는 적응성을 나타내는 태도인 연극성, 그리고 반사회성의 통합적 축이 균형을 이루며 지속되는 미세한 긴장을 수용하고 조절하면서 균형을 이루는 것이 경계성의 발달이라고 할 수 있다. 이런 점에서 경계성은 성격특성이라기보다는 자기애성과 연극성, 그리고 반사회성의 특성이 복합적으로 나타난다. 이는 실제 임상에서 경계성 성격장애의 특성을 진단에서 특이성으로 중첩되는 증상을 이해하는 데 도움이 된다. 경계성 성격장애는 경계성이라는 지렛대의 받침점으로 이해하는 것이 적절하다. 임상적으로 경계성을 성격의 받침점으로 A군과 C군의 중심으로 작용하며 B군의 성격특성을 조절하는 조절자로서 중심에 두는 것으로 이해하는 것이다.

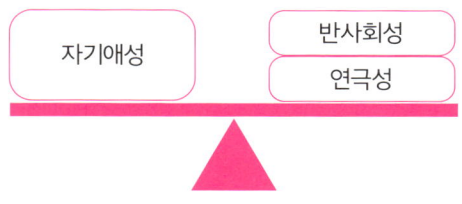

B군 성격특성의 구조 이해

이를 이해한다면, 개별 성격장애의 특성이 주는 혼란을 이해하고, 통시적이고 거시적인 관점에서 성격장애를 이해할 수 있게 된다. 이런 맥락은 성격을 증상 중심의 미시적인 개입을 넘어 발달과 성장의 측면에서 개입할 수 있는 핵심 기반이 될 수 있다. 경계성의 특성을 이해하면, 경계성 성격장애를 이해하고 가장 까다로운 성격장애라는 의미가 무엇인지를 알게 된다. 그리고 경계성 성격장애에 대한 개입을 명료하게 할 수 있다.

3. 연극성 성격장애 : HPD

연극성 성격장애$^{Histrionic\ Personality\ Disorder}$는 B군에 속하는 특성으로 자신과 다른 사람에 대한 두 방향성에서 다른 사람에 대한 방향성에 들어가는 특성을 나타낸다. 연극성 성격장애는 반사회성 성격장애의 특징과는 다르게 다른 사람의 관심이나 애정을 끌어내기 위한 과도한 노력이나 감정이 표현되고 주변의 시선을 받으려는 태도로 나타난다. 히스테리성 성격장애라고도 불리는 연극성 성격장애는 감정표현이 과장되며 주변의 시선을 받으려는 일관된 성격적 특징과 이로 인해 자신의 전반적 기능이 저하되고 주관적인 고통을 초래하는 증상으로 주로 여성에게 더 많이 나타나는 것으로 보고된다. 특히 연극성 성격장애는 해리장애나 신체화장애가 동반되는 경우가 많다. 연극성 성격장애는 다른 사람의 관심이나 주의를 끌기 위하여 무대 위의 주인공처럼 행동한다. 과장된 정서 표현, 격렬한 대인관계, 자기중심적인 태도, 사람을 교묘하게 조정하고 과다약물을 복용하여 자살을 시도하는 등의 극적인 행동을 보인다. 작은 사건에 과도하게 반응하며, 행동이나 언어 표현이 미성숙하고 허영심이 많으며 감정표현을 많이 한다. 다른 사람의 반응에 따라 쉽게 주의를 이동하여 주의가 산만해 보이기도 하며, 사람들의 관심을 끌지 못하면 불쾌해한다. 연극성 성격장애를 보이는 사람은 지나치게 요구하고 끊임없이 인정받기를 원하기 때문에 만날수록 상대방이 부담스러워하며, 갈등을 자주 유발하여 인간관계가 손상되는 경우가 많다.

연극성 성격장애는 경박스럽고 신체적 매력에 초점을 두는 유형과 신체적 증상에 관심을 두는 유형으로 나타난다. 두 가지 형태의 연극성 성격장애는 빈번하게 관찰되지만, 명확하게 진단의 기준이 된다고 할 수는 없다. 신체 증상으로 인해 고통받는 정도나 성적 유혹 정도가 매우 다르며, 두 유형의 중복도 나타난다. 이런 형태는 연극성 성격장애의 주요 특징으로 자신을 드러내기 위한 방식으로 볼 수 있다. 이런 특성은 연극성 성격장애가 반사회성 성격장애와 비교해서 자기중심성 경향이 있다고 볼 수 있다. 반사회성 성격장애를 대상, 즉 다른 사람에게 책임을 지우는 것으로 이해한다면, 연극성 성격장애는 대상에게 자신을 표현하고 드러내는 특징이 있다. 이는 성격장애 특성의 전체적인 구조에서 상대적으로 비교되는 특성을 나타내는 것으로 볼 수 있다. 연극성 성격장애나 반사회성 성격장애는 외부로 드러나는 행동적 특성이 다른 성격장애 보다 두드러진다. 연극성 성격장애의 진단은 특징이 있는 행동으로 다른 사람의 주목을 받으려는 행동, 과장된 감정 표현, 성적 태도 등이 포함된다. 신체 증상을 호소하거나 알코올 관련 문제가 동반되기도 한다. 내담자는 무의식적 방어기제로 자신의 실제 감정과 행동 동기를 깨닫지 못하는 경우가 많다. 스트레스 상황에서는 현실검증 능력에 문제가 생길 수 있고, 이러한 상황 자체를 무의식적으로 무시하는 태도를 보일 수도 있다.

DSM에서는 여러 상황에서 나타나는 5개 이상의 주요 특성이 나타나면 연극성 성격장애로 진단할 수 있다고 제시한다. 자신이 주목받지 못하는 상황을 불편하게 생각하는 것으로 다른 사람들의 관심을 받아야 한다고 생각한다. 다른 사람과의 관계에서 부적절할 정도로 성적으로 유혹적이거나 자극적인 태도를 보이게 된다. 감정표현이 자주 변화하고 피상적 표현과 관계를 하게 된다. 다른 사람의 관심을 끌고 계속해서 유지하기 위해 외모를 이용하기도 한다. 연극적 방식으로 말을 하고, 말하는 내용에 세부적 사항이 결여되어 혼란과 오해를 조장하기도 한다. 자신을 극적인 방식으로 표현하고, 연극 무대에 등장하는 배우와 같은 과장된 태도와 감정을 나타낸다. 피암시성이 높아서 다른 사람이나 환경에 쉽게 영향을 받고 기대에 반응하게 된다. 다른 사람과의 관계를 실제보다 더 친밀하게 생각하기 때문에 과도한 반응이나 태도로 혼란을 만들기도 한다. 이런 진단 기준은 여러 성격장애 특성과 중첩되는 것이 많고 다양한 상황이 있을 수 있다는 점에서 진단 기준에 해당하는 항목이 몇 개인지를 단순하게 적용하여 진단할 수는 없다. 어떤 성격적 특성을 기준으로 성격장애를 진단하기 위해서는, 단순히 성격적인 측면의 특징뿐만 아니라, 정신적인 성장배경을 이해하고, 그런 특징이 개인의 성격에 어떤 영향을 주었고, 전반적으로 나타나는지 그리고, 주어진 환경의 변화에 대한 적응력이 얼마나 손상되어 있고, 그 성격으로 인해 개인의 생활에 어떤 영향을 미치는지 등에 대한 전반적인 평가를 통해 이루어져야 한다.

연극성 성격장애는 자신의 성품이나 성격보다는 다른 사람들에게 작용하는 성격적 특성으로 나타난다. 자신보다는 상대에게 반응하거나 반응을 이끄는 특성이 작용하게 된다는 것이다. 외적으로 드러나는 성격은 다른 사람에게 불편함을 줌으로 자기중심적이라고 이해되지만,

그 내면에는 대상과 상대적 관계에서 드러나는 성격특성이라고 할 수 있다. 이로 인해 자신이 원하는 성격적 특성이나 태도가 두드러지고, 대상과 상황에 따라서 성격특성이 달라지기에 혼란을 주기도 한다. 자신이 경험하는 것은 다른 사람들의 것과 다르다고 생각하기 때문에 주관적 고통에 공감을 요구하거나 주변과 소통하기보다는 자신을 과장되게 표현하게 된다. 연극성 성격장애는 다른 성격장애 특성과 다르게 직업적 수행 능력이 뛰어나다. 다른 사람보다 탁월한 사회적 기술$^{social\ skill}$ 능력을 자기가 관심 대상이 되도록 다른 사람을 조종하는 데 사용한다. 개인의 사회적 관계와 사적 관계에서 나타나는 작용을 구분하기 어렵고, 사적 관계에서 친밀한 관계가 끝나면 임상적으로 우울한 상태가 나타나기도 한다. 이런 경우 즐거울 때는 즐거움으로 슬플 때는 슬픈 대로 자신의 마음을 드러내고, 그것을 다른 사람에게 반영하면서 자신을 보게 된다. 연극성 성격장애는 자신을 드러내는 데 집중하여 자신의 상황을 현실적으로 바라보지 못하며, 자신의 어려움이나 정서를 과장하거나 극적인 모습으로 드러내 인정받기를 원한다. 다른 사람들은 연극성 성격장애를 경험하면서 회피하게 되고 관계에 어려움을 호소하게 된다. 이런 상황을 현실적으로 바라보지 못하고, 다른 사람들이 회피하는 상황에서 쉽게 질리거나 좌절을 직면하지 않기 때문에 이직을 쉽게 할 수 있고, 수시로 자신을 변화시켜 다른 형태의 모습을 드러낼 수 있다. 참신한 것이나 흥분되는 것에 열광하여 위험한 상황에 빠지게 될 수 있으며 위기를 만들어 낼 수 있다. 연극성 성격장애의 특성은 종종 반사회성 성격장애와 중첩되는 특성이 나타나므로 혼란을 준다. 이는 두 장애가 유사성을 가지고 있다는 것을 의미한다.

연극성의 특성은 일반적으로 경험되는 B군의 특성 외에도 자기 자신을 방어하면서 외부의 기대에 부응하는 방식으로 나타남으로 혼란을 줄 수 있다. 연극 무대의 주인공이 선하고 긍정적 인물만 있는 것이 아니므로 단순히 포장의 형태로 설명되지는 않는다. 물론 부정적이고 공감적이지 않으며 냉담한 경우에는 일반적으로 반사회성의 특성으로 이해하지만, 연극성은 종종 사회와 자신이 속한 집단의 기대를 반영하므로 여러 특성으로 반영될 수 있다. 이에 연극성 성격을 단순히 포장된 외적 상태로만 볼 것이 아니라 주변의 기대가 무엇인지 그리고 그것을 어떻게 반영하는지를 충분히 관찰하고 탐색해야 한다. 연극성은 다른 사람에게 보이는 부분을 부각하므로 이중성이 강하게 나타날 수 있다. 이런 점에서 경계성의 특성이 엿보이면서 혼란을 주기도 한다. 연극성의 이중적 특성은 일반적인 대인관계를 넘어서 가까운 사람과의 관계에서는 전혀 다른 방식으로 나타날 수 있다. 이는 연극 무대에서 쏟은 열정으로 인해 생긴 공허감이나 결핍을 보상받으려는 것으로 나타나기도 하는데, 이로 인해 무대 뒷면의 적나라한 모습이 드러나기도 한다. 이런 점에서 주변 사람들은 다른 성격장애보다 더 큰 어려움을 겪게 되는데, 다른 사람들은 이를 잘 알지 못하기 때문이다. 이중인격적인 태도가 나타나는데, 연극성 이면의 다른 인격은 반사회성의 주요 특성들을 내포할 수 있다. 결국 연극성과 반사회성은 동전의 양면처럼 밀접하게 연계되어 작용하게 되며, 냉담성이나 무감각과 무정서 등이 나타나기도 한다. 이런 특성이 공격성으로 나타나면 반사회성이 되지만, 자기방어적인 연극성으로 반영되면 거짓 눈물이나 남들에게 보여주기 위한 태도를 나타내는 자기기만이나 기망행위欺罔行爲를 하게 된다. 이런 태도는 연극성의 특성으로 순간 다른 캐릭터를 연기하고 망각하는 이원화된 태도를 나타내 양극성이나 조현병의 증상의 조짐을 보이기도 한다. 연극성 성격장애는 자신의 성격특성이나 욕구를 내면에 두고, 사회에 적응하기 위한 방식으로 자신을 변형시켜 적응하는 특성이 있다. 이로 인해 자신이 참여하는 단체나 사회의 특성에 따라 자신을 카멜레온처럼 다르게 포장하여 나타내거나 반응한다. 만나는 사람마다 다르게 인식하기 때문에 다양한 색의 깃털을 가진 팔색조처럼 화려하고 주목받기를 원한다. 하지만 이런 외적 태도와는 다르게 내면에서는 정서적 고갈이 나타나고, 외로움으로 몸서리치면서 그로 인해 다른 사람을 지배하거나 통제하려는 경계성으로 퇴행하거나 자기애성이 복합적으로 나타나 자신에 대한 찬사를 기대하거나 강요함으로써 다시 고립되는 악순환이 나타날 수 있다.

4. 반사회성 성격장애 : ASPD

반사회성 성격장애$^{Antisocial\ Personality\ Disorder}$는 사회의 질서와 권위에 대해 적대적 감정이 있거나 규율을 어기는 등 다른 사람의 권리를 무시하는 무책임한 태도가 반복적으로 나타난다. 반사회성 성격장애는 불가항력적 충동이 자주 나타나는데, 이것이 마치 자신의 한계를 넘어서는 것으로 인식하는데, 실제는 모든 행동의 책임은 자신에게 있다. 반사회성 성격장애는 도덕, 사회규범, 다른 사람의 권리와 감정에 대해 만성화되고 지속적인 무시$^{pervasive\ and\ persistent\ disregard}$로 나타난다. 반사회성 성격장애는 자신의 이익이나 즐거움을 위하여 해로운 방식으로 타인을 이용하는 데에 있어 거리낌이 없고, 종종 다른 사람을 조종하거나 기만하게 된다. 일부는 피상적 매력$^{superficial\ charm}$의 가면적 태도를 나타내지만, 일부는 협박과 폭력을 이용하기도 한다. 오만함을 보이거나, 다른 사람을 낮춰서 부정적으로 생각하거나, 해를 끼치는 행동에 대한 자책감이 부족하거나, 해를 입은 이에게 냉담한 태도를 보인다. 무책임하여 사회적 의무와 재정상의 의무를 수행하고 안정적인 고용 상태를 유지하려 하지만, 이들은 착취적이거나 위법적인 혹은 기생적인 삶을 살아간다. 반사회성 성격장애는 결과적으로 다른 사람의 권리를 무시하거나 침범하는 무책임한 태도가 반복적으로 지속된다. 이는 반복적인 일탈 행위나 범죄 행위, 또는 거짓말, 사기성, 공격성, 무책임함 등을 보인다. 반사회성 성격장애의 사람은 자신이나 다른 사람에게 일어날 결과를 고려하지 않고 후회나 죄책감의 감정을 전혀 느끼지 않은 채 본인이 원하는 것을 얻으려고 한다. 사회에 대해 저항하지만, 사회의 규칙과 규율에 관심이나 걱정도 전혀 없고, 자신의 이익이나 판단에 따라 행동하게 된다. 이는 사기를 일삼고, 다른 사람에게 피해를 주고도 불편함이나 양심의 가책을 느끼지 못한다. 사회적으로나 가정적으로 자기가 맡은 역할수행을 하지 못하며, 성실, 정직, 신뢰 등과는 거리가 멀다. 반사회적 성격장애는 말도 잘해 다른 사람을 매혹하거나 착취하기도 한다. 대부분 다른 사람의 감정이나 정서에 관심이 없지만, 다른 사람의 고통에서 즐거움을 얻는 가학적인 경우도 있다. 이런 경우에는 다른 사람의 고통을 정서적으로 느끼고 경험하기 때문에 다른 사람의 감정이나 정서에 관심이 있다고 착각하기도 한다.

반사회성 성격장애의 진단은 결과와 다른 사람의 권리를 무시하며 자신이 원하는 것을 얻기 위해 기만이나 조작을 하는 점과 같은 증상에 근거한다. 반사회적 성격장애는 개인적 이득이나 쾌락을 위해 후회의 감정 없이 불법적, 기만적, 착취적이며 무모한 행위를 할 수 있다. DSM-5의 진단 기준은 군집으로 4개의 단위로 구분된다. 기본적으로 진단 당시 최소 만 18세 이상이어야 하며, 만 15세 이전에 DSM 진단 기준에 따른 품행장애가 시작되었다는 증거가 있어야 하며, 반사회적 행동이 조현병이나 양극성 장애의 경과 중에만 발생한 것은 아니어야 한다는 조건을 전제로 15세 이후에 시작되고 다른 사람의 권리를 무시하고 침해하는 행동 양상을 보이는 3가지 이상의 항목에 해당하는 것이다. 이에 해당하는 구체적인 행동 양식은 7가지로 구분되는데, 반복적인 범법행위로 체포되는 등 법률적, 사회적 규범을 따르지 않는다. 거짓말을 반복하거나 가명을 사용하거나 자신의 이익이나 쾌락을 위해 다른 사람을 속이는 사기성이 있다. 충동적이거나, 미리 계획을 세우지 않고 행동한다. 쉽게 흥분하고 공격적이어서 신체적인 싸움이나 다른 사람을 공격하는 일이 반복된다. 자신이나 다른 사람의 안전을 무모하게 무시한다. 시종일관 무책임하다. 예를 들면 일정한 직업을 꾸준히 유지하지 못하거나 당연히 해야 할 재정적 책임을 다하지 못한다. 다른 사람에게 해를 입히거나 학대하거나, 또는 물건을 훔치는 것도 아무렇지도 않게 느끼거나 합리화하는 등 양심의 가책을 느끼지 않는 것으로 정리할 수 있다.

다른 정신질환을 치료할 때는 반사회적 성격장애 여부를 확인해야 한다. 피상적으로는 후회, 반성, 치료자에 대한 찬사를 늘어놓아 현혹하게도 하지만, 치료과정을 망가뜨릴 수도 있기 때문이다. 군대나 교도소 등의 제한된 환경에서는 내면의 우울감이나 자기성찰이 드러나기도 하며, 동료들과 어울리며 자신의 문제를 직면하면서 변화된 행동을 보이기도 한다. 반사회적 성격장애자 중 일부는 상담자와 성공적 치료 동맹 관계를 맺고 호전되어, 경쟁적 직종에서 성공을 거두기도 한다. 반사회성 성격장애의 치료는 양심, 죄책감, 후회를 유발하기보다는 친사회적 행동을 통해 얻을 수 있는 장기적 이익과 물질적 가치에 초점을 두는 것이 효과적이다. 반사회적 성격장애는 아동기의 품행장애 증상이 나타나는데, 특히 10대 이전에 복합적 비행을 보이기 시작하면 반사회성 성격장애로 이어질 가능성이 크다. 나이가 들면서 파괴적인 행동이 줄어들기도 하지만, 건강염려증이나 우울증을 호소하기도 한다. 치료시설보다는 교도소 등 교화시설에 수감하기도 한다. 간혹 특유의 공격성과 냉혹함으로 사회적 성공을 이루기도 하지만, 충동성과 무모함으로 인해 지속적인 사회적 성공은 어렵게 된다. 마약 같은 물질 관련 장애, 충동조절장애가 동반될 가능성이 크다. 또한 다른 진단과 비교하여 반사회성 성격장애의 진단 기준에 부합하는지를 결정하는 것은 신중해야 한다. 환자 본인뿐 아니라 관련된 사람들의 이야기를 듣고 행동 유형과 특성을 정확히 파악해야 한다. 반사회성 성격장애는 다른 성격장애의 특성들과 중첩되는 것들이 많아서 감별하기가 어렵다. 일반적으로 자기애성 성격장애와 감별진단이 어렵거나, 두 진단 기준을 동시에 만족하기도 한다. 각각의 성격장애는 모두 다른 사람에 대한 공감 결여와 착취, 사기성 등을 보일 수 있다. 특히 자기애성 성격장애는 주로 다른 사람에 대한 우월감과 자신의 존귀함, 혹은 지위 상승과 성공에 대한 욕구로 이런 행동 양식을 보인다. 반사회적 성격장애는 주로 물질적 이익에 대한 욕구 충족을 위해 이런 행태를 보이며, 충동성, 무모함, 무책임함을 보이는 경향이 크다. 두 성격장애는 본질상 거의 유사한 병리이지만, 서로 다른 발현양식을 갖는다고 이해되기 때문이다. 최근 자주 언급되는 사이코패스psychopath, 소시오패스sociopath 등의 용어는 공식적 진단명은 아니지만, 반사회적 성격장애의 특징으로 나타난다.

반사회성 성격장애는 자기 행동을 정당화하거나 합리화한다. 논리적으로 상당히 취약하지만 나름의 타당성을 가지고 있다고 여겨지기도 한다. 하지만 자기 논리에는 사람에 관심이 없이 무미건조한 수준에서 자기중심적이고 주관적 논리로부터 냉정하게 인식하고 경험하게 된다. 반사회성 성격장애의 피해자가 오히려 어리석거나 무력하다고 비난하고, 자신의 행동이 다른 사람에게 미치는 영향이 착취적이며 유해하다는 것을 예측하거나 무감각해진다. 다른 사람의 권리와 감정, 그리고 법을 냉담하게 무시함으로써 문제를 만들고 사회적인 논란을 유발하게 된다. 충동적 행동(충동성)이 나타나는데, 반사회적 성격장애는 대체로 충동적이며, 미리 계획을 세우고 자신과 다른 사람에게 일어날 결과와 그 영향을 고려하지 않는다. 결국 행동의 결과에 따라 어떤 계획도 없이 갑자기 거주지, 관계, 직업을 바꾸기도 한다. 과속, 폭주, 음주 등 위협적인 운전을 하거나 다른 사람을 위협하기도 한다. 과음하거나 해로운 영향을 줄 수 있는 불법 약물이나 마약을 투여하기도 한다.

반사회성 성격장애 성향은 충동적이고 무모하며 사고의 결여나 행동의 결과를 무시하는 경향이 있다. 자기 자신의 안전은 물론 다른 사람의 안전에 대해서도 반복적으로 무시하거나 위협하며, 자신과 다른 사람을 위험에 처하게 할 수 있다. 분노 조절 능력이 저하되어 있어 종종 공격적이고 호전적이며, 화를 유발하거나 기를 꺾으려는 언행과 행동으로 상대를 마구 몰아세울 수도 있다. 이들은 약물남용[substance abuse]과 중독[addiction]에 빠지기 쉬우며, 향정신성약물[psychoactive substances]의 남용도 흔히 보인다. 반사회성 성격장애는 대인관계에서 심각한 문제가 종종 나타나는데, 애착[attachments]과 정서유대[emotional bonds] 형성이 빈약하고, 다른 사람을 착취하거나 이용하기만 하는 위주의 대인관계 유형을 보인다. 이들은 관계 지속이 어렵고 일부는 새로운 관계를 맺는 데 어려움을 겪는다.

때로는 범죄 행위를 저지르기도 한다. 반사회적 성격장애가 있는 사람은 대개 쉽게 화를 내며 신체적으로 공격적인 태도를 보이기도 한다. 종종 충동 제어를 하지 못하고, 자신의 행동이 다른 사람에게 미치는 영향을 분간하지 못한다. 반사회적인 성향으로 인해 나타나는 다양한 태도는 일반인보다 수명이 짧다고 보고되기도 한다. 자기의 행동을 후회하거나 죄책감을 느끼지 않는다. 자기에게 상처를 준 사람들을 비난하거나 삶의 방식을 비난함으로써 자신의 행동을 합리화할 수 있다. 이들은 다른 사람에게 휘둘리지 않고 어떤 대가를 치르더라도 그 선택이 자신에게 최선이라고 생각하려는 점이 확고하다. 이런 태도는 다른 사람에 대한 불신에서 기인한 것으로 볼 수 있다. 반사회적 성격장애는 다른 사람에 대한 공감 능력이 떨어지며 다른 사람의 감정, 권리, 괴로움을 무시하거나 업신여기기도 한다. 무책임한 것이 주요 특성으로 나타나기도 하는데, 반사회적 성격장애는 특히 사회적, 경제적으로 무책임하다. 이는 취업 기회가 있어도 하지 않거나 공과금 등 사회생활에 필수적인 부분도 무시하여 채무불이행 등의 상태에 놓이는 경우도 많다. 고속도로 통행료 같은 요금을 무시하거나 대포차를 몰거나 책임보험 가입 등 필수적 보호장치도 하지 않아서 다른 사람을 고통에 빠뜨리기도 한다. 자녀 양육비와 생활비를 부담하지 않기도 하고, 다양한 사회비용이나 자신의 생활비를 다른 사람에게 전가하거나 쉽게 떼어먹기도 한다. 이런 무책임한 태도에도 자기 자신을 높게 평가하고, 매우 독단적이고, 자기 과신이 심하며, 오만한 태도를 보이기도 한다. 자신이 원하는 것을 얻기 위해 노력하는 모습을 매력적으로 어필하며, 그럴듯한 논리와 언변으로 다른 삶을 쉽게 유혹하거나 설득시키기도 한다. 반사회성 성격장애는 치료적 개입이 상당히 어려운데, 관계에 대한 저항이 기본이 되기 때문이다. 나아가 치료적 시도도 개선으로 이어지기보다는 명분에 불과하거나 면죄부를 얻기 위한 수단으로 악용되기도 한다.

7장

A군 성격장애의 구성과 특징

1. 편집성 성격장애 : PPD

편집성 성격장애$^{\text{Paranoid Personality Disorder}}$는 일반적으로 다른 사람의 행동을 계획적인 요구나 위협으로 인식하여 지속해서 의심하고 불신하는 성격 성향이다. 다른 사람에 대한 불신과 의심으로 다른 사람의 행동이나 의도를 적대적인 것으로 인식하는 것을 말한다. 다른 사람이 자신을 관찰하거나 기만하고 있다는 의심을 끊임없이 하며, 다른 사람의 순수한 행동이나 말에 대해서도 좋지 않은 의도가 있는 것으로 해석한다. 자기의 말이나 행동 등이 불리하게 작용할 수 있다는 두려움으로 인해 다른 사람과 가까워지려고 하지 않으며, 다른 사람과의 관계에서 조심스럽고 치밀하며 비밀이 많게 된다. 다른 사람에 대한 불신이 깊어 혼자 일 처리하려는 경향이 나타나며 다른 사람을 조정하고 지배하려고 한다. 자신에 대한 모욕이나 경멸을 용서하지 않으며, 사소한 충돌에도 공격성을 보이며 적개심과 함께 집요함을 보이게 된다. 자신만의 원칙과 기준이 뚜렷해서 다른 사람의 동기나 태도를 부정적인 측면으로 편향되게 해석하고 선의도 의심함으로써 불편하게 만들 수 있다. 정서적으로 메말라 있으며, 감정이 부족하고 타협할 줄 모른다. 자신이 설정한 구도에 맞게 인식하고 다른 사람이나 상황도 그 구도에 맞지 반영되어야만 한다. 그렇지 않으면 분노하게 되고 갈등이 증폭되어 분노를 일으키고 소송을 벌이기도 한다.

편집성 성격장애는 A군의 기본 특성으로 설명할 수 있다. 편집성의 특성은 자신만의 논리 체계를 가진다는 것이다. 이 논리가 균형을 잃게 되면서 편협해지고, 확증 편향적 태도를 보이며 집요함이 나타나 병리적 특성을 나타내는 것이라고 할 수 있다. 편집성은 논리적이고 사고적이며 합리적 경향성을 토대로 미시적^{microscopic} 현상에 집중하는 것이다. 이런 특성으로 인해 다른 사람들이 보지 못하는 것이나 미세한 것에 집착하게 되고, 그에 대해 불편한 마음을 나타내며 상호작용이나 의사소통에 문제가 생길 수 있는 것이다. 이런 점으로 인해 A군을 기괴한 성격으로 설명하지만, 다른 측면에서 보자면 A군은 특색있는 고유한 성격이라고 이해할 수 있다. 특히 편집성 성격장애에 나타나는 특성으로 자신만의 인식과 방식으로 외부의 상황과 환경을 자신의 주관적 인식체계에 맞게 분석하고 반영하는 것이다. 이는 객관적 사실이나 검증을 거치지 않거나, 만일 검증하더라도 자기 인식의 기반에서 진행하므로 편향된 체계를 가질 수 있다. 하지만 이런 방식은 오히려 자기 생각이나 인식 및 주장을 강화하고 이를 다른 사람에게 강요함으로써 대인관계에 어려움을 나타내게 된다.

편집성 성격장애는 자신의 악의에 찬 동기를 다른 사람의 것이라고 돌리고는 주변 사람과 상황에 대한 자기의 선입관을 확인하려고 한다. 이때 선입관은 대부분 부정적인 것으로, 이는 자신과 다른 사람을 괴롭히기에 병리적으로 인식된다. 편집성 성격장애는 비현실적이면서도 현실적이라고 느끼거나 현실 가능성이 있는 과대 환상을 보여주기도 하는데, 이는 실존적 차원에서 충분히 가능한 것들을 반영하기 때문이다. 이 과대 환상은 권력이나 계급 등과도 연관이 있으며, 다른 사람, 특히 자신과 다른 집단의 사람을 부정적으로 보는 경향이 있다. 때로는 자신의 기준에서 다른 사람을 강하게 규정하거나 경계 지으면서 확정적으로 단정짓기도 한다. 자기만의 인식과 공식으로 세상을 판단하기 때문에 애매한 상황에는 신중하게 대처하는 것처럼 보이기도 하지만, 한번 확증하면 어떤 방식으로든 수용하거나 다른 가능성을 염두에 두지 않기도 한다. 이로 인해 광신자나 사이비 신흥 종교를 추종하기도 하며, 편집증적 믿음을 공유하는 사람끼리 집단을 만들기도 한다. 편집성 성격장애는 스트레스 상황이 되면 아주 집요해지며 다른 가능성은 염두에 두지 않고 자신이 믿는 것을 확증하려는 증상이 두드러지기도 한다. 이런 상황이 지속되면 심한 병리 증상이 되기도 한다.

DSM-5의 기준에 부합되면 편집성 성격장애를 의심해 볼 수 있으나, 정확한 진단은 다양한 상황을 고려하여 평가해야 한다. 크게는 두 개의 축으로 구분하여 증상을 볼 수 있는데, 기본 전제는 조현병, 정신증 양상이 있는 기분장애 또는 기타 정신장애의 경과 중에만 나타나는 것이 아니고, 일반적인 의학적 상태의 직접적인 생리적 효과에 의한 것이 아니라는 것이다. 이를 기반으로 다른 사람의 동기를 악의적으로 해석하는 것과 같은 광범위한 불신과 의심이 성인기 초기에 시작되어 다양한 상황에서 4가지 이상의 항목으로 나타난다. 자가 진단은 불가능하고 전문가가 진단 항목을 근거로 제시해도 이를 무시하며 현실 도피를 하기도 한다. 주요 증상으로는 충분한 근거 없이도 다른 사람들이 자신을 착취하고 해를 주거나 속인다고 의심한다. 친구나 동료의 성실성이나 신용에 대한 부당한 의심에 집착한다. 정보가 자신에게 악의적으로 사용될 것이라는 확인되지 않은 두려움으로 터놓고 얘기하기를 꺼린다. 온정적인 말이나 사건을 자기에 대한 폄훼나 위협적 의미가 감추어진 것으로 해석한다. 지속적인 원한을 품으며, 모욕, 상해, 경멸을 용서하지 않는 경향이 두드러진다. 삼자에게는 그렇게 보이지 않는 행동이나 상황도 자신의 성격이나 평판에 대한 공격으로 여기고 즉각적으로 화를 내며 대응하거나 반격한다. 정당한 이유 없이 배우자나 성적 파트너의 정절에 대해 반복적으로 의심한다. 이런 증상들이 4가지 이상의 증상이 지속해서 나타나면 편집성 성격장애로 진단할 수 있다. 하지만 진단 기준에 따른 면담과 임상 심리검사를 통해 전문가가 임상적으로 판단하게 되며, 진단을 내리기 전에 감별진단의 과정을 거쳐야 한다. 망상성 장애, 피해형, 조현병, 망상형, 그리고 정신증적 양상이 있는 기분장애는 모두 일정 기간 지속되는 정신증적 증상(예: 망상과 환청)이 특징이라는 점에 의해 편집성 성격장애와 구별될 수 있다. 편집성 성격장애 진단을 추가하려면 성격장애가 정신증적 증상이 발병하기 전에 존재했어야 하고 정신증적 증상이 호전된 뒤에도 남아 있어야 한다.

이런 진단에서 주의해야 하는 것은 편집성 성격장애는 일반적 의학적 상태로 인한 변화와 구별해야 하는데, 의학적 상태로 인한 변화는 중추신경계와 관련된 질병이나 증상 때문에 생기는 것이다. 또한 만성적 물질 사용에 의한 증상(예: 달리 분류되지 않는 코카인 관련 장애)과 구별해야 한다. 그리고 신체장애와 연관된 편집성 특성을 잘 살펴야 한다. 다른 성격장애가 편집성 성격장애와 동일하거나 유사한 증상을 공유하고 있기에 혼동될 수 있다. 그러므로 특징적 양상의 차이에 의한 구별이 중요하다. 이는 성격장애에 대한 개입을 위해서 중요하기 때문이다. 이에 내담자에게 나타나는 일상적인 성격장애의 특성이 전반적으로 어떻게 나타나는지를 살펴야 한다. 편집성 성격장애라고 진단이 되어도 다른 성격장애의 기준과 특성에 맞는 양상을 지니고 있다면 추가해서 진단할 수 있다. 편집성 성격장애와 조현형 성격장애는 의심, 대인관계의 고립, 그리고 편집성 사고와 같은 특성을 공유하지만, 조현형 성격장애는 마술적 사고, 이상한 지각 경험, 그리고 괴이한 사고와 말 같은 증상을 추가로 가지고 있기 때문이다. 조현성 성격장애의 기준에 맞는 행동을 하는 개인은 흔히 낯설고, 엉뚱하고, 냉담하고 동떨어져 보이는데, 대개 뚜렷한 편집성 사고는 지니고 있지 않다. 편집성 성격장애는 사소한 자극에도 분노로 반응하는 경향이 있는데, 이는 경계성과 연극성 성격장애에서도 나타난다. 이런 장애는 편집성 성격장애와는 달리 광범위한 의심을 하지 않는다는 특성으로 구별된다. 회피성 성격장애도 다른 사람을 신뢰하지 않는데, 이때는 편집성 성격장애가 인식하는 다른 사람의 악의에 찬 의도를 의심하기보다는 자신이 당황하고 있다는 사실과 부적합함이 드러나는 것이 두려워서 그러는 것이다. 반사회성 행동을 편집성 성격장애에서도 일부 나타나지만, 반사회성 성격장애에서처럼 개인의 이득을 위해 다른 사람을 착취하기 위한 욕구가 아니라 편집성 성격장애에서는 오히려 복수하려는 욕구에서 나온다. 자기애성 성격장애에서도 가끔 의심이나, 사회적 위축, 혹은 고립을 보일 수 있지만, 이런 행동은 일차적으로 불완전함이나 결점이 나타나는 두려움으로 인해 일어나는 특징이 있다. 결국 증상을 중심으로 이해하기보다 그 이면이나 중심에서 작용하는 에너지를 이해해야 한다.

편집성 특성이 생존의 위기나 위협적 상황이나 환경에서는 오히려 적응적일 수도 있다. 불안으로 인해 흔들리거나 위기를 자초하기보다는 꿋꿋하게 자기중심성을 가지기 때문에 손해를 볼 수도 있지만, 문제 해결에 도움이 되기도 한다. 편집성 성격장애의 경직되고 부적응적이고, 지속적이고, 심각한 기능 장애와 같이 주관적인 고통을 초래하는 특성이 힘을 발휘하게 되는 것이다.

편집성 성격장애의 치료는 무엇보다 자기 스스로 치료의 필요성을 받아들이고 치료를 시작하는 것이 가장 힘든 일이다. 편집 성향으로 인해 다른 사람의 의도를 신뢰하지 못하며, 심지어 상담사나 치료사도 불순한 의도를 가진 세력으로 간주하기 때문이다. 결국 편집성 성격장애의 핵심은 도움을 받는 데 걸림돌이 되는 불신과 의심을 어떻게 융통성 있게 다룰 것인가에 있다. 자조 모임이나 지지 그룹이 도움이 될 수 있는데, 함께 사는 가족이나 친구에게 어떻게 살아야 하고 돌봐야 하는지를 가르쳐 줄 수 있다. 하지만 이 경우에도 지속적인 의심으로 돌봄을 주거나 지지하는 주변 사람들이 소진되는 경우가 많아 실패하기도 한다. 특유의 의심과 불신으로 스스로 치료를 받으려고 하지 않으며, 다른 사람의 권유에도 의심을 그치지 않기 때문에 개입이 어렵다. 특정 발달상의 왜곡이나 위기가 오히려 도움받을 기회가 되기도 하지만, 대부분 이혼과 같은 법적 분쟁이나 명령으로 전문적 도움을 구하게 되는 경우가 적지 않다.

편집성은 조현 특성으로 반영되어 발달할 수 있는데, 이때의 두 방향성이 작용하게 된다. 조현 특성은 조현성과 조현형의 방향성을 갖는데, 이는 내향과 외향의 특성과 상당히 유사하다. 다른 측면에서는 자기와 대상이라는 축으로도 만나게 된다. 편집성의 두 방향성은 조현형과 조현성의 특징을 따라 구조화된다. 조현형은 외향성을 가지고 있으며, 다른 사람에게 허풍과 허세를 부리면서 인정받아야 하므로, 팽창과 기만이 나타난다. 또한 현실적인 문제에서 회피가 나타나 무책임한 모습이 나타나기도 한다. 이와 반대로 조현성은 내면을 향하며 자기만족을 추구하므로 다른 사람의 인정이나 상호관계에 무신경하다. 이는 자기만족을 위한 집착이 생기고 위축이 되며 강박적인 태도를 기반으로 하게 된다. 이런 두 방향성은 조현 특성을 나타내는 두 축으로 작용하게 된다.

성격 특성		주요 특성				
편집성	조현형	외부	타인반응	팽창	기만	회피
	조현성	자신	자기만족	위축	집착	강박

편집성 성격의 발달과 주요 특성

2. 조현성 성격장애 : ScPD

조현성 성격장애^{Schizoid Personality Disorder}는 사회적 관계에 관심 결여, 혼자 지내려는 경향, 내향성, 감정적인 냉담함 등이 특징인 성격장애로 친밀한 관계 형성에 관심이 없고(사회적 무관심) 감정표현이 부족하고 (정서 표현 제한, 정서적 냉담, 둔마된 정동) 그저 혼자 있기를 원하여 사회적 부적응이 초래되는 성격을 특성으로 한다. 성인 초기부터 다양한 형태의 사회적 관계를 맺지 않고, 대인관계에서 감정표현이 전반적으로 부족한 패턴이 여러 상황에서 반복되어 나타난다.

조현성 성격장애는 성인 초기부터 친밀함에 대한 욕구가 부족하고, 이러한 관계를 만들 기회에 무관심하며, 가족이나 다른 사회 집단의 일원이 되는 것에서 오는 만족감을 느끼지 못한다. 다른 사람과 같이 지내는 것보다는 혼자서 지내는 것을 더 좋아하며, 다른 사람과 함께 하는 활동보다는 혼자서 하는 활동이나 취미를 갖는다. 다른 사람과의 성적^{sexual} 관계에도 관심이 거의 없고, 즐기는 활동도 거의 없다. 또한 대부분 일차 친족들 외에 친한 친구들이나 지인들이 없다. 조현성 성격장애는 다른 사람의 칭찬이나 비난에도 관심이 없으며, 다른 사람들이 자신을 어떻게 생각하는지에 대해 거의 관심이 없다. 사회적 관계의 정상적인 미묘한 차이를 잘 알아차리지 못하고, 사회적인 상황에 적절하게 반응하지 못하여 사회적으로 서투르고 피상적이며 자신에게만 몰두하는 자폐적인 사람처럼 보인다. 눈에 띄는 감정적인 반응이나 눈빛, 미소, 고갯짓, 표정 변화 같은 사회적 상호작용을 보이지 않는다.

다른 사람과의 관계로부터 어떤 의미(만족감, 따뜻함, 편안함)를 얻기보다는 공허하게만 느낀다. 혼자 일하는 직업을 선택하고, 홀로 거주하며, 이성 교제를 꺼리게 된다. 때로는 상당히 회피적이지만 이성 교제는 가능하다. 하지만 진정한 친구 관계를 갖기는 어렵다. 사람들과 함께 하는 직업을 갖기 어려우며 대인관계를 요구하는 일은 잘 해내지 못하지만 혼자서 하는 일에서는 능력을 발휘하기도 한다. 배우자가 부부치료에 참여할 수 있지만, 그런 것 자체를 이해하지 못하기도 한다. 주변 사람들은 사회적 상황에서 어색하고 거리를 두며 격식을 차리고 냉담하고 무관심하며 감정이 메말라 있다고 평가하기도 한다. 또한 사회적 단서에 집중하지 않기 때문에 사회적 상호작용, 정서적 반응의 미묘함을 파악하는 감각은 거의 갖고 있지 않거나 약하다.

자신의 감정을 표현하지 않으며 인간관계가 매우 빈약하고, 사회적으로나 정서적으로 고립되어 있으며 단조롭고 메마른 삶을 살아가는 경향이 있어 인생의 목표가 없는 사람처럼 보이고, 무기력하거나 표류하는 사람처럼 보이기도 한다. 사회에서 활동하는 사회화가 되어 있어도 사교적이지는 않으며, 자기 역할은 적절히 수행하지만, 성에 관심이 없으며 진심에서 우러난 사회적인 유대감을 갖지 않는다. 이런 점으로 대인관계가 상당히 제약되어 있다. 일반적인 칭찬이나 비난과 같은 사회적인 보상물에 영향을 받지 않으며, 강한 스트레스를 받으면, 단기간 망상장애나 분열증으로 발전되기도 한다. 흔히 우울증이 동반되고, 분열형, 편집성, 회피성 성격장애 요소를 함께 나타내기도 한다. 다른 사람에 대한 두려움이나 소망이 없다. 사회적인 자각과 기술의 발달이 부족하지만, 사회적으로 필요한 도구적 기술을 가지고 있으며, 공식적 사회적 역할(부모, 상사, 직원 등)에 상응하는 기대를 충족하기도 한다. 결혼은 할 수 있으나 친밀함을 발달시키지는 않으며, 환상에 적극적으로 몰입하지만, 그 환상이 반드시 기이한 것은 아니다.

DSM-5의 진단 기준에 따르면 조현병, 정신병적 양상을 동반한 기분장애, 기타 정신병적 장애 혹은 자폐스펙트럼 장애의 경과 중에 발생한 것은 조현성 성격장애로 진단하지 않으며, 다른 의학적 상태의 생리적 효과로 인한 것이 아닌 경우에만 진단 기준에 따라 진단한다. 다양한 형태의 사회적 유대로부터 반복적으로 유리되고, 대인관계에서 제한된 범위의 감정표현이 전반적으로 나타나며, 이러한 양상이 성인기 초기에 시작되며 여러 상황에서 나타나고 4가지 이상의 주요 증상이 나타날 때 진단한다. 가족을 포함해서 친밀한 관계를 바라지도 않고 즐기지도 않는다. 항상 혼자서 하는 행위를 선택한다. 다른 사람과의 성적 경험에 관심이 거의 없다. 거의 모든 분야에서 즐거움을 취하려 하지 않는다. 일차 가족 이외의 친한 친구가 없다. 다른 사람의 칭찬이나 비난에 무관심하다. 감정적 냉담, 유리 혹은 단조로운 정동의 표현을 보인다.

조현성 성격장애의 치료는 자신이 사회적 고립을 원하고 스스로 그런 상태를 편하게 느끼는 경우가 많아서 환자 자신은 치료의 필요성을 거의 느끼지 않는 경우가 많다. 치료 목표는 적절한 감정표현, 사회적 고립감에서 탈피, 사회적 상황에 효과적으로 적응하도록 돕는 것으로 치료관계 형성에 초점을 두어야 한다. 나아가 자신의 성격특성이 개인적, 사회적으로 어떤 문제를 나타낼 수 있는지 자각하도록 해야 한다. 자기 개방과 치료적 동기를 유도할 수 있어야 하고, 이를 위해 인내심을 가지고 장기적인 치료적 동맹 관계를 유지해야 할 필요가 있다. 자신에게 적합한 직업, 즉 다른 사람과 최소한의 상호작용을 하는 업무를 선택하도록 도와주어야 한다. 정서적이거나 개입적 치료가 아니라 과제 제시형 접근이 성공적이며, 치료 목표를 강요하지 않는 것이 중요하다. 조현성 성격장애는 사회적 참여에 대한 정도가 증가하지는 않더라도, 치료를 통해 다른 사람과 의사소통하거나 사회적 관계를 맺을 수 있는 능력을 키울 수 있다. 조현성 성격장애는 내담자가 친밀한 관계를 발달시키기를 원하지는 않더라도 다른 사람과 편한 관계를 맺을 수 있기를 바라는 경우도 많다. 따라서 지지와 공감, 그리고 다양한 상황에서의 대처, 사회기술훈련, 자아존중감, 의사소통 등 관련 분야를 중심으로 한 훈련을 하게 된다.

조현성 성격장애는 자신의 분노를 적절히 표현하지 못하며 직접적으로 분노를 유발하는 상황에서도 감정이 없는 사람처럼 행동하게 된다. 삶의 목표와 방향성이 없는 것처럼 보이며, 사회기술과 성적인 욕구가 상당히 부족하여 주변에 친구가 거의 없고 사회적 관계도 제한적인 경우가 많다. 결혼도 하지 않고 혼자 사는 경우도 많다. 직업적 상황에서 다른 사람과 사회적인 관계를 맺는 능력의 부족으로 곤란을 자주 경험하지만 혼자서 하는 일에서는 잘 수행하기도 한다. 조현성 성격장애는 여성보다 남성에서 약간 더 많고, 남성에서 심각한 양상을 나타내기도 한다. 아동기와 청소년기에는 친구들과의 관계가 원만하지 않거나, 사회적 상황에서 불안, 학습에서의 부진 등으로 나타나기도 한다. 조현성 성격장애는 자기 생활에 크게 불편함을 느끼지 않을 가능성이 있고, 스스로 상담이나 심리치료를 받으러 전문가를 찾는 경우는 드물다. 주변 사람들의 강한 권유에서 상담을 시작하는 경우가 많다. 상담을 시작해도 치료관계를 맺는 것에 소극적이며 치료에 대한 동기도 떨어져 작은 반응에도 공감과 수용을 반복하면서 상담 및 신뢰 관계를 맺는 것이 중요하다. 조현성 성격장애는 상담을 통해 사회적 상황에 참여할 수 있도록 돕고, 기쁨과 행복을 느끼도록 돕는 것이 필요하다. 자신의 정서적 경험을 늘려가면서 대인관계 기술을 향상하여 다른 사람과 적절히 관계를 맺어갈 수 있도록 도와야 한다.

3. 조현형 성격장애 : STPD

조현형 성격장애Schizotypal Personality Disorder는 이상하거나 괴상한 사고방식으로 특징지어지는 A군에 속하는 장애로, 그 증상이 다른 성격장애보다 명확히 드러나는 특징이 있다. 조현형 성격장애는 사회적 고립이나 기이한 생각, 외모를 포함한 행동 등으로 사회적 부적응을 초래하는 성격특성이 나타난다. 조현형 성격장애는 독특하고 단정하지 못하거나 눈에 띄는 옷차림과 어눌하고 추상적 혹은 과장된 것처럼 보이는 이상한 말을 하는 행동이 외부로 드러난다. 이로 인해 다른 사람과 다르다는 것을 보여주며, 관계 형성에 어려움을 주고, 고립되거나 외톨이처럼 보일 수 있다. 초자연적인 힘이나 미신적인 믿음, 그리고 자신이 다른 사람의 행동에 영향을 미치는 능력이 있다는 믿음, 마법의 존재에 대한 강한 믿음과 같이 이상한 것을 믿는 경향이 있다.

대인관계 능력에 결함이 있고, 사회적으로 심하게 고립되어 있다. 외부 세상을 거부하면서 세상과 분리된 채 독자적인 생활이나 생존을 하게 된다. 다른 사람과 친밀한 관계가 형성될 것 같으면 급격한 정서적 변화가 나타나고, 밀접한 관계를 맺지 않으려고 한다. 이는 불안과 우울, 그리고 분열성 성격장애를 포함한 다른 성격장애들보다 정도가 심하게 나타난다. 조현형 성격장애와 조현성 성격장애는 주요 특성에 상당한 유사성이 있는데, 두 성격장애의 가장 큰 특징은 외부로 드러나는 부분이라고 할 수 있다. 조현성 성격장애가 수줍음과 은둔, 친밀과 경쟁적 관계의 회피와 기행으로 나타나며 자폐적 사고를 보인다면, 조현형 성격장애는 이와 상대적 특징을 가지고 있다. 임상적으로는 조현형 성격장애는 조현병 증상이 약하게 나타나는 것으로 보기도 한다. 자신이 다른 사람과 다른 존재라는 느낌이 있으며, 이로 인해 다른 사람과 일상적 의사소통이 수월하지 않고 가능하지 않다고 믿게 된다. 결과적으로 다른 사람을 고립시켜 자기 스스로 외톨이로 보이게 된다. 자기 자신을 잘 돌보지 않는 경향이 있으며, 조현병에서 나타나는 망상이나 환각은 없지만, 와해 된 언어와 행동, 정서적 둔마를 보이기도 한다. 관계망상이나 마법적 사고에 강한 확신과 신념을 보이며, 편집성 사고도 강하다. 텔레파시나 육감 등이 두드러지면, 자신이 경험한 환상에 집착하거나 독심술이나 예지력이 강하다는 믿음을 가지고 있다. 기이한 행동이나 사고, 믿음, 그리고 착각을 경험하며, 이로 인해 유사 종교나 미신 등의 종교적 체험 등을 현실로 가져오기도 한다. 심한 스트레스 상황에서는 일시적으로 조현병 증상이 나타나기도 하며, 기본적으로 주요 우울장애 경험이 있는 경우가 많다. 대인관계에서는 공격적, 굴욕적 통제에 대한 공포가 있다. 다른 사람이 관여하지 않고 내버려 두기를 원하며, 그 기준은 적대적인 철회와 자기 방임 사이에 위치하게 된다. 조현형 성격장애는 자신이 직접적(텔레파시) 또는 간접적(의례를 통한 통제)으로 행사할 수 있는 마술적인 영향력을 가지고 있다고 믿는다. 이는 멀리 떨어져 있으면서 힘을 행사한다. 공격적인 감정을 자각하지만 대부분 그 감정들을 억누르고 있다.

조현형 성격장애의 증상은 다양하게 나타난다. 친구를 사귀거나 친구 관계 유지에 어려움이 있다. 비정상적이거나 부적절한 방식으로 감정이나 생각을 표시한다. 고독하고 직계가족 외에 친한 친구가 부족하다. 평평한 감정 또는 제한적이거나 부적절한 감정적 반응을 한다. 지속적이고 과도한 사회적 불안이 있고, 특별히 익숙하지 않은 상황에서 몹시 불안해한다. 실제로 해가 되지 않거나 불쾌하지 않은 일상적인 사건임에도 개인적으로 의미가 있다는 잘못된 해석을 한다. 의심스럽거나 편집증적인 생각과 다른 사람의 충성심을 끊임없이 의심한다. 정신적 텔레파시나 미신과 같은 특별한 능력에 대한 믿음을 갖는다. 부재한 사람의 존재를 감지하거나 환상을 갖는 것과 같은 비정상적인 지각을 한다. 단정하지 않은 것처럼 보이거나 어울리지 않는 옷을 입는 등 독특한 방식으로 옷을 입는다. 이상한 언어 사용방식이나 패턴, 즉 모호하거나 특이한 말하기 패턴, 대화 중 이상하게 떠드는 것과 같은 독특한 언어 스타일이 있다.

DSM-5 기준에 의한 진단은 친밀한 대인관계에 대한 급격한 불안감, 인간관계를 맺는 능력부족, 인지적·지각적 왜곡 및 기이한 생각이나 행동으로 인해 대인관계와 사회적 적응에 심각한 결함이 있다는 것이다. 이런 특성이 성인기 초기에 시작되어 생활 전반에 걸쳐 나타나며, 9가지의 특성 중에서 5개 이상의 항목이 충족되면 조현형 성격장애로 진단할 수 있다. 관계망상과 유사한 사고가 있다는 것이다. 이때 분명한 관계망상은 제외한다. 관계망상은 아무 근거도 없이 주위의 모든 것이 자기와 관계가 있는 것처럼 생각하며 자기에게 어떠한 의미를 가진 것으로 생각하는 망상을 말한다. 행동에 영향을 미치고 하위문화 규범에는 맞지 않는 괴이한 믿음이나 마술적 사고가 나타난다. 신체적 착각을 포함한 유별난 지각 경험이 있다. 예를 들면 자기 자신으로부터 분리되거나 자기 자신의 바깥에 있는 것 같은 기묘한 느낌을 느끼기도 한다. 괴이한 사고와 언어를 갖고 있는데, 애매하고, 우회적이며, 은유적이고, 지나치게 자세하게 설명하거나 편견이 심하다. 의심이나 편집증적인 사고가 나타난다. 부적절하고 메마른 정동이 있다. 기괴하고 엉뚱하거나 특이한 행동이나 외모가 드러난다. 직계가족 외에는 가까운 친구나 마음을 털어놓을 수 있는 사람이 없다. 과도한 사회적 불안이 친밀해져도 줄어들지 않고, 이는 자신에 대한 부정적인 판단 때문이라기보다는 편집적인 두려움 때문이다. 이런 증상들이 복합적으로 나타나면 조현형 성격장애라고 할 수 있다.

조현형 성격장애는 현실과의 접촉을 잃게 되는 심각한 정신질환인 조현증과 쉽게 혼동되는데, 이는 조현형 성격장애가 망상이나 환각을 동반한 짧은 증상과 같이 조현증과 유사한 증상이 있기 때문이다. 하지만 조현형 성격장애는 조현증만큼 빈번하거나 장기간 또는 강렬하게 나타나지는 않으며, 조현형 성격장애는 일반적으로 왜곡된 생각과 현실 사이의 차이를 인식할 수 있다. 조현증은 망상에서 벗어날 수 없다는 점에서 구별된다. 일반적으로 심하지 않은 조현병 증상이 성격처럼 오랫동안 지속해서 나타나는 것을 조현형 성격장애라고 할 수 있다. 다른 사람이 보기에 조현병만큼 두드러지지 않지만, 마술적인 사고, 환각과 기이한 신념 등 조현병 증상은 정도의 차이만 다르고 실제 증상은 대부분 중복된다. 망상이 지나쳐 자신에 대한 과도한 존재 인식 등이 나타나 자신을 신이나 외계인처럼 특별한 존재라고 주장하기도 한다. 친밀한 관계를 매우 불편해하며 관계 형성 능력이 부족한 것이 특징이다. 인지와 지각의 왜곡이 나타나며, 기이한 행동을 생활 전반에서 보인다. 조현성 성격장애처럼 아스퍼거 증후군으로 오진되는 비율도 높으며, '후천적 자폐증'이라고 설명하기도 한다. 이런 점은 조현형 성격장애를 신경증으로 구분하고 조현병을 정신증으로 구분하기도 한다.

Ⅲ. 성격장애와 상담

8장 성격장애 상담

9장 성격장애 상담의 실제

10장 자아 발달과 성격장애 상담

8장
성격장애 상담

1. 성격장애 상담의 이해

성격장애의 증상은 일상적이며, 상대에 따라 다르게 나타나기에 이해나 개입이 어렵기도 하다. 성격장애는 자신보다 주변 사람들을 더 많이 힘들게 한다. 그래서 자기 자신보다는 다른 사람들의 요청과 주변의 시선으로 상담에 참여하는 경우가 많다. 성격장애는 일상을 살아가는 데 큰 지장이 없고, 다른 사람들과 비교해서 개성으로 인식될 수 있으므로 상담 효과가 상당히 미약하다. 반면에 상담이나 개입이 적절하게 이루어지지 않으면 중증 성격장애나 심각한 병리가 나타날 수 있다. 성격장애 상담은 경계 혼란과 부적응, 그리고 부정적 정서로 인해 진행이 어렵다. 성격은 시간과 상황에 걸쳐 안정적으로 형성된 것이므로 지속적이고 잘 변하지 않는 것으로 나타났다. 개인의 정서나 사고, 그리고 행동 양식에 대한 전반적인 특성이 어린 시절부터 조금씩 형성되어 성인기에는 결정되는 것으로 보이기 때문에 개입에 대해 회의적인 입장을 갖기도 한다. 이런 성격특성으로 삶의 태도, 직업, 대인관계, 기타 중요한 일상에서 나타나는 부적응으로 인해 문제가 불거지는 것이다. 이로 인해 성격장애 상담은 삶의 가치와 방향에서 극심한 혼란을 만들어낸다. 이는 상담을 위해 자신의 방어를 일시적으로 내려놓아야 한다는 위기감을 경험하기에 더 큰 용기와 도전이 필요하다.

성격장애를 상담에서 다루기 위해 상담사는 여러 성격장애의 특성과 본질을 이해할 필요가 있다. 성격장애가 성격특성을 나타내기도 하고 발달적 특성이 있기 때문이다. 또한 임상적으로 각 성격장애 특성 간의 차이가 뚜렷하지 않고, 근접한 성격장애 특성과 유사하거나 중복되기 때문이다. 또한 성격장애의 스펙트럼이 광범위하게 분포되어 있어서 일반적인 현상과 병리적인 현상 사이의 경계나 반영에 어려움이 있다. 개인적인 성격특성과 병리적인 현상 사이에서 명확하게 진단하기도 어렵고, 실제 진단을 하는 과정에서 임상적으로 다른 병리와 중첩되는 경우도 많기 때문이다. 이런 점에서 증상으로 성격장애를 이해하는 것을 넘어 치료적 개입을 통해 성장과 성숙하도록 해야 한다.[86] 성격장애의 특성상 개입의 방향이나 정도에 따라 심한 부작용을 만들기도 하고, 치료의 과정에서 일시적인 퇴행으로 인해 불안이 증폭되기도 한다. 이렇게 미세한 작용에 대해 세심하게 작용하도록 하는 것이 상담사의 역할이다.

성격장애 특성을 이해하고 상담 개입을 하는 것은 증상을 개선하고 건강하게 적응하도록 돕는 것이다. 성격장애는 정상과 비정상의 범주 사이에서 나타나는 개인의 대인관계 양식이다. 이는 개인이 적응한 성격특성으로 설명되지만, 다른 사람들과의 관계에서 갈등을 유발하는

---

86 Nancy Mcwilliams, 『정신분석적 진단: 성격 구조의 이해』, 이기련 옮김, (서울: 학지사, 2018).

요인이 된다. 성격장애는 병리적 현상으로 이어지는 과도기적 상태로 병리적 증상으로 발전할 가능성이 있으므로 주의를 기울여야 한다. 성격장애는 일정한 방식의 패턴이 있고, 주요 증상의 특징을 중심으로 성격장애를 구분한다. 임상적으로는 성격장애는 상담자나 치료사의 경험이나 치료 목적에 따라 다르게 진단될 수 있다. 실제 성격장애는 상담사에 따라 다르며, 종종 정상이나 병리로 진단하기도 한다. 나타난 현상으로서 성격장애는 일반적으로 자기 자신보다는 다른 사람에게 불편함을 준다는 특징이 있고, 이로 인해 주변에서 상담받으라는 말을 듣는 경우가 많다. 성격장애의 특성은 개인의 경험과 주변 사람들과의 경험을 통한 적응 결과로 볼 수 있다. 관계를 통해 경험되고 반영된 성격 특성이 개인 특성으로 고착된 것으로 볼 수 있다. 이런 점에서 성격장애 특성은 성장과 발달적 관점에서 정교해져야 한다. 상담은 개인의 성격 발달에서 각 특성의 분화와 통합, 그리고 균형이라는 측면에서 조율되어야 한다. 이는 성격장애의 특성이 조현병의 특성을 각각 가지고 있다는 것을 의미하는 것으로 볼 수 있다.

성격장애는 출생 이후 초기 생애의 관계 경험을 통해 독립된 인격체로 성장하는 과정에서 나타나는 주요 특성을 나타낸다. 사람이 태어나서 경험을 통해 학습하게 되는 다양한 상황에서 나타난 대상과의 관계 경험과 그 경험이 발현되어 작용하는 주요 특성이 나타나는 것이다. 성격장애 특성은 주로 대인관계에서 나타난다는 점에서 어릴 적 부모와의 관계 경험이나 형제와 가까운 사람들과의 관계 경험을 통해 형성되고 고착된 것으로 설명되어왔다. 이런 점에서 부모와의 관계 경험, 특히 엄마로 대표되는 초기 양육자와의 애착 과정과 경험은 성격을 특정하고 이해하는 데 중요한 역할을 한다.

애착은 이런 과정에서 나타난 경험을 구조화하고 설명하는 주요 개념이다. 모든 사람은 친밀한 유대 형성이 필요하고, 애착 본능은 기본적으로 유아가 자신을 보호하는 주요 기능이 된다. 태어날 때부터 자신의 정서 반응이나 성격을 조절할 능력이 있는 것은 아니다. 사람은 다른 동물들과 달리 출생 이후 생존을 위해 상당 기간 엄마와 주변 사람들에게 절대적으로 의존해야 하며, 시간이 지나면서 독립적이면서 다른 사람들과 상호적이며 건강한 관계를 만들어야 한다. 일반적으로 양육자와의 경험은 동서고금을 막론하고 상당히 중요하게 인식해왔으며, 이론적으로도 정신분석 이론은 기본적으로 부모와의 관계를 전제로 하여 전개된다. 보울비John Bowlby는 양육자와의 경험은 내적 작동 모델internal working model인 표상 체계로 설명한다. 이때 나타나는 양육자와의 경험에서 다양한 현상과 유형이 유추될 수 있다. 이런 애착 패턴은 개인의 태도나 반응, 그리고 대인관계 유형으로 이해할 수 있다. 결국 초기 애착 관계 경험을 통해 나타나는 정서적 반응이 성격에 작용한다고 보아야 한다. 성격장애 특성은 이 과정을 규명하거나 설명하는 것이 아니라 임상적 증상이나 현상을 정리한 것이다. 이에 성격장애는 이런 과정을 충분히 이해하고, 개입을 통해 불안을 해소하고 성숙한 자아와 대인관계를 맺도록 하는 것이다.

인생 초기 정서의 본질은 불안이라고 할 수 있는데, 이로 인해 불안정한 상태를 극복하고 적응하기 위한 반응이 외부로 드러나고 태도가 형성되는 과정에서 애착 경험과 패턴이 만들어진다. 이때의 정서적 반응이 성격장애 특성으로 나타날 수 있는데, 이런 과정에서의 성격장애 특성의 본질과 원리를 이해하면 치료적 개입을 통해 건강한 관계를 형성할 수 있다. 문제는 본질에 가까이 접근한다고 할지라도 이를 구체적으로 개입하고 다루는 방법에는 혼란이 지속될 수 있다는 것이다. 이 혼란을 줄이는 방법은 기술적 개입을 하기 전에 증상의 본질을 바라보는 것이다. 성격장애의 특성은 10개의 특성이 상당히 복합적으로 작용하며, 모든 성격특성이 그렇듯이 한 사람 안에 다 반영되어 있기 때문이다. 특정 상황이나 환경에서 나타나는 성격특성과 통상적인 성격특성이 다르므로 성격을 이해하고 다루고 개입하는 데 어려움이 있다.

성격장애 상담은 이런 점들을 고려하여 특정 증상을 제거하는 방식을 넘어서 성격장애 특성을 이해하고, 성격의 특성들이 개인에게 잘 사용될 수 있는 힘을 길러주는 방식으로 전개되어야 한다. 이런 점은 증상의 완화를 위한 방식의 한계를 극복하여 중장기적인 개입이 필요하며, 서서히 변화되어서 자신이 가진 특성을 다른 성격특성과 조화를 이루도록 함과 동시에 다른 사람과의 관계에서 조정과 조율이 되도록 해야 한다는 것이다. 이런 의미에서 성격장애 상담은 단순한 의미에서 자신의 성격을 알아차리고 다른 사람의 관점에서 이해하는 통찰의 수준을 넘어선다.[87] 물론 이를 위한 상담 과정이 필요 없다는 것이 아니다. 오히려 이를 위해 상당한 기간의 분석과 통찰을 진행해야 하며, 변화를 위한 설계와 안정적 개입을 위해 필수적이다. 따라서 성격장애 상담은 자기 인식과 자기 변화의 과정이 연계된 것으로 이해해야 한다.

---

87 장정은, 『정신분석으로 상담하기』, (서울: 학지사, 2021), 15.

2. 성격장애 상담의 과정

성격장애 상담의 진행도 다른 상담과 마찬가지로 일정한 과정과 단계를 거치게 된다. 하지만 성격장애 상담은 성격장애의 종류가 많고 각각의 특성으로 인해 다른 상담과 같은 일정한 방식으로 개입하는 데 한계가 있다. 이론적으로나 기법적으로 일관성을 갖기에 어려움이 있기 때문이다. 이로 인해 성격장애 상담의 필요성에도 불구하고 부득이하게 특정 성격장애를 중심으로 상담 및 개입이 진행된다. 이에 전반적인 성격장애를 이해하고 상담 개입을 위한 기준틀을 통해 조금이나마 안정적으로 상담이 이루어지도록 해야 한다. 그렇지 않으면 상담의 과정에서 큰 혼란이 생기고 성격장애의 한 증상이 완화되면 다른 증상이 더 두드러지거나 여러 증상이 뒤죽박죽 나타나게 되어 혼란이 가중될 수 있다. 이에 어느 정도의 맥락을 가지고 상담을 하는 것이 필요하다.

성격장애 상담의 과정은 큰 틀에서 철학적 과정과 기술적 과정으로 구분할 수 있다. 철학적 과정은 상담 과정을 본질과 철학을 중심으로 이해하는 것이다. 기술적 과정은 구체적인 과정과 단계를 설정하여 진행하는 것이다. 일반적으로 상담은 기술적 과정을 많이 제시하고 있지만, 실제 기술적 과정은 철학적 과정을 기반으로 세워질 수 있다. 철학적 과정은 문제를 대하는 상담자의 인식과 태도를 나타내며 개입의 방향을 나타낸다. 성격장애에 대한 철학적 과정은 발달적 과정과 현상적 과정으로 구분할 수 있다. 발달적 과정은 현상을 과정으로 보는 것으로 성격장애 특성을 발달과정에서 나타나는 연속선상에 놓고 보는 것이다. 현상적 과정은 증상이나 현재의 결과에서부터 개입하는 것으로 볼 수 있다. 이런 과정은 종종 요인 중심과 완화 중심의 대립적 개입의 방향성으로 나타나기도 한다. 두 방향은 궁극적으로 유사한 결과를 지향하지만, 세부적인 부분에서의 차이가 있어 종종 대립하기도 한다. 종종 원인과 상호작용을 살피는 한의학과 증상의 개선을 중심으로 하는 일반 의학의 대립으로 보기도 한다. 하지만 어느 것이 더 우위에 있다거나 옳고 그르다는 식으로 구분할 수 없기에 성격장애 상담은 철학적 과정으로 이를 아우를 수 있다. 성격장애 상담의 철학적 과정은 발달과정으로 증상과 개입으로 이해할 수 있다. 발달은 다양한 측면에서 이루어지기 때문에 성격장애는 이런 측면의 발달에서 나타나는 일시적인 현상이나 특성으로 보고 균형과 조화의 측면을 중시하여 개입해야 한다는 점에서 유용하다.

성격장애 상담은 기본적으로 성격특성을 자아 발달과정으로 이해해야 한다. 성격장애의 성격특성이 방어기제나 인지발달과 마찬가지로 개인의 성장에 따른 발달과정을 나타내기 때문이다. 발달과정은 시간 구성으로 전개되기도 하지만, 과업을 중심으로 나타나기도 한다. 신체 발달과 다르게 정서와 성격적 특성은 외부로 드러나지 않고 내면화되므로 발달의 정도나 차원을 이해할 수는 없다. 성격장애의 각 특성이 중첩되는 것은 이런 이유 때문이다. 이로 인해 상담에서는 개입에 어려움을 겪게 되는데, 여기에는 성격특성이 현상으로 나타나는 시점에서 그 특성이 발달과정인지 아니면 개인의 고유성을 나타내는 특성의 정도인지에 따라 다르기 때문이다. 변화와 성장에 대한 자신의 의지가 강해도 저항이 나타나는데, 일반적으로는 자기 인식과 다른 성격특성을 정당화하면서 강하게 저항하기도 한다.[88] 이를 단순히 과정으로만 이해하는 것에는 분명 한계가 있다.

이런 점을 바탕으로 성격장애 상담이 원활하게 진행될 수 있도록 기술적 과정을 적용하는 것이 우선된다. 기술적 과정은 이론이나 기법에 따라 여러 모델이 제시되고 있으며, 다양하게 구조화하기도 한다. 세부적인 절차와 과정을 명시하거나 각각의 단계마다 필수적으로 해야 하는 개입의 기술이나 내용을 제시하기도 한다. 하지만 성격장애 상담은 특성이 다르며, 사람마다 다르게 인식하고 나타나는 것이 다르므로 상당히 유연해야 한다. 이로 인해 구체적인 단계를 설정하는 데 어려움이 있다. 이에 치료 개입을 몇 단계로 구조화할 수 있다. 이런 구조는 학자나 개입에 대한 이론마다 다르기는 하지만 일반적인 개입을 위한 틀에서 3단계 모델을 기본으로 할 수 있다.

1단계는 자기관찰의 단계이다. 심리적 개입이나 진단이 정교화되고 다양해지면서 유명한 몇 개의 심리검사를 통해 자신을 진단하는 간단한 방법을 선호하는 경향이 있다. 전문가들도 오랜 시간 내담자를 관찰하는 시간을 보내기보다는 주 호소 문제를 중심으로 증상에 집중하게 된다. 이로 인해 표면적으로 두드러진 몇 개의 특징을 증상이라고 규정하고 그 증상을 중심으로 병리나 특성을 찾아내려는 노력을 기울이게 된다. 이는 증상에 집중하게 함으로써 문제를 벗어나지 못하

---

88 Bleiberg, 『아동·청소년성격장애 치료』, 198.

고, 자기 자신을 스스로 병리적 증상이 두드러진 환자가 되도록 하는 현상을 만들기도 한다. 특히 성격장애는 모든 사람이 기본적으로 가지고 있는 특성이기도 하고, 성격장애의 특성으로 인해 문제에 집중하게 되면 자신의 증상이 자연스럽게 병리적 증상으로 두드러지게 보이게도 한다. 긁어 부스럼이라는 말처럼 문제를 만들기도 한다. 이 시기 상담사의 역할은 개입을 위한 환경 제공에 있다.[89] 대부분 성격장애가 관계에서 문제가 나타나고 있다는 점에서 상담사와 내담자의 상호작용을 위한 단계가 되어야 한다. 안전한 상호작용을 위해 내담자의 주관적 경험과 내적 세계를 충분히 이해하고 탐색하는 과정을 통해 성찰 기능을 강화하도록 할 수 있다.

2단계는 자기 이해의 단계로 자기관찰을 통해 수집된 정보와 자료를 토대로 자기 자신을 이해하고 수용하는 개념화의 단계이다. 자기를 이해한다는 것은 자신을 객관화한다는 것으로 행동이나 태도를 통해 나타나고, 언행에 담겨 있는 생각의 조각을 모아서 하나의 퍼즐을 완성해가는 과정이다. 자신을 이해하고 특성을 나타내는 것은 기본성격 특성을 관찰하고 개념화하는 데에서 출발한다. 개념화는 자신의 성격이 나타내는 특질 구성을 이해하고 다루는 것이다. 개념화는 사고나 판단의 결과로서 형성된 여러 생각의 공통된 요소를 추상하고 종합하는 보편적인 관념을 말한다. 이는 병리를 넘어서 보편적 성향을 이해하고 자원으로 자신을 충분히 이해하고 수용하기 위한 기반을 마련하고 제공하는 것이다. 이 단계에서 상담사는 내담자와 역할을 공유하며 치

---

89   Bleiberg, 『아동·청소년성격장애 치료』, 199.

료적 협력을 해야 한다.[90] 소위 치료 동맹을 통해 문제를 해결하고 성장하도록 돕는 것이다.[91] 성격장애 상담에서는 이런 치료 동맹을 형성하는 것 자체가 어려워 치료의 장기화 가능성이 있다. 성격장애 상담은 상담사와 내담자의 협력관계의 수준과 정도에 따라 치료 효과가 크게 달라질 수 있따. 이런 단계에서 나타나는 갈등을 충분히 이해하고 수용하면서 상호작용의 결과로 안정감이 형성되는 것이다.

3단계는 자기 변화 단계로 자기 이해를 통해 개념화된 자기 자신을 이해하고, 성장과 발달을 전제로 자원을 강화하고 취약점을 보완하는 단계이다. 자아의 힘을 키우고 다른 사람과의 관계에서 자신을 잘 드러내도록 하는 것이다.[92] 이 과정에서 한쪽으로 치우치거나 불균형하게 발달 된 성격특성을 이해하고 자기 역량을 최대화하는 것을 변화라고 한다. 치료적 변화는 증상을 제거하는 접근이 아니라 강점을 강화하고 약점을 보완하는 것이다. 이 과정은 결과적으로 분열되고 파편화된 성격특성을 구조적으로 안전하게 연결하며, 협력관계를 만들어 시너지synergy를 경험해야 한다. 개별성이나 주관적 경험을 통한 특성에 집착하지 않고, 성격의 다양성을 수용하고 이해함으로 상호적 관계에서의 시너지 연결을 경험해야 한다.

이런 단계를 통해 성장과 자아실현을 이루어가는 과정에서 자신의 현재와 미래를 나타내는 지표가 될 수 있다. 성격특성은 전 생애를 통

---

90 Mcwilliams, 『정신분석적 진단』, 76.
91 Bleiberg, 『아동·청소년성격장애 치료』, 223.
92 Mcwilliams, 『정신분석적 진단』, 93.

해 완성되는 것으로 개인의 내적 특성, 그리고 다른 사람들과의 관계에서 나타나는 원만한 적응적 상태이다. 현상이나 태도로 드러나는 성격장애 특성은 과정적 결함이나 일시적인 경험으로 나타나기도 하지만, 특정 상태가 지속되면서 고착되어 견고해지기도 한다. 이 단계를 통해 현재에 경험하는 지금-여기에서의 관계를 살펴보고 자기 특성을 살리면서 균형과 통합이라는 성격 발달의 과업을 수행하도록 하는 것이 필요하다. 성격장애는 이런 특성을 이해하고 개입하는 과정 전체를 나타내는 것으로 볼 수 있다. 이런 점에서 성격장애를 진단하는 선별 질문은 "어떤 일을 하거나 대인관계 방식에서 반복적으로 같은 문제를 경험하는가?"이다. 성격장애는 대인관계에서 주로 나타나는 것이지만, 다른 사람이 경험하는 것과는 별개로 자기 스스로 인식하고 경험하는 불편함이 나타나야 한다. 이런 점에서 다른 사람에게 경험되는 자기 자신의 인식과 태도를 관찰하고 반영해야 한다. 병리적이고 진단적인 측면에서는 관찰자나 평가자의 기준에서 보게 되지만, 성격장애를 특성으로 이해하고 발달적 개입을 위해서는 자기 자신이 경험하는 대인관계 특성을 살펴보아야 한다.

사람의 사는 방식에서 운명과 같은 결정론적인 인식을 가지는 경우도 많다. 하지만 선천적 경향이나 천부적 특성도 결국 개인의 의지와 선택에 따라 달라질 수 있다. 사람의 특성이나 환경은 다 다르지만, 이런 것을 이기고 살아가는 것도 결국 개인의 결정과 선택에 따르는 것이다. 이런 점에서 개인의 성격은 운명에도 강한 영향을 준다고 할 수 있다. 세상은 있는 대로 보이는 것이 아니라 사람이 보는 대로 존재한다는 달이 강하게 작용하는 것이다. 결국 세상을 대하는 방식이기도 한 성격은 개인의 특성은 물론이고 세상을 살아가는 방식을 결정하는 것이며, 다른 사람과 관계 맺는 방식이다. 성격장애는 이런 개인의 특성이 경직되어 있어 다양한 대상과 상호작용이 어렵고 부정적 기대나 자기충족적 예언으로 인한 악순환이 나타나기도 한다. 이는 다시 다른 사람의 반응을 이끌고 부정적 경험을 내재화한다. 이런 경험이 누적되어 위축이나 경직성, 그리고 특정 특성이 강하게 나타나는 것을 성격장애라고 하는 것이다. 결국 이런 특성으로 성격장애는 장애로 진단하고 낙인찍기보다는 발달과 성장을 통해 건강한 자신을 표현하고 드러내 사회에서 인정받는 당당한 삶을 살아야 하며, 대인관계에서도 원만한 상호작용과 소통하면서 협력적 태도를 가질 수 있어야 한다.

이런 개입 단계 모델로 각 이론에 맞는 방식의 개입을 위한 구체적인 계획을 세우고 적용하는 것이 필요하다. 안정적인 구조를 갖추고 다른 이론적 개입을 제시하고 적용한다면 개입에서의 안정성을 가져올 수 있기 때문이다. 성격장애의 특성이 다른 병리와 다른 점은 일상의 성격과 병리의 성격이 혼합되어 있다는 것이다. 이는 개인에 대한 경험과 인식, 그리고 태도에 대한 탐색을 중요하게 다루어야 한다는 것이며, 이를 통해 내담자가 자신의 상태를 이해하고 수용하는 단계를 통해 안정적인 수준과 개입에 대한 동의가 이루어져야 한다는 것이다. 따라서 앞의 단계들은 어떤 이론이나 방식에서 접근하더라도 기본적으로 거쳐야 한다. 3단계의 자기 변화 단계는 개입의 방향성이나 세부적인 기법과 기술이 적용될 수 있다. 2단계까지의 과정에서 상담자와 내담자가 연계되어 동맹을 형성하면 발레를 하는 한 쌍의 조합처럼 정교한 개입을 통한 변화를 만들 수 있다. 따라서 3단계에서는 증상이나 개인의 특성에 따라 정교한 개입의 방식과 세부 절차가 달라질 수 있다. 이때 내담자에게 적정한 여러 이론과 기법, 그리고 전통이 반영되도록 하며 구체적인 치료 개입을 할 수 있다.

단계	특징	주요 내용
1단계	자기관찰	자신의 삶에서 나타나는 일상적인 태도를 파악하고, 사람이나 환경에 따라 다르게 나타나는 특징들을 살피는 탐색의 단계이다.
2단계	자기이해	자신이 인식하고 탐색한 결과를 중심으로 자기를 이해하고 수용하는 단계이다. 자기수용과 이해를 토대로 자신의 핵심 정서와 문제행동의 장단점을 파악하고 성격 자산을 수용한다.
3단계	자기변화	자기이해를 기반으로 성장과 발달, 그리고 취약점을 보완하여 건강하고 행복한 자기실현과 대인관계 능력을 향상하여, 자신의 삶을 이끄는 변화의 동력을 만드는 단계이다. 이 단계에서는 훈습의 단계를 가지고 구체적이고 실제적인 변화의 과정을 경험한다.

성격장애 상담의 개입단계

이런 상담의 과정과 진행 단계에 맞게 성격장애를 다루고 개입하기 위한 다양한 연구들이 진행되고 있다.[93] 이는 상담 현장에서 경험하

93　Nathan Shuwartz-Salant, 『자기애성 성격장애의 치료와 분석심리학』, 김성민 옮김, (서울: 달을 긷는 우물, 2020); Aaron T. Beck, Arthur Freeman, Denise D. Davis, 『성격장애의 인지치료』, 민병배·유성진 옮김, (서울: 학지사, 2008); Lois W. Choi-Kain, John G. Gunderson, 『(모든 상황에서 적용 가능한) 경계선 성격장애를 위한 좋은 정신과적 관리: 임상 가이드』, 이장훈·이정우·정자현 옮김, (서울: 하나醫學社, 2020); Arnoud Arntz, Hannie Van Genderen, 『(경계선 성격장애를 위한) 심리도식치료』, 김동한 옮김, (서울: 명상상담연구원, 2015); 김상인, 『성격장애와 음악치료』, (서울: 한국전인교육개발원, 2008).

고 작용하는 여러 특성이나 상황을 고려한 접근으로 볼 수 있다. 이처럼 성격장애를 다루는 세부적인 계획이나 기법 등은 각 이론의 특징을 반영하고 있다. 이는 상담사의 전문성이나 특성을 기반으로 반영될 수 있고, 다른 측면에서는 내담자의 경험과 특성을 반영할 수도 있다. 이런 점에서 성격장애 상담을 하나의 구조화된 방법이나 기법 중심의 프로그램으로 단일화하는 것은 지양해야 한다. 따라서 여기에서 제시하는 상담의 과정이나 단계는 일반적인 접근을 전제로 한 기본구조이며, 이는 각 임상 장면과 내담자의 특성에 따라 치료와 개입에서 다양하게 변형되거나 세부적 사항을 적용할 수 있다.

3. 성격장애 상담에서의 진단

성격장애의 진단에 있어서 성격장애는 다른 증상들과 중첩되거나 복합적으로 나타나는 것은 너무 당연하다. 성격장애의 스펙트럼이 여러 병리와 체계적으로 연관되어 있으므로 나타나는 현상이다. 따라서 다른 증상이나 병리가 중첩되면 성격장애 진단은 유보되거나 후 순위가 된다. DSM은 감별진단에서 특정한 상태를 배제하는 경우를 명시하고 있다. 이는 성격장애로 진단하지 않는 것으로 정상적인 성격 성향, 다른 정신장애, 물질 사용장애, 적응장애, 그리고 다른 의학적 상태에 의한 변화는 배제한다. 정상적 성향은 임상적으로 유의한 고통이나 장애가 없는 상태이며, 다른 정신장애는 행동이 다른 질환의 발병 이후 나타나고 질환이 호전되면 사라지는 경우를 말한다. 적응장애는 행동이 외부자극에 대한 일시적인 반응으로 나타나는 것으로 설명되지만, 다른 의학적 상태에 의해 성격장애 특성이 나타나기도 한다. 일반적으로 성격장애는 청소년기를 지나면서 조기 발병하는데, 증상이나 변화가 성인이 되고 나중에 나타나거나 악화가 되면, 의학적 상태나 신경학적 상태의 가능성을 고려해야 한다는 것이다. 이런 경우에는 의학적 상태를 명시해서 진단할 것을 권고하고 있다(310.17.F07.0). 또한 여러 가지 성격장애 특성이 두 개 이상의 성격장애에 속하는 특성이 나타나지만, 각각의 특성이 장애로 진단을 내릴 만큼 심각성이 충분하지 않아도 각각의 증상이 조합된 작용이 임상적으로 유의한 고통이나 장애를 일으키는 것을 별도로 분류하기도 한다(301.9/F60.9). 이런 점들은 성격장애 진단에 신중해야 한다는 것을 잘 보여주는 것이다.

성격장애 진단을 하기 위해서는 누구를, 언제, 어떻게, 왜 평가할 것인가를 염두에 두어야 한다. 기본적으로 성격장애는 대상에 대한 특성을 이해하고 파악하는 것이 중요하다. 성격장애는 어린 시절 성격이 발달하면서 나타나는 증상들과 유사하므로, 각 발달 시기에 나타나는 증상들은 분류하지 않는 것이 바람직하다. 이런 점에서 연령적 특성을 이해하고 반영해야 한다. 소아와 청소년의 행동은 유동적이기에 특히 불안정할 때는 서둘러 진단을 내리는 것은 적절하지 않다. 대부분의 병리적 진단은 스스로 낙인을 만들거나 다른 가능성을 원천적으로 차단함으로써 위기를 증대시킬 수 있기 때문이다. 발달상의 문제는 현 행동을 미래의 나쁜 예측변수로 만들고, 물질 사용은 종종 증상의 발현에 극적으로 작용한다. 성격장애는 일반적으로 나이가 들면서 온화해지는 경향이 있지만, 노화는 어떤 성격장애에서도 특수한 문제를 일으킬 수도 있다. 이는 성격장애에 있어서 연령대가 영향을 줄 수 있다는 것에서 그 근거를 찾을 수 있다. 따라서 성격장애 진단에서 개인의 특성이나 상황과 상태는 중요한 고려사항이 된다.

진단은 주요 우울 삽화, 조증 삽화, 또는 다른 정신장애의 주요 삽화를 겪고 있다면, 성격장애의 유무를 평가하는 것은 바람직하지 않다. 그런 삽화는 반드시 평소의 기능을 방해하기 때문에 숨기게 된다. 이런 이유로 이혼, 실직, 사별 같은 삶의 위기를 겪는 상황이라면 평가나 진단을 미루어야 한다. 성격장애 진단은 조심스럽기도 하지만, 다양한 병리들과 복합적으로 나타나기 때문에 진단체계에서 상호 영향을 고려하여 판단해야 한다. 증상을 중심으로 성격장애 특성과 단순히 연결짓는 것은 피해야 한다. 성격장애의 특성상 변동성이 높고 어떤 상황에서 두드러지는 특성이 나타난다는 점에서 다양한 가능성을 전제로 진단에 임해야 한다.[94]

성격장애 증상이 있는 사람들은 자신의 증상이나 정보를 제공하는데 소극적이거나 비호의적이다. 성격장애 특성은 자신은 물론이고 다른 사람들과의 관계에서 나타난 문제가 오랫동안 지속되었기에 위축되거나 자신의 문제를 인정하지 않으려고 한다. 또한 자신의 상태에 대해서 솔직한 자기평가를 기대할 수 없으므로, 많은 정보를 수집하고 객관화해야 한다. 따라서 자기평가는 물론이고 주변의 정보제공자를 늘리는 것이 효과적일 수 있다. 이런 점에서 다른 진단과 다르게 본인과 다른 사람의 정보를 취합하고 재구성하여 객관적인 평가를 해야 한다.

성격장애의 평가는 표준화된 신뢰성 있는 면담 도구가 있지만, 이를 사용하기 위해 상당한 시간을 들여야 하며, 평균 수준의 임상 업무 기준을 만족하기 위한 훈련도 필요하다. 중첩되어 나타나는 여러 특성으로 인해 진단과정에서 정확한 평가보다는 직관력에 의존해서 나타나기도 한다. 성격장애를 확인하기 위해 발병 연령대를 확인하고, 증상이 어떤지 확인해야 한다. 증상을 뚜렷하게 하는 특성이 지속되는지, 반복되는지 확인해야 한다. 성격장애를 나타내는 주요 특성이 특정 대상이나 상황에 대한 반응이 아니라 모든 기능적 측면에서 어느 정도 나타

---

94   Steven K. Huprich, 『성격장애 로샤평가』, 신민섭·우충완·최현정 옮김, (서울 : 학지사, 2010), 45; Lorna Smith Benjamin, 『성격장애 진단 및 치료: 대인관계 접근』, 서영석·김동민·이동훈·조민아 옮김, (서울: 학지사, 2014), 24, 27.

나고 작용하는지를 확인해야 한다. 성격장애의 특성이 임상적으로 유의한 고통이나 장애를 일으키는지 확인해야 한다. 정확한 진단과 평가는 시간이 걸리며 대상을 알면 알수록 진단과 평가에 변화가 있거나 세부 사항에 따라 다르게 판단할 여지가 남는다. 성격장애 평가는 병리적 상태의 경과, 치료적 개입, 순응도와 반응, 그리고 공격성이나 자살 등의 위험을 예측할 수 있다.

다양한 문화적 환경은 성격의 특성이 적절한지, 어떤 것이 이상한지에 대한 원형을 갖게 된다. 성격장애의 병리는 사회적 통념과 기준에 따라 영향을 줄 수 있으므로 문화적이고 사회적 환경과 평가를 이해하는 것은 중요하다. 평가에 나타나는 편견은 각각의 고유한 특성을 가지며, 다른 사람의 특성을 관찰하고 평가하는 방식에 영향을 주기 쉽다. 각 사람의 고유한 성격특성을 이해하지 못하면, 평가받는 사람의 장애 유무를 판단하며 생기는 평가자의 우월감이나 주관적 편향이 반영되어 나타날 수 있다. 이런 다양한 진단은 현상적인 측면을 넘어서 개인의 무의식에 대한 탐색을 통한 정신분석적 진단도 상당히 유용하다. 특히 상담이 관계적 측면에서 접근된다면 정신분석적 진단은 상당히 의미있는 정보를 제공할 수 있다.[95] 특히 정신분석에서 주로 다루는 자아심리학이나 자기심리학의 주제들은 대부분 성격장애와 밀접한 연관이 있다. 이런 점에서 성격장애를 단순히 현상이나 증상 중심의 병리보다는 심층적인 이해와 접근을 해야 한다는 것이 더 설득력을 얻고 있다. 더욱이 성격장애가 개인의 증상 수준에 머물지 않고 대인관계에서

95　Mcwilliams, 『정신분석적 진단』, 26.

두드러진다는 점에서 자기 인식과 대인관계 양식을 복합적으로 살피면서 본질에 대해 깊은 고민을 하게 한다. 많은 이론에서 성격장애의 원인이 부모, 혹은 초기 관계에서의 경험과 연관이 있다고 하지만, 이런 점이 오히려 개인의 주체성을 간과하게 하는 것은 아닌지 고민하게 한다. 최근의 상호주관성 이론은 이 부분에 대해 상당히 구체적으로 다루고 있다. 환경의 영향과 개인의 주체성 사이에서 증상보다는 원인을 중심으로 진단하는 것은 증상의 이면에 있는 원인을 살핌으로써 문제를 파악하려는 것이다. 적어도 원인을 어느 정도 파악하고 있다면 증상에 대한 접근이 조금이나마 수월해지기 때문이다. 그렇지만 여전히 원인이 같다고 해서 증상이 같은 것도 아니고, 증상이 같다고 원인이 같은 것도 아니기에 탐색에 깊게 의존하기도 어렵다. 성격장애 진단에서 과거의 경험이나 관계 탐색이 중요하지만, 종종 진단에 오류나 혼란을 준다는 것도 고려해야 할 사항이다.

 이런 과제는 진단의 세부적인 사항에서는 범주의 중복이나 잔여 범주 등의 문제와 연계되어 혼란을 준다. 임상에서 나타나는 개인의 성격장애 특성은 범주의 중복이 항상 있기에 어느 쪽을 선택해서 진단하든지 이견이 나타나게 되어 있기 때문이다.[96] 이런 부분에서 내담자의 특성이 혼란스럽게 나타나므로 치료적 개입에서도 혼란이 나타난다는 어려움이 발생한다.[97] 결국 성격장애 상담에서의 진단은 진단 자체의 정확성이나 정교함은 큰 의미가 없다고 할 수 있다. 중복되거나 복합

---

96 Benjamin, 『성격장애 진단 및 치료』, 471.
97 Benjamin, 『성격장애 진단 및 치료』, 26.

적으로 작용하기 때문이고, 성격장애의 모든 특성이 개개인에게 다 나타나기 때문이기도 하다. 이런 점에서 성격장애의 진단은 상담사와 내담자가 우선 개입해야 한다고 느끼는 것에서 시작하거나, 발달적 차원에서 개입이나 성장을 위한 선택이 더 적절하다. 특히 성격장애는 진단을 통한 단순 약물 처방이나 몇 가지 기법으로 진행되는 치료보다는 지속적으로 이어지는 관계 치료나 훈습을 통한 경험과 가치의 확장을 위한 방향에서 진단이 되어야 한다.[98]

이런 점에서 진단을 위한 방식은 내담자 자기 보고와 주변 및 상담사의 관찰은 물론이고 여러 진단도구를 사용할 수 있다. 하지만 그 어떤 도구도 절대적이지 않으며, 특히 성격장애의 진단에서는 전체적인 성향이나 특성을 특정할 수 있는 것이 아님을 명심해야 한다. 의심되거나 개입하려는 목표에 맞는 특정 도구를 통해 정도를 파악할 수 있지만, 현재 사용되는 진단 도구들의 신뢰성은 그리 높지 않으며, 상대적으로 높은 신뢰도가 있는 도구라고 해도 실제 상담에서는 그렇게 신뢰할 수 있는 것은 아니다. 그럼에도 불구하고 성격장애 상담에서 성격장애 특성을 진단해 보는 것은 상담과 개입에서 상당히 유용한 것임을 부인할 수 없다.

---

98 Mcwilliams, 『정신분석적 진단』, 25; 장정은, 『정신분석으로 상담하기』, 55.

4. 성격장애 상담의 치료와 개입 원리

성격장애는 그 특성이 개인의 고유한 성격과 발달 차원에서 긍정적 요인과 병리적 요인이 복합적으로 나타난다는 점에서 개입의 어려움이 있다. 성격장애를 발달과 병리로 단순히 구분한다면, 기존의 병리적 치료에서 발달적 치료로 전환하는 것이 성격장애 상담의 치료와 개입에서 핵심이 된다. 성격장애 상담에서 그 증상이 복잡하고 어려운 병리적 특성으로 나타날수록 문제의 본질을 단순화할 필요가 있다. 성격장애 상담도 이런 점에서 현상이나 증상만 보기보다는 문제의 본질을 이해하고 접근해야 한다.

성격장애가 병리적으로 나타날 때는 개인의 여러 성격특성이 뒤엉켜서 혼란스럽게 반영되어 나타나는 것으로, 성격특성이나 그 발현에서 경계선이 상당히 희미하거나 과도한 경계로 인해 경직된 것이 문제의 본질이라고 할 수 있다. 성격장애는 정신적 균형을 이루지 못한 상태의 불안정성으로 인해 발현되는 것이다. 정신적 균형을 이루지 못한 상태라서 안정적 성격특성을 반영하지 못하며, 이로 인해 작은 자극이나 상황 변화에도 과대 반응이나 과소 반응으로 예측 가능한 범위를 넘어서서 요동치는 현상이 나타나게 된다. 이런 점에서 성격장애 상담은 안정적인 대인관계를 할 수 있는 개인의 고유한 성격특성이 되도록 하는 것이라고 할 수 있다. 성격장애 치료는 정신적 균형을 찾아 안정적인 성격특성을 나타내도록 하며, 개인의 성격이 자아의 주체적 선택과 의지에 따라 조절되어야 하는 것을 목표로 한다.

성격장애 특성은 성장기 발달의 과정에서 경험해야 하는 주요 발달과제로 구성된다. 성격장애는 발달단계에서 획득해야 하는 적절한 성취와 연관이 있다. 성격장애가 나타나는 것은 성격특성을 발달과정에서 획득하지 못하고, 어떤 형태로든 고착되어 있거나 정체된 에너지의 형태로 반영되어 있다는 것을 의미한다. 성격장애 특성이 성장기의 경험이 반영된 자아 특성과 발달 특성으로 나타난 것이라고 한다면, 성격장애의 개입은 이런 각 성격장애 특성의 발달적 과업을 수행하는 것이어야 한다. 성격장애는 자기 자신을 견고히 함으로써 세상에 적응하고 대응하며 사는 힘을 갖는 것이다. 성격장애로 증상이 두드러지는 것은 아동·청소년기의 발달과정에서 고착된 것이 성인기로 이어지거나 성인기의 특정 경험이나 상황에서 발현되는 것으로 볼 수 있다. 일반적인 발달 과제의 성격특성은 성장 측면에서 개입할 수 있지만, 성인기에 나타나는 성격장애는 무의식적 역동을 살펴야 한다. 대인관계에서 주로 드러나는 성격장애 특성은 과거의 기억과 개인적 경험이 반영되어 현재에 나타나는 복합적인 것으로, 드러난 것과 드러나지 않은 것이 일치하지 않고 다를 수 있다. 이로 인해 과민하게 반응하거나 작용하여 혼란을 일으키게 되는 것인데, 이런 내적 작용이나 드러나지 않은 것을 알지 못하면 혼란스러울 수 있는 것이다. 이는 성격장애 특성이 개인의 실제 능력과 재능을 기초로 한 적응 행동이기 때문에 혼란을 줄 수 있다. 왜냐하면 현재에 경험하고 드러나는 것은 이해할 수 있는 과정을 보여주는 것이 아니라 단지 결과물로 나타나기 때문이다. 정신적 균형을 이루고 안정적으로 유지되기 위해서는 성격장애의 다양한 특성들이 수정과 보완의 과정을 통해 유지되어야 한다. 이는 아주 미세한 떨림이 안정된 범위에서 파동을 일으키며 균형을 이루는 작용으로 이해할 수 있다. 떨어져서 보면 이런 미세한 작용은 안정적으로 보인다. 이것은 오리가 물 위에 떠 있기 위해 물 아래에서 발을 움직이는 것과 같다고 할 수 있다. 성격장애는 이를 조절하고 조율하는 것이 자기 자신이어야 하며, 자기중심성이 반영되어 나타나야 한다. 이는 정신적 균형을 찾아가는 과정을 나타내는 것으로, 치료과정에서 상담사와 내담자가 상호 연결되어야 한다는 것을 나타낸다.

어릴 적 발달과제로 성격장애를 다루지 못하면, 성인기에 발현되어 나타난다. 특히 중년 후반기 이전의 발달 특성은 병리적 문제로 반영되어 나타나기도 한다. 특별한 죄책감 없이 좌절과 권태와 허탈한 우울을 느끼고 공격성을 보이는 경우라면 특히 그렇다.[99] 일상에서 지속해서 선택했던 결과들이 스스로 만족감을 주지 못하고 다른 사람과의 관계를 불편하게 만들었다면 성격장애를 이해하고 다루어야 한다는 것을 의미하는 것이기도 하다. 자기 불안과 현실적이지 않은 선택과 관계의 불안정성이 상호작용하면서 병리적으로 나타나기 때문이다. 이는 미완의 과제를 수행하려는 욕구가 나타나는 자이가르닉^{Zeigarnik} 현상으로 설명할 수 있다.[100] 음식을 선택해야 하는 상황에서 선택 메뉴가 아닌 선택하지 못한 메뉴에 대한 욕구가 강하게 나타나는 것으로 볼 수 있다. 이런 점에서 성격장애 특성이 병리적으로 나타나는 것은 발달과제 수행의 연장선에서 이해할 수 있다. 그리고 이 발달과제는 응집된

---

99 Chessick, 『자기심리학과 나르시시즘의 치료』, 216.
100 Chessick, 『자기심리학과 나르시시즘의 치료』, 352.

자기를 중심으로 자신의 재능과 포부, 그리고 이상이 균형과 조화를 이룬다는 것을 의미한다. 이런 점에서 의존적 자아에서 주체적이고 독립적 자아로 발달해야 하며, 세상과의 관계에서 균형과 조화를 전제로 하는 적응의 관계를 갖는 것이다.

성격장애의 상담과 개입은 개인의 내적 성장을 전제로 하는데, 자기 삶에서 어떤 형태로든 손상을 입은 자기를 회복하거나 건강하게 발달할 수 있도록 촉진하면서 건강한 자기를 찾고, 외부의 자기대상과의 상호관계를 건강하게 유지하는 것이라고 할 수 있다. 성격장애가 대인관계에서 주로 반영되는 것은 자기가 외부로 투사되는 것으로, 자기대상과의 전이로 작용하기 때문에 건강한 자기와 자기구조를 형성하는 것이기 때문이다. 결국 성격장애 상담은 경계 혼란으로 나타난 개인의 정서와 행동, 그리고 자아의 균형을 이루고 견고하게 만들어 가는 것이다. 이 과정에서 상담사와의 관계는 밀접하게 연관되어 나타나며, 욕구와 반영, 그리고 반응으로 연계되어 나타난다. 상담의 원칙은 욕구나 원하는 것을 반영하여 만족스럽게 하는 것이 아니라 해석이나 적절한 재경험을 통한 현실적 경험을 하는 것이라고 할 수 있다. 때로는 일시적인 수용이나 만족감을 줄 수 있지만, 결과적으로 자기가 현실적인 상터가 되어야 함을 의미하는 것이기도 하다. 이런 점에서 경계성 장애가 자기애성 장애로 변화되는 것은 치료에서 중요한 의미를 갖는 것으로 볼 수 있다.[101] 이는 단순히 구조적인 의미를 넘어서 치료 기반이 자기에 있다는 것을 의미한다. 그리고 모든 성격특성과 작용에는 균형과

101　Chessick, 『자기심리학과 나르시시즘의 치료』, 214.

조화를 전제로 한다는 것이다. 성격장애의 본질은 발달과정에서 나타나는 발달 욕구로 볼 수 있으며, 증상은 이런 현상을 통해 자기가 견고해지는 것이다. 견고한 자기는 응집된 자기를 통해 현실적으로 기능하는데, 이 과정에서 욕구의 활성화와 이 활성화된 욕구의 적절한 절제로 설명될 수 있다. 이런 과정을 통해 조금씩 성장하여 자기 자신을 완성해가며 현실에서 이상과 포부를 실현할 수 있도록 만들어가는 것이다. 이는 정신구조의 변화와 응집성을 나타내는 것으로 성장을 통한 정신구조의 성장을 목표로 한다. 자기는 발달과정을 통해 자기 안에 있는 핵심 프로그램을 실현함으로써 억압되고 미발화된 소망을 드러내고 실현하는 것이라고 볼 수 있다. 성격장애는 이를 구체적으로 실현하기 위한 자기의 힘과 태도를 나타내는 것으로 자존감 향상으로 좌절을 이겨낼 수 있으며, 회복탄력성을 가짐으로써 자신의 고유한 재능을 통해 현실적이고 구체적인 목표를 완성하는 것이다.

5. 성격장애 상담에서의 개입을 위한 전제

성격장애 특성에 대한 상담 개입은 외적으로 드러나는 현상을 넘어 본질에 있는 가치와 의미를 이해할 필요가 있다. 이는 외부로 드러난 태도나 현상, 그리고 관찰 가능한 성격특성이 중첩되면서 혼란을 주기 때문에 개입에 어려움을 준다. 이로 인해 자신은 물론이고 개입을 위한 여러 작용이 무력화되기도 한다. 성격장애 특성에 나타난 원형적 특성을 이해하면 개입이 조금은 명료해진다.

C군의 원형적 특성은 자아의 힘이 부족하고 연약하다는 것이다. 자아의 힘이 부족하고 연약하다는 것은 생존과 적응을 위해 혼자서 무엇인가를 하기에 어려움을 경험한다는 것이다. 누구나 다른 사람에게 의존하면서 세상을 살아가는 것이 당연시되지만, 그 과정에서 자신의 힘이 위축되거나 힘겹게 버티기만 하면서 강한 스트레스가 생기는 것이다. 이로 인해 성장보다는 강한 저항으로 좌절이나 다른 방향으로 전개되어 혼란과 어려움을 가중하게 한다. 이로 인해 삶의 방향성이 태도에 반영된다고 볼 수 있다. C군은 의존성, 회피성, 그리고 강박성 성격장애로 나타난다. 의존성 성격장애는 자아의 힘이 약하기 때문에 자기 자신을 돌보거나, 결정을 내리고, 혼자인 것을 참거나 견디지 못한다. 이로 인해 자기 자신이 나약하다고 느껴 다른 사람을 의지하므로 대상에게 순종과 복종의 태도를 나타내며 자신의 욕구보다 대상의 욕구를 중시한다. 다른 사람에게 자신을 돌봐주고 애정을 주도록 하는 것에 집중한다.

회피성 성격장애는 자아의 힘이 부족하고 문제 해결 능력이 없어 위축되며 사회적으로 부적절함을 경험하거나 비판이나 거절에 극도로 민감하다. 새로운 접촉이 불편하거나 부끄러움을 느껴 상황을 회피하게 한다. 자신을 보호할 힘이나 보호막도 없이 새로운 일이나 대인관계에 나서는 것보다 피하는 것이 더 수월하다. 조현성 성격장애보다 인간관계를 열망하며, 함께 있어도 안전함을 느끼고 안심할 수 있을 만큼 가까운 오래된 친구는 있다.

강박성 성격장애는 C군의 특성인 자아의 힘이 부족하기에 회피성에서 나타나는 부적절감을 피하려고 적극적으로 나서는 것이다. 이로 인해 자신의 한계 안에서 기준을 세워 방어체계를 구축하는 것이다. 이로 인해 완벽주의나 통제가 나타나며, 사소한 세부 사항까지도 주의를 가지며 자신의 기준에 맞추어야만 한다. 규칙이나 시간 계획과 같은 것들에 변동이 생기면 대응하거나 적응하는 능력이 부족하므로 한번 적응한 것을 유지하려고 강박적 태도가 나타난다. 또한 다른 사람에 대한 신뢰가 없어 다른 사람에게 일을 맡기지 않는다. 이로 인해 모든 일을 직접 해야 하고 실수가 없어야 하므로 과도하게 민감해지고 세심해진다. 이로 인해 자발성이나 여유가 없어지며 깊은 대인관계를 회피하게 된다. 돈, 감정, 그리고 애정에 인색하고 모든 일에 자기 방식대로 진행되어야 하며 그렇지 않을 때 분노하게 된다.

B군의 기본 특성은 자신에 대한 확신과 힘이 생겼다는 것이다. 이로 인해 자신을 드러내고 주장하려고 하지만, 세상과의 관계에서의 취약점이 있으므로 도전과 철회의 혼란과 갈등이 있다는 것이다. 결국 조

절 능력이 부족하여 좌충우돌하는 특성이 B군에 기본적으로 나타난다.

자기애성 성격장애는 다른 사람을 지향하는 C군의 특성의 성장점이 될 수 있다. 다른 사람에 대한 의존은 자신에 대한 확신으로 균형을 이루게 된다. 자기애성 성격은 자신이 세상의 중심이며, 모든 면에서 특별하다고 느끼고, 자부심을 갖게 된다. 하지만 자기 자신에 대한 허세나 팽창이 되어 있는 상태이므로 혼란이 나타나게 된다. 자신의 중요성과 존재를 과장되게 지각하여 다른 사람의 요구, 문제, 또는 감정 등에 대해 무감각해지거나 살필 여유가 없다. 이로 인해 거만하고, 독단적이며, 우월감을 나타내며, 다른 사람에게 경의와 존경을 기대한다. 높은 기준과 비현실적 기대를 자신이나 세상이 만족시키지 못할 때 실망하게 된다. 자기애성 성격은 자신에 대한 확신과 신뢰를 바탕으로 자기 자신을 건강하게 세워나가는 출발점이라고 할 수 있다.

경계성 성격장애는 자신과 세상의 갈등과 혼란의 상태로 나타나므로 갈등이 가장 강하게 반영되어 나타난다. 자기 자신에 대한 존중과 믿음을 기반으로 다른 사람을 통제하고 조정하려는 에너지가 나타나게 된다. 이로 인해 다른 사람과 강력하고 좌절감을 주는 관계를 형성하게 된다. 관계의 초기에는 긍정적 기대가 있지만, 시간이 지날수록 통제와 지배, 그리고 실망과 다툼으로 바뀌게 된다. 유기에 대한 불안으로 인한 비현실적 요구, 끊임없는 분노와 거절에 대한 자기충족적 기대self fulfilling expectations로 사람들과 멀어지게 된다. 이런 상황에서 상대를 통제하고 버림받지 않기 위해 자해나 자살의 위협을 하기도 하고, 지나치게 집착하는 경향이 나올 수 있다. 이로 인해 파괴적 대인관계가 나타나며, 자아 인식이 불안정하고, 충동성, 공격성, 성적행동이 나올 수 있다. 서서히 자신의 입지가 명확해지고 힘이 생기면 호전되는 경향이 나타나므로 일반적으로 중년기에 접어들면서 안정된다.

반사회성 성격장애와 연극성 성격장애는 대상과의 관계에서 자신의 힘을 드러내는 방식과 연관이 있다. 반사회성 성격장애는 힘이나 문제를 대상화하는 것이라고 할 수 있으며, 경계선에서 대상화하여 나타나는 공격성의 발현으로 볼 수 있다. 부정적 상태나 상황의 원인이 사회나 대상을 향한다. 반사회성 성격장애의 진단에서는 어린 시절에 품행장애가 있어야 한다는 것을 전제로 진단하는 것은 이런 상태가 일상에서 자주 일어날 수 있다는 것이기도 하다. 반사회성 성격장애는 품행장애 증상과 청소년기의 비행 단계를 거쳐 이기적이고, 다른 사람을 조종하려는 태도가 나타난다. 냉정하고 계산적이며, 위장하므로 거짓말이나 속임수가 나타나기도 한다. 자기 때문에 다른 사람을 조정하기도 하며, 피해를 공감하지 않는다. 무모하며 충동적이고, 법과 사회적 규범을 따르지 않아 범죄 특성이 반영된다.

연극성 성격장애는 관심의 초점이 되고 이를 유지하기 위해 매력, 외모, 성적 유혹을 이용하는 것으로 나타나는데, 이때의 원형적인 것은 다른 사람의 기대에 맞는 역할을 한다는 것이다. 사람들이나 세상이 원하는 방식으로 자신을 변화시키므로, 인정을 받으려고 한다. 대인관계와 감정은 강렬하지만, 관계가 깊지 않고 쉽게 변질된다. 무대 위의 주인공처럼 관심을 받아야 하고, 자기 역할에 맞는 태도가 나타난다.

A군의 원형적 특성은 자신의 세계가 견고해지는 것이다. 이로 인해 다른 사람과의 신뢰보다는 자기 세계를 만들고 유지하려는 힘을 나타낸다. 편집성 성격장애는 자신과 자신의 세상을 지키기 위해 자기 확신과 신뢰를 갖는 것이다. 세상이 위험한 곳이므로 항상 다른 사람이 자신을 착취하는지, 조롱하는지, 또 음모를 꾸미는 것인지를 살피고 경계한다. 세상이 자신에게 불리하다고 생각하므로 자기 생각이나 감정을 공유하지 않는다. 한 번 품은 원한은 아무리 작거나 사소해도 기억하고 있으며, 자신에게 부당하다고 생각되는 일을 끊임없이 생각하고 찾아낸다.

조현성 성격장애와 조현형 성격장애는 기본적으로 유사한 특성이 있으며, 병리적 스펙트럼에서 연속선에 있다는 특징이 있다. 조현성 성격장애는 자신의 세계로 내면화되거나 폐쇄적 특성이 나타나며, 다른 사람과의 관계를 통해서 드러나지 않고 자신만의 세계에 국한되어 나타난다. 혼자 하는 것을 선호하며 회피적 성향이 나타나고 고립적 태도를 보인다. 반면에 조현형 성격장애는 기이한 사고와 행동, 믿음, 그리고 지각 경험 등이 드러난다는 것이다. 조현성이 자기 안으로 가지고 들어가는 내면을 향한다면, 조현형은 겉으로 드러나고 표현되는 외부지향적 특성이 있다. 이로 인해 증상의 정도가 더 심하게 보이며, 중증 병리의 단계로 전환될 가능성이 크다는 평가가 나온다. 성격장애의 조현 특성은 명백하게 정신증적 증상에는 미치지 못하지만, 실제 임상에서는 구분이 쉽지 않고, 종종 개인의 고유한 성격특성으로 볼 수 있을 정도로 안정적이기도 하다.

이상의 성격장애 특성은 세상을 살아가면서 성장하고 발달하는 과정에서 나타나는 자연스러운 현상과 개인의 고유한 특성으로 반영되어 나타나는데, 각 단계에서 나타나는 특성을 이해하고 자신의 삶에 적용할 수 있도록 확장하면 성장할 수 있다. 청소년기 이전에 문제가 초기 발병하고 성인기까지 이어진다는 점에서 성장기 발달 과업에서 나타난 문제가 지속되는 것으로 이해할 수 있다. 이 점에서 성격장애는 병리적 진단을 통해 고정관념이나 낙인효과를 주기보다는 성장과 발달을 지향하고, 특성 경향을 강화하여 자신의 고유한 성격을 나타내도록 하는 것이 바람직하다. 성격장애 특성이 나타나면 현상이나 증상의 본질을 이해하고 드러난 증상을 통해 성장점을 찾도록 하여 과제를 해결할 수 있다. 문제를 인식하고 지향점을 찾으면 구체적이고 실제적인 방법을 찾아 자신의 과제 수행의 작업을 할 수 있다. 각각의 성격특성이 나타나는 지점을 이해하고 자신의 발달 과제를 알 수 있다. 따라서 성격장애는 진단을 목적으로 하는 것보다는 성장과 발달의 완숙을 전제로 설계하고 개입해야 한다.

9장
성격장애 상담의 실제

1. 성격장애 상담의 발달적 개입

성격장애의 특성과 발달의 과정에서 나타난 병리적 특성은 성격장애의 구조와 상당히 밀접하다. 개별 성격장애의 기본 특성은 자아에 의해 나타나는데, 이때 자아의 미세 조정 능력의 결핍이나 과잉으로 인해 장애가 발생하는 것으로 볼 수 있다. 이런 점에서 성격장애 특성을 과소와 과대 특성으로 구분할 수 있다. 과소 특성은 성격특성 에너지의 부족이나 위축, 그리고 미숙한 발달로 나타나고, 과대 특성은 성격특성 에너지가 과도하게 많이 나타나 에너지가 분출, 그리고 통제 불능의 충동적 상태로 나타난다. 결국 개입과 치료는 과소 상태를 발달시키거나 과대 상태를 조절하고 정서적 안정을 하도록 하는 것이다.[102]

C군의 특성에 속하는 의존성과 회피성, 그리고 강박성은 자기 자

---

102   A. T. Beck, A. Freeman & D. D. Davis, 『성격장애의 인지치료』, 민병배·유성진 옮김, (서울: 학지사, 2009), 21.

신에 대한 확신의 부족과 다른 사람과의 관계에서 나타나는 혼란이 있다. 이를 해소하기 위해 각 특성의 기본 에너지를 이해할 필요가 있다. 의존성은 스스로 무능력하다는 것을 인지하고 있다는 것이다. 이에 의존성에서의 과잉 발달은 매달리기와 도움받는 것이며, 과소 발달은 자율성과 자기수용의 부족으로 나타나는데, 이런 특성으로 자신을 드러내거나 확충하지 못하고, 다른 사람에게 전적으로 의존하려는 경향이 나타나는 것이다.

회피성은 관계에서 다른 사람에게 쉽게 상처를 받으므로 상처를 회피하려는 특성이 나타난다. 이는 의존성의 기대가 좌절되거나 대상이 취약한 경우에 주로 나타나는데, 이로 인해 자신의 욕구를 억제하게 된다. 이때 원하는 것을 얻으려고 시도하기보다는 억제나 외면함으로써 자신을 지키게 된다. 내적으로는 다양한 생각이 올라오고 정서적 불안정이 나타나지만, 외적으로는 평온해 보이기까지 한다. 이때 나타나는 사회적 취약성은 사교성 부족과 자기주장이 발달하지 않아서 나타나는 것으로 볼 수 있다.

강박성은 자신의 불안과 부족에서 오는 것으로 자기 스스로 성취하려는 과정에서 다른 사람에게 부정적 평가를 받지 않으려고 하면서 실수가 용납되지 않게 된다. 과잉 발달은 통제와 책임감, 그리고 체계화이며, 과소 발달은 자발성과 즐거움이라고 할 수 있다. 과잉 발달 특성은 자신을 통제하므로 성실하고 꾸준하게 보이지만, 스스로에게는 무거운 짐이 되기도 한다. 이로 인해 성취의 결과에도 불구하고 자기만족이나 즐거움을 경험하기보다는 힘들었다고만 느끼기 때문에 할수록 힘이 들게 된다. 즐거움과 기쁨을 통해 자신을 찾고 의미를 찾지 못하고 모든 것은 처리해야 할 과제로만 인식하게 되므로 중증으로 발전하면 회피성과 융합되어 나타나게 된다.

자기애성은 자신의 재능을 인정하고 스스로 특별하다는 인식인데, 자기 과장과 경쟁심은 과잉 발달하고, 다른 사람이나 집단과 공유하거나 동일시하는 능력은 발달하지 않아서 나타나게 된다. 이로 인해 자기 자신에게 에너지가 집중되며, 다른 사람의 필요나 요구보다는 자신의 필요와 요구에 더 강한 힘을 쓰게 된다.

연극성은 다른 사람에게 감동을 주어야 한다는 인식으로 과시나 표현, 그리고 다른 사람에게 깊은 인상을 주려는 에너지가 과도하게 발달하며, 통제와 체계화가 결핍되어 자신을 적절하게 드러내고 표현하는데 어려움이 나타나는 것이다. 이로 인해 주변 사람들에게 불편감을 주고 어려움을 주게 된다.

반사회성은 자기중심적이며 자기 정서와 감정이 중요하다. 다른 사람들을 도구나 착취의 대상으로 생각하기도 하는데, 투쟁성과 약탈, 착취, 그리고 경쟁이 과잉 발달하고, 공감이나 상호성, 사회적 민감성은 과소하여 나타나게 된다.

편집성은 다른 사람들을 적으로 인지하므로 다른 사람들을 끊임없이 의심하게 된다. 과잉 발달은 경계와 의심, 그리고 불신으로 나타나고, 미숙한 발달은 평온과 수용, 그리고 신뢰감을 중심으로 강화하고 발달시켜야 한다. 편집성은 다른 사람과 상호작용을 통해 교류하며 신뢰감을 만들어가는 것이 필요하다.

조현성은 자신만의 충분한 공간이 필요하다고 인지한다. 자율성과 고립이 강하게 발달했으며, 친밀감과 상호성의 발달이 필요하다. 다른 사람과 건전하게 교류해야 하지만, 이 과정에서 자기중심성과 고립성이 나와 친밀감과 상호성을 침해해서 발달의 혼란이 나타난다.

성격장애	핵심인지	과잉발달	과소발달
의존성	무능력하다	매달리기, 도움추구	자율성, 자기충족
회피성	쉽게 상처받는다	회피, 억제	자기주장, 사교성
강박성	실수하면 안된다	통제, 책임감, 체계화	자발성, 유희
자기애성	특별하다	자기과장, 경쟁심	공유, 집단동일시
연극성	다른 사람을 감동시켜야한다	과시, 표현, 인상주의	내성, 통제, 체계화
반사회성	사람들은 착취 대상이다	투쟁성, 약탈, 착취, 경쟁	공감, 상호성, 사회적 민감성
편집성	다른 사람들은 다 적이다	경계, 의심, 불신	평온, 신뢰, 수용
조현성	충분한 공간이 필요하다	자율성, 고립	친밀감, 상호성

성격장애의 발달 특성

이렇게 성격 구조가 명료하게 나타나는 것은 아니지만, 성격장애의 발달에서 이런 특성은 성격장애를 이해하고 개입하는 데 효과적으로 접근할 수 있다. 과잉 발달은 임상적으로는 축소할 수 있는 것은 아니고 조절해야 한다. 따라서 과잉 발달에 개입하는 것은 조절력 및 기술 강화에 중점을 두어야 한다. 일반적인 치료 개입이 이루어지는 방식이다. 이를 개입하는 방식의 다른 측면은 과소 발달을 강화하여 발달하도록 촉진하도록 개입하는 것이다. 두 방식은 상호적이고 긴밀하게 연계되어 있어 정교하게 조절하면서 내재화되도록 해야 한다. 이런 개입은 상호적 전략이고, 상담사는 이런 과정에서 정교화를 돕는 전략과 조절의 상호작용을 통한 훈습이 진행되어야 한다. 성격장애 상담은 이런 점에서 일반상담과는 다른 측면에서의 생활방식과 인지 체계의 변화, 그리고 반응의 체계가 어우러져 이어지도록 해야 한다. 이런 점에서 성격장애 상담은 상담사와 내담자가 함께 만들어가는 인생 예술이라고 할 수 있다. 이를 통해 조화로운 삶을 풀어나가면서 상담사와 내담자가 한 쌍으로 함께 살아가는 것이다.[103] 진정한 상담의 개입은 일상을 즐겁고 행복하게 살도록 하는 것이다. 성격장애 상담의 본질은 자신의 삶에 책임을 지고 자기 자신을 존중하며 살아가는 진정한 자기실현의 과정으로 볼 수 있다.

---

103 여한구, 『심리상담매뉴얼』, (서울: 도서출판 비채, 2021), 42.

2. 성격장애 상담의 진행

성격장애를 다루면서 가장 힘든 것은 자기 자신의 성격에 어떤 형식으로든 문제가 있음을 인식해야 한다는 것이다. 성격장애는 정상과 이상의 경계에 있는데, 이로 인해 자신의 성격을 가늠할 수 없기 때문이다. 자신의 성격의 문제를 인정한다는 것은 자기 자신이 살아온 삶을 부정하는 것 같이 느껴지므로 혼란이 나타나게 된다. 이런 점에서 자신을 드러낸다는 것은 결코 쉬운 일은 아니다. 자신이 겪는 갈등을 다른 사람에게 말하는 것도 쉬운 일이 아닌데, 자신이 평가받는다고 생각하면 더욱 어려운 일이 된다.[104] 이런 점에서 성격장애를 이해하고 자신의 특성으로 개발하는데 어려움이 나타난다고 할 수 있다. 결국 성격장애를 병리로 이해하려는 마음을 내려놓고 성장과 발달의 차원으로 전환하지 않으면 끊임없이 이어지는 뫼비우스의 띠처럼 돌게 된다.

성격장애를 이해하는 것이 어려운 것은 어디부터 정상이고 병리인지 그 경계가 모호하다는 것과 어떻게 개입해야 하는지가 상당히 모호하고 어렵다는 것이다. 이런 점에서 자기 성격의 성숙을 저해하는 요인이 되기도 한다. 특히 성격이 선천적인 기질과 관련이 있다고 믿는 사람들은 성격이 변하지 않는다는 신념으로 성숙한 변화를 포기하기도 한다. 하지만 성격은 시간과 장소, 그리고 대상에 따라 다르게 작용해야 하므로 고유한 특성으로만 이해하기보다는 성장의 측면에서 접근

---

104 민성길 외, 『최신정신의학』, 592.

해야 할 것이다. 이런 점에서 성격장애 특성을 성격특성으로 보고 전체를 발달적 입장으로 보아야 한다. 이는 성격을 발달의 범주에서 태어나서 죽을 때까지 끊임없이 이어지는 과제로 봐야 한다는 것을 전제로 하며, 개인의 주요 성격특성을 성격장애 군의 주요 특성으로 분석하고 성장점을 찾을 수 있다는 것을 나타낸다. 결국 성격장애를 병리적으로 접근하는 것이 아니라 특징을 구분하는 성격유형 검사의 특성으로 이해하고 접근해야 한다는 것이다. 성격유형은 대부분 개인의 특성을 구분하는 범주화를 할 뿐 가치를 전제하지 않는다. 하지만 성격장애는 명칭이 주는 것에서도 이미 장애로 구분되므로 특성 요인을 수평적 구조에서 이해하는 것은 상당히 어렵다. 그럼에도 성격장애의 특성을 병리적 진단의 기준이 아니라 개인의 특성과 성장을 위한 진단으로 이해한다면 보다 수월한 접근과 적용이 가능해진다. 이렇게 성격장애를 특성으로 본다면, 어릴 적부터 청소년기를 거쳐 성인이 되는 과정에서 건강하게 사회적응을 하고 자신의 고유한 특성을 잘 나타낼 수 있게 할 수 있다.[105] 성격장애는 성숙한 인격과 인성 개발 특성을 나타내므로 보다 성숙한 삶을 살게 한다. 이런 점에서 성격장애 특성을 구분하고 발달의 특성으로 이해한다면 치료와 성장을 위한 개입도 가능하다. 주변 사람이나 일상에서 경험하는 불편한 상황은 오히려 삶을 풍요롭게 만드는 촉진 작용을 할 수 있다. 성격장애에 대한 편견을 내려놓고 사람들과 상호작용을 경험하면서 성장해갈 수 있다.

성격장애의 특성을 이해하고 접근하는 과정은 성격특성을 구분하

---

105   Bleiberg, 『아동·청소년 성격장애 치료』, 7.

고 평가하여 성격의 긍정적인 부분을 강화하고, 약점을 보완하면서 성장하도록 하는 것이다. 성격장애의 개입은 진단과 평가를 통한 성장설계, 그리고 성장을 위한 훈습의 과정으로 구분할 수 있다. 성격장애의 진단과 평가 과정은 연령대와 성별, 그리고 경험 등을 토대로 본질적 재구성하여 성격을 구성하는 기본 바탕이 무엇인지를 파악하는 것에서부터 시작된다. 성격은 일반적으로 드러난 현상과 태도를 중심으로 구분하므로 개입을 위해서는 내면의 에너지나 작동 원리를 파악해야 한다. 상담의 개입에는 다양한 철학과 방식이 있고, 그에 따라서 개입의 방향이 정반대로 나타나기도 하기 때문이다. 최근 경향인 융합적 상담이나 기법을 적용한 개입에서도 본질에 맞는 방향성은 상당히 중요하다.

성격장애의 진단과 평가는 심리검사 도구를 활용할 수도 있다. 현재 많이 활용되는 것은 TCI검사$^{Temperament\ and\ Character\ Inventory}$, PDTI검사, SCID-5-PD$^{Structured\ Clinical\ Interview\ for\ Dsm-5(r)\ Personality\ Disorders}$, 그리고 로샤^{Rorschach}, MMPI$^{Minnesota\ Multiphasic\ Personality\ Inventory}$ 등이 있다. TCI는 C. R. Cloninger의 심리·생물학적 인성 모델에 기초하여 개발된 검사로 기질과 성격을 구분하여 측정할 수 있다. TCI는 자극 추구, 위험회피, 사회적 민감성 3가지 기질 차원의 조합을 통해 반사회성, 연극성, 경계선, 분열성, 강박성의 전통적인 성격장애의 진단 가능성을 나타낸다. MCI의 PDTI 성격검사는 DSM-5의 10가지 성격장애와 이전 버전에 포함되어 있던 수동공격성을 측정할 수 있는 검사로 성격장애와 관련된 개인의 성격적 특성을 파악할 수 있다. SCID-5-PD는 DSM-5를 기준으르 18세 이상의 성인을 대상으로 하는 구조화된 임상적 면담 도구로

10개의 성격장애를 다루며 다른 성격장애를 평가하기도 한다.[106] 로샤에서 성격장애는 다양한 성격장애 특성을 나타내는 진단의 가능성을 찾을 수 있다. 개인이 주변 환경을 어떤 모양으로 인식하고 지각하는지에 따라 일상의 대처 양식(행동 특성)이 달라지므로, 개인의 성격 형성에 지각이 미치는 영향이 매우 크다. 이에 로샤를 통해 지각의 방식과 사고구조를 펼쳐 심층적 성격 구조를 보고 개인 성격특성의 이해도를 높일 수 있다.[107] MMPI의 반응 결과는 다양한 신경정신증 환자를 대상으로 선정된 문항에 대한 반응으로, 상승 척도는 현재 상황의 정서 상태와 성격특성을 나타내므로 개인 성격의 병리적 특성과 성숙 정도를 평가할 수 있다.

이와 같은 다양한 진단과 평가를 위한 도구들이 있다.[108] 하지만 성격장애의 특성상 자신이 지각하는 태도와는 다르게 나타나므로 도구에 의존할 수는 없다. 도구에 의존하지 않는다는 것은 기존 성격장애 특성을 엿볼 수 있는 도구도 결국은 진단보다는 여러 가지 가능성을 볼 수 있는 수준이기 때문이다.[109] 이런 점에서 성격장애 특성 진단은 내담자의 진술과 관찰, 그리고 주변 사람들의 보고나 반응 등을 통해 예견하고 검증해야 한다.[110]

---

106   Michael B. First, Janet B.W. Williams, Rhonda S. Karg, Robert L. Spitzer, 『SCID-5-PD: DSM-5장애에 대한 구조화된 임상적 면담』, 오미영·박용천·오상우 옮김, (서울: 학지사, 2017), 4.
107   Steven Ken Huprich, 『성격장애 로샤평가』, 신민섭·우충완·최현정 옮김, (서울: 학지사, 2010), 70.
108   김수종·박은영·홍상황·권해수, "성격장애에 대한 대안적 DSM-5 모델의 확인적 요인분석: PAI를 중심으로," 「Journal of The Korean Data Analysis Society」, 21/5(2019), 2628.
109   김영환 외, 『PAI의 임상적 해석』, 207.
110   김영환 외, 『PAI의 임상적 해석』, 206.

이렇게 진단과 평가의 과정을 어느 정도 거치면 개입을 위한 설계를 해야 한다. 성격장애는 상당 기간 지속적인 작용으로 형성되었기에 교정이나 발달에도 적잖은 시간과 노력이 필요하다. 이런 과정에서 개입의 방향과 철학은 어느 정도 뚜렷해야 하며, 이를 토대로 구체적이고 직접적인 방향과 목표가 세워져야 한다. 개입에 대한 설계가 구성되면, 훈습 과정을 통해 변화와 성장을 해야 한다. 훈습 과정이 실제 상담의 개입이 되며, 이 과정에서 다양한 역동이 나타나게 된다. 훈습은 변화를 전제로 다양한 경험과 가치를 만드는 과정으로 교정과 재구조화를 통한 전체적인 변화를 지향하는 것이다. 이런 과정을 통해 성격장애의 치료나 성격장애 특성의 발달과 정교화가 이루어지게 된다.

　　성격장애 상담은 자신의 내면에 있는 성격특성을 발현시켜 건강하게 작용하도록 하는 것이다. 이런 과정에서 개인의 선호 특성이나 사회문화적인 선호 경향으로 인해 편향이 나타나게 된다.[111] 이런 편향은 극단성을 나타내게 되는데, 서로 다른 에너지와 경향의 특성을 통합적이고 균형 있는 작용을 하도록 하는 것이 상담이다. 여기에서 성격특성의 병리적 상태는 극단에 치우치는 경향으로 나타나며, 심리적 격리가 유지되면서 더 극단적 상태가 되도록 하는 것이다.[112] 이런 성향이 지속되면 성격특성의 경직성이 나타나고, 다른 가능성이나 변동에 대처하지 못하는 극단에 머물게 된다. 결국 극단화를 줄이고 균형적이고 합리적인 판단을 하도록 하는 것이 성격장애 상담이라고 할 수 있다. 이런 성

111　Schelling, 『미시동기와 거시행동』, 49.
112　Cass R. Sunstein, 『우리는 왜 극단에 끌리는가』, 이정인 옮김, (서울: 프리뷰, 2011), 13-14.

향에 대해서 진단적인 측면에서는 다양한 이견이 있다. 이는 병리의 특성상 나타나는 것으로 볼 수 있는데, DSM-5에서는 제외되었지만, 이전까지 있었던 우울성 성격장애와 우울증과 같이 경계 혼란이 나타나는 것이다. 실제 C군의 강박성 성격장애는 강박장애와 구분을 어렵게 하며 종종 혼돈을 주기도 한다. 이 둘의 경계가 뚜렷하지 않고 많은 증상이 중첩되어 나타나므로 별도로 구분해야 하는지 논란이 있다. 실제로 경계성 성격장애는 그 유사성과 중첩 등으로 인해 양극성 범주 장애의 하위 유형으로 간주해야 한다는 논의가 진행되고 있다.[113] 이런 점에서 성격장애의 극단성에 대한 병리와 진단에서 감별의 문제는 꾸준히 제기되고 있다. 이런 점에서 진단 자체보다는 내담자의 증상을 이해하고, 개입을 위한 방편으로 진단을 이해해야 한다. 또한 어느 도구로 진단을 해야 더 정확한지에 대한 것보다는 개입을 위한 효과적인 방법으로 진단과 특성을 이해하고 수용하려는 노력이 더 적절하다. 특히 성격장애의 특성상 혼란스러운 부분과 경계의 중첩, 그리고 증상의 복합적 특성 등으로 인해 이런 혼란이 더 증폭되지 않도록 안정적 개입을 위한 노력이 중요하다.

---

113   하태연, "양극성장애와 성격장애의 경계," 「신경정신의학」, 57/4(2018), 314.

3. 성격장애 상담모델

성격장애 특성은 세상에 대한 자신의 태도와 연관이 있다. 성격장애가 그 자체로 정상과 이상의 경계에 있고, 성격장애의 특성을 나눈 유형을 이해하면 의존 상태에서 자기중심적 상태의 전환과정에 있는 것으로 볼 수 있다. 이는 병리적 특성으로 나타나 혼란을 주고 어려움을 나타내지만, 발달의 과정에서는 정상 발달의 맥락에서 충분히 나타날 수 있는 것이다. 이런 점에서 아동·청소년기의 성격장애 증상은 병리로 진단하지 않고 유보하게 된다. 하지만 이런 입장은 문제를 더 키우고 발현이나 진단을 지연시키기만 할 뿐, 능동적으로 개입하지 못하여 더 큰 위험을 만들기도 한다. 성격장애를 성격특성으로 이해한다면 발달 단계와 과정을 보다 효율적으로 거치도록 도울 수 있으며, 훈습을 원활하게 할 수 있는 구체적인 목표를 세우는 데에도 도움이 된다. 따라서 성격장애의 개입에서 가장 중요한 개입의 중심 가치는 성격의 발달을 가치로 해야 한다는 것이다. 성격 발달이라는 가치는 성격특성이 병리적으로 나타나지 않거나 개성이라고 볼 수 있는 정도에서도 성숙한 적응을 위해 능동적인 개입을 할 수 있게 한다. 원리적인 측면에서 이를 자기실현 과정으로 이해하고 성장을 지향해야 한다. 성격장애를 중심으로 상담 개입을 한다는 것은 이런 과정을 통해 상호작용을 경험하면서 자신을 통찰하고 능력을 향상한다는 것을 의미한다.

이런 부분을 중심으로 개입을 하면 하나의 이론 체계가 아니라 다양한 이론 체계가 복합적으로 작용할 수 있다. 기본적으로 이론은 심리적 체계와 관계적 체계로 구분할 수 있다. 심리적 체계는 개인 심리를 중심으로 하는 체계이며, 관계적 체계는 두 사람 사이의 작용과 연관이 있는 심리를 중심으로 하는 것으로 정리할 수 있다. 이런 점에서 성격장애의 상담 개입은 두 가지 방향으로 전개할 수 있다. 하나는 개인 심리구조의 변화이며, 다른 하나는 관계에서의 반응에 대한 것이다. 개인 심리구조의 변화는 자아를 강화하고, 자아정체성 형성과정의 발달로 볼 수 있다. 관계에서의 반응은 개인 심리구조의 작용과 반응에 대한 것으로 자신을 외부로 드러내는 표현 양식과 상대의 자극에 반응하는 것과 표현과 반응의 조절 능력에 대한 것으로 볼 수 있다. 임상적으로는 이를 명확하게 구분할 수 있는 것이 아니기 때문에 혼란이 나타날 수 있으며, 개입이 모호해지기도 한다. 그렇다고 해도 개입은 이를 고려한 다음에 일관된 방향성을 중심으로 구체적인 목표를 세우고 훈습을 진행해야 한다. 따라서 개입의 방향성은 개인의 심리와 관계의 심리의 두 차원에서 설계되고 진행되어야 한다.[114]

    상담의 과정에서 이를 기반으로 여러 이론 체계를 이해하고 내담자 특성에 맞도록 적용해야 한다. 다른 상담도 마찬가지겠지만, 일관성 있고 체계적인 개입은 중요하다. 성격장애는 기본적으로 성격장애 구조형성 과정에서 나타난 어려움과 연관되어 있으므로 안정적인 구조를 만드는 것은 필요하다. 심리적 구조는 상담사와 내담자가 함께 만드는 과정으로 볼 수 있으며, 상담사는 훈습 과정에서 작용의 핵심이 된다. 물론 내담자가 모든 치료에서 주체이며 주도적이라는 데에는 이

---

114   Mcwilliams, 『정신분석적 진단』, 67.

견이 없다. 하지만 상담사는 치료과정에서 일시적이든 지속적이든 내담자를 지탱하거나 균형을 맞추는 중심 추의 역할을 하게 된다. 이를 위해 상담사의 역할과 기능이 상담사 자신을 넘어서 거울이나 비계와 같은 도구적 상태가 될 수 있다. 이 과정에서 상담사 자신의 혼란을 경험하면서 내담자의 반응에 전이와 역전이가 나타나게 된다. 결국 상담과 치료의 과정에서 상담사는 자신의 전문성을 드러내려는 노력보다는 내담자 치료를 위한 기능과 역할을 해야 한다. 대부분 상담사는 자신이 하던 방식이나 구조가 편하므로 자동 반응하게 되는데, 성격장애의 특성상 내담자가 주도적 역할을 하거나 상담사와 신경전을 하면서 상담사를 깊은 늪으로 끌어들이게 된다. 따라서 성격장애 상담에서 상담사는 내담자에게 적합한 방식과 과정을 선택해야 하고, 상담사의 익숙한 방식을 넘어 내담자의 성장을 위한 선택을 해야 한다. 결국 상담의 중심은 상담 윤리의 원칙에서 내담자의 복지를 최우선시해야 한다.

성격장애는 자기 욕망의 발현과 욕망을 실현하는 발달과정을 보여준다. 정신분석은 욕동의 발현과 억압, 그리고 생존 과정에서 의존적 상태에 있게 된다. 영유아기의 생존방식으로 의존은 어느 순간 갈등과 분열의 과정에서 성장을 경험하게 된다. 이런 성격장애 특성의 반복은 서서히 부모와의 의존적 관계를 청산하고 독립된 자아로 주체적 삶을 살게 한다. 이 과정에서 세상에 맞서는 자신의 특성을 나타내는 성격을 형성한다. 이 과정에서 발생한 불협화음으로 장애가 나타난다. 상담의 과정에서 상담사는 내담자의 감정과 상처, 그리고 혼란과 어려움을 공감하기 어렵다. 내담자가 경험하는 다양한 정서의 전이는 물론이고, 이를 통해 경험되는 혼란과 갈등, 그리고 피해에 대한 공포나 불안, 내담자의 극단적인 행동이나 위협에 대한 두려움과 거부, 혐오 등의 다양한 감정과 정서를 경험한다. 이로 인해 치료과정에서 내담자의 내면세계를 외면하고, 상담사 자신도 성찰과 기능의 혼란을 겪게 한다.[115] 내담자들은 문제행동의 이면에 자신의 고통과 아픔을 효과적으로 감추고 있으므로 성격장애는 개인 특성을 넘어 여러 관계에서 다양하게 나타난다. 이로 인해 내담자의 이중적 태도와 관계 경향이 나타나게 되며, 자기 스스로 통제하지 못하는 정서와 사고, 그리고 태도와 행동으로 이어진다. 이런 모습은 상담사가 도와주려는 노력을 철회하고 후퇴하게 한다. 내담자의 외로움과 융합된 불안, 분노, 그리고 취약성으로 인해 관계지향과 회피에서 심한 갈등을 겪게 된다. 이런 작용에서 민감성이 두드러지면서, 자기중심성과 다른 사람의 감정에 대한 냉담과 무시가 교차하면서 반응을 어렵게 한다.

성격장애 상담의 개입모델은 맥락과 발달에 초점을 맞추어 접근해야 한다. 이는 성찰을 통한 자기 탐색과 대인관계 탐색을 통해 전개된다. 성찰은 자기 자신은 물론이고 대인관계에서도 이루어진다. 성찰은 전체적인 세상과 자기 자신만의 세상, 그리고 다른 사람의 세상을 이해하고, 이에 반응하도록 하는 것이다. 이런 능력은 애착 체계의 상호작용과정을 통해 드러나는 능력으로 성찰은 심리·사회적 환경을 평가하고, 조절하고, 형성하여 유전적 표현 양태를 조절하도록 하는 핵심 기

---

115 Bleiberg, 『아동·청소년 성격장애 치료』, 5.

제가 된다.[116] 결국 성찰은 다른 사람의 마음을 읽고, 자기 자신과 다른 사람의 행동과 태도 이면의 감정, 신념, 생각과 의도를 알게 한다. 이로 인해 유대와 친밀에 대한 욕구와 동시에 심리적 스트레스가 나타난다. 이런 과정에서 악순환이 나타나면서 중증 성격장애나 복합적인 병리가 나타날 수 있다. 이런 경험은 성격장애 특성의 생존방식이 자신과 가족에게 큰 고통을 주며, 부적응을 강화하는 방향으로 다른 사람의 반응을 불러일으킬 수 있다. 이런 경우 상담사는 내담자의 성찰과 별개로 상담사 자신을 성찰할 필요를 경험하게 된다. 상담사의 한계 경험은 상담의 개입 과정과 작용하는 정서를 다루는 데에서 나타난다. 상담사는 자신의 한계를 경험하며, 무능감을 자극받고 좌절을 경험하게 된다.[117] 이런 경험은 상담에 대한 좌절을 주거나 상담사의 무가치함과 무능력을 자극하여 깊은 수렁으로 빠지기도 한다. 결국 성격장애 상담의 개입은 상담사의 자기 성장과 깊은 연관성에서 이해해야 한다.

성격장애 상담에서는 내담자의 성장은 물론이고, 상담사의 지속적인 성장과 성숙을 위해서도 상호적 관계를 고려해야 한다. 특히 성격장애 상담은 상담사의 정서적 고립과 갈등, 그리고 상호작용 경험을 통해 성장의 동력이 되기도 한다. 성격장애 상담은 상담사가 내담자에 대한 기대보다는 자기 자신에 대한 기대와 인내를 가지고 접근해야 한다. 개입 과정에서 변화의 동력을 만드는 데 상당한 시간과 노력이 필요하며, 변화가 시작되어도 나선형으로 진행되어 지치기 쉽기 때문이

---

116 Bleiberg, 『아동·청소년 성격장애 치료』, 8.
117 Bleiberg, 『아동·청소년 성격장애 치료』, 19.

다. 결국 성격장애 상담은 상담사의 인내와 노력, 그리고 내담자의 의지가 맞물려 효과를 나타낼 수 있다. 상호작용을 통해 상처를 치유하고, 조절 능력과 적절한 좌절 경험을 통해 성숙해질 수 있다.

이를 토대로 한 성격장애 개입은 상담자와 내담자의 협력적 관계를 통한 나선형 성장모델로 할 수 있다. 상담에서 내담자의 진술과 성찰을 상담자가 수용하고 공감하고 재진술 및 반영의 반복이라고 할 수 있다. 이 과정에서 상담자는 내담자의 진술과 성찰에 나타난 부정적인 인식을 객관화하며, 내담자의 성격과 인격을 구분하여 반응하고, 이를 토대로 성격을 재구성하고 재구조화하여 반영하게 한다. 이 과정에서 전이와 역전이가 발생하게 되는데, 상담자와 내담자의 역동과 상호작용을 통해 변화를 경험하게 된다. 일시적인 퇴행이나 변화는 안정적으로 긍정적인 변화를 지향하면서 성장하게 되는데, 이때 반복되는 경험은 인식의 변화는 물론이고, 내담자의 경직된 삶의 태도에 여백^{margin}을 준다. 이로 인해 경직성이 완화되고 변화를 수용할 수 있는 능력이 생긴다. 내담자와 상담자의 성격상담 모델은 상호작용모델로 상담자와 내담자가 한 쌍으로 합을 맞추어 춤을 추는 파드되$^{pas\ de\ deux}$ 같은 종합 예술이다.[118] 이는 균형과 통합을 나타내는 생명나무 구조로 호생^{互生}, ^{alternate}의 원리와 맥락을 같이 한다. 한꺼번에 올라갈 수 없는 높이도 서로 지그재그로 이어지면서 상호작용을 하면 올라갈 수 있게 된다. 계단이나 높은 곳에 올라가도록 만든 나선형 도로는 이런 원리를 잘 보여준다. 이는 우주의 원리가 반영되는 것으로 수열에서도 나타나고, 식

---

118 여한구, 『심리상담매뉴얼』, 4.

물의 성장을 나타내는 호생 배열과 같은 자연현상에서도 나타난다.[119] 이는 유대교의 카발라의 영성에서도 찾아볼 수 있는데, 이런 과정은 창조행위로 상징되기도 한다. 이런 구조와 원리는 성격장애 상담의 중요한 성장점을 제시한다. 이 모델은 균형이 깨진 우주가 스스로 자신을 지켜가는 창조의 섭리를 깨닫게 하고, 삶에서 결핍과 불균형을 바로잡는 원리를 제공한다. [120] 이 모델은 다양한 상담이론이나 기법을 적용하면서 변화에 적응하도록 개입할 수 있다. 때로는 행동치료와 학습치료 같은 구체적이고 직접적인 기법에서부터 정신분석에서의 전이와 역전이 같은 심층적 개입까지 치료 작용을 위해 활용할 수 있다. 하지만 이 모델은 종종 반복되는 경험과 자기 성장의 정체 및 한계를 경험하게 되면서 항상 제자리걸음 하는 것으로 느껴지고 상담사와 내담자 모두 긴 여정에 쉽게 지칠 수 있다.

---

119 이창복·김윤식, 『신고 식물분류학』, (서울: 향문사, 1985), 65.
120 여한구·박경화, 『색채심리: 12색을 활용한 심리분석 및 상담』, (서울: 비채, 2021), 88.

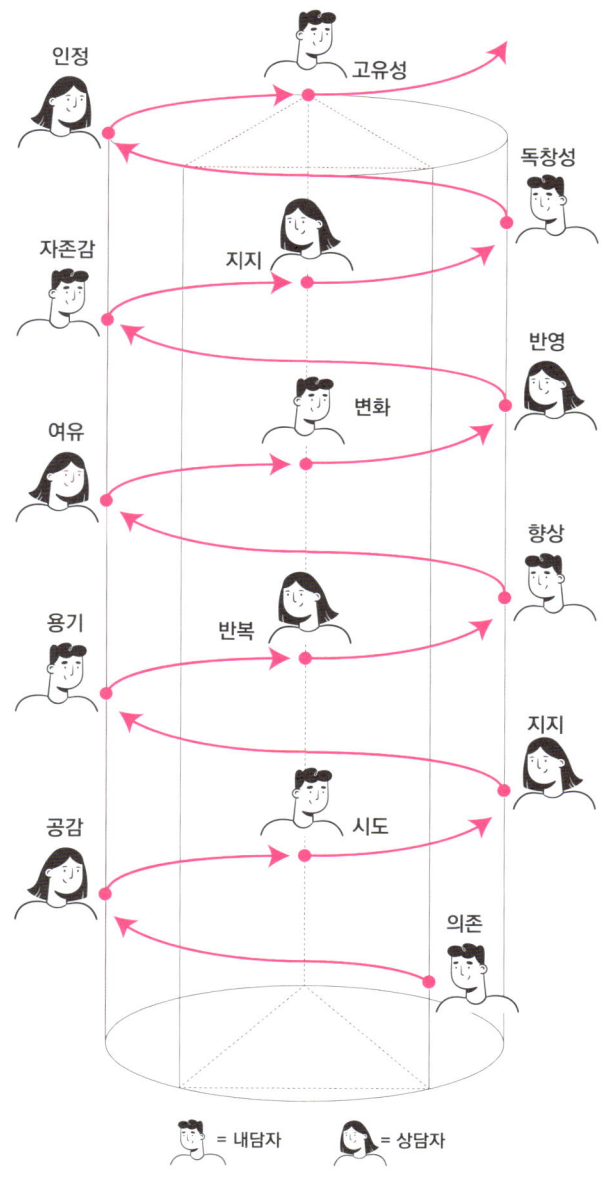

상담에서의 내담자 성장과정

4. 성격장애 상담의 기술

성격장애 상담의 본질은 자아의 발달과 주체적 자아 형성이라고 할 수 있다. 사회적 존재로 개인은 다른 사람들과의 이해관계 속에서 자신을 지키면서 살아야 한다. 성격장애는 특히 정서를 기반으로 한 행동이나 태도와 연관이 깊다는 점에서 성격장애 상담의 본질에는 정서적 자기조절능력이 핵심이다.[121] 이는 개인의 정서와 감정을 고려하여, 표현되고 드러나는 상태를 기반으로 이해해야 한다. 개인의 감정이나 정서는 상당한 에너지를 가지고 있는데, 이를 통제하고 조절하는 것이 성격 차원에서 반영되는 것이다. 감정은 행동이나 태도를 통해 드러나므로 이에 대한 적절한 반응이나 표현이 중요하다.[122] 이런 점은 개인의 정서 조절과 주의 및 집중 조절, 그리고 인지와 반응의 조절로 나누어 반영된다. 결국 성격장애 상담의 본질은 조절력의 내면화이고 통제자로서 자아의 발달로 이해할 수 있다. 정서 조절은 자기 조절에 사용된다. 이런 점에서 성격장애 상담의 개입은 조절 능력의 강화에 중점을 두어야 한다.

성격장애는 ADHD나 충동조절장애와 같은 조절 능력과 연관 있는 다른 증상들이 신체적으로 나타나거나 감정 표출 반응이 주된 것과는 구별되게 정서를 주요 기반으로 한다는 점에서 맥락을 달리한다.[123] 사고와 인지, 그리고 행동의 차원에서 나타나는 다른 증상들과 달리

121　Carver & Scheier, 『성격심리학』, 696.
122　Clarkin, Fonagy & Gabbard, 『성격장애의 정신역동치료』, 71.
123　민성길 외, 『최신정신의학』, 645.

성격장애는 정서와 감정의 차원에서 나타나기 때문이다. 특히 이런 작용이 정신화의 과정에서 마음의 혼합정서와 개인과 사회의 가치에 대한 인식 부족에서 나타나는 모호성에 기초하면서 발달의 과제와 연관되기도 한다. 특히 정서 조절의 차원은 신념에 관한 잘못된 믿음을 이해하는 능력인 마음의 이차이론이나 갈등과 관련된 혼합정서, 그리고 기대와 편견의 모호한 해석의 능력, 사회적 기만에 대한 이해와 현실검증 능력의 결핍 등에서 나타난다.[124] 이런 다양한 장면과 능력의 조절과 연관된 정신화의 과정이나 내용은 다양한 차원에서 논의되고 접근해야 할 것이다. 하지만 그 본질에는 자아의 조절 능력이 핵심과 중요한 균형자 역할을 한다는 것을 이해해야 한다. 이런 점에서 성격장애 상담은 정서와 반응, 그리고 인지와 표현의 다양한 조절 능력의 향상과 강화를 기반으로 한다고 할 수 있다. 이런 과정은 원인론적으로는 개인의 유전적 소인이나 학습 등 다양하게 분석할 수 있고, 정신역동 차원에서 해석되기도 한다. 하지만 어떤 원인 모델이던지 중요한 것은 현상을 만들어내는 그 중심에 자아의 조절 능력이 제대로 작동하지 못하고 있다는 점을 염두에 두고 개입해야 한다는 것이다.

개인의 조절 능력의 향상이나 강화는 견고하고 독립된 자아의 힘을 강화하는 것이 핵심이다. 자아는 개인의 내적 혼란을 정리하고, 외부로 드러나는 다양한 반응을 통제하는 중추이기 때문이다. 따라서 그 원인이 어디에 있던지 개인이 사회에 적응하는 과정에서 자기 자신과 세상이 가진 힘의 균형을 갖추고 적절히 상호작용할 수 있도록 하는

---

124   Clarkin, Fonagy & Gabbard, 『성격장애의 정신역동치료』, 74.

것이 개입의 본질이라고 할 수 있다. 이 힘이 개인이나 집단의 스트레스와 관계에서 나타난 다양한 방식의 애착이나 혼란을 적절하게 조절하는 것이다.[125]

이런 점에서 성격장애의 병리적 특성은 경계성 성격장애에 집중되어 있는 것으로 보아야 할 것이다. 물론 다른 성격장애들이 병리적 특성이 없는 것은 아니다. 발달 특성으로 볼 때 미숙함이 나타난다고 해도 실제로는 병리적 특성을 나타낸다. 경계성 성격장애 특성이 두드러지면 분석이나 치료적 개입이 불가능할 정도로 어려운 상태에 놓이게 되는데, 경계선에서 자기중심성을 찾는 자기애성 특성으로 전환되면 개입이 가능한 상태가 된다.[126] 결국 성격장애는 경계성 특성이 나타나고, 이를 자아가 중심성을 가지고 통제하지 못하면 경계선의 혼란이 나타남으로써 성격장애를 유발하게 된다. 이런 점에서 성격장애 상담의 기술적 측면에서 경계성의 특성을 이해하고, 이에 대한 성장점을 찾아 치료적으로 개입하도록 하는 것이 기술적 접근이라고 볼 수 있다.[127] B군의 특성인 혼란, 그리고 경계성이 나타내는 병리적 혼란은 발달과 성장의 저해 요인이며, 병리의 핵심이다. 여기에 하나를 덧붙이자면 내담자의 치료 회피를 위한 방지도 중요한 기술적 접근이된다. 성격장애는 관계적인 측면에서 불안정성이 상당히 많이 나타나는데, 이로 인해 도망가려는 작용이 나타나기도 한다.[128] 이런 점에서 상담의 지속을 위한 장치도

---

125 Clarkin, Fonagy & Gabbard, 『성격장애의 정신역동치료』, 85.
126 Clarkin, Fonagy & Gabbard, 『성격장애의 정신역동치료』, 214.
127 Arnoud Arntz, Hannie van Genderen, 『(경계선 성격장애를 위한) 심리도식치료』, (서울: 명상상담연구원, 2015), 12.
128 Mcwilliams, 『정신분석적 진단』, 33.

기술적인 접근에서 다루어야 한다.

이런 점에서 성격장애 상담은 진단과 평가를 통해 개인의 정서 상태를 이해하고 이에 맞는 적절한 성장을 목표로 하여 구체적인 상호작용과 성장을 위해 새로운 방식을 학습하고 경험해야 한다. 이런 훈습은 주로 상담자와 내담자의 상호작용에서 나타나게 되는데, 이때 상담자는 내담자가 다양한 측면을 고려할 수 있도록 행동, 사고, 그리고 정서적으로 이해하고 경험할 수 있도록 해야 한다. 성격장애 상담의 개입 기법은 이런 과정에서 자신의 방식과 상담사의 개입에서 적절한 재경험과 재구조화를 통해 이루어지기에 다양한 개입 방법이 적용될 수 있다. 성격장애 상담에서 제시되는 독창적인 방법이 있는 것이 아니라 여러 이론에서 사용하는 기법들이 다양하게 적용될 수 있다. 여러 전통에서 활용되는 대화법, 빈 의자 요법이나 스프에 침 뱉기 등의 다양한 기술, 그리고 미술치료나 음악치료 등의 다양한 매체 및 기법이 활용될 수 있다. 이를 통해 상담자와 내담자의 상호작용 에너지가 교류해야 하며, 사고와 정서, 그리고 행동을 기반으로 내면화와 표현이 적절하게 반영되도록 해야 한다. 이 과정에서 특히 표현의 방식이나 기교에서 정교하게 다듬어지고 수정되는 반복과 상호작용을 통해 기존 방식과 경험을 해체하고 새로운 방식이나 경험을 내면화하는 것이 성격장애 상담의 기술적 접근이다. 이는 치료는 사람을 중심으로 하므로 이론의 전통을 고집하기보다는 내담자를 위한 최선의 활동이나 방법을 적용할 수 있는 유연성과 탄력성을 가지는 것이 중요하다.

10장
자아 발달과 성격장애 상담

1. 성격장애 상담과 자아

성격장애 상담에서 자아는 치료의 중심에 있다. 자아는 한 개인의 성격을 통제하고 표현하는 핵심 기능과 역할을 하는 마음의 개념으로 자아는 자신을 대표하는 개인의 특질을 나타내는 작동의 원리와 방식을 말한다.[129] 자아는 행동과 생각, 그리고 표현의 중추로 다양한 생각과 경험, 그리고 정보를 취합하고 반응하면서 나타내는 개인의 반응양식이다. 자아는 마음의 구조와 작용의 중심으로 자신을 드러내는 인격의 한 부분으로 내면 정신의 다양한 요소와 내용을 조절한다.[130] 자신의 원초적인 감정과 정서를 조절하여 다른 사람과 상호작용을 원활하게 하며, 자신이 원하는 것을 비난받지 않고 이룰 수 있게 한다. 자아는 세상에 적응하고 살아남기 위한 방식으로 방어기제를 통해 보호하는 것처럼 적응과정에서 다양한 방식으로 자신의 특성을 나타낸다.[131]

---

129 송인섭, 『자아개념』, (서울: 학지사, 2013), 21.
130 현성용 외, 『현대심리학의 이해』, (서울:학지사, 2020), 373.
131 Michael Kahn, 『21세기에 다시 읽는 프로이트 심리학』, 안창일 옮김, (서울: 학지사, 2008), 154.

프로이트는 마음의 구조를 본능, 자아, 그리고 초자아로 구분하였는데, 자아를 본능과 초자아의 갈등에서 파생된 것으로 보았다.[132] 이후 자아심리학이 발달하면서 자아의 탄생에 대해서 두 가지 경향으로 인식하였다. 프로이트는 자아에 대해서 본능과 초자아의 갈등 속에서 나타난 부차적인 것으로 보았다. 하트만은 인식이나 기억과 같은 자아가 사용하는 기제들은 본능의 좌절에서 발달한다는 프로이트의 이론과는 다르게 처음부터 독자적인 발달을 한다고 했다. 사람은 초기에 분화되지 않은 모체에서 본능과 자아가 나타난다고 했다. 프로이트의 구조이론에서는 자아가 본능에 의존하지만, 하트만은 마음의 상당 부분은 갈등이 없는 영역에서 작용하는 독자적 발달을 한다고 한다.[133] 이 과정을 통해 자신에 대한 인식이 뚜렷해지고, 서서히 자신에 대해 확고한 신념이 생기게 된다. 이런 점은 성격의 선천성이나 후천성에 대한 이해와 연계될 수 있다.

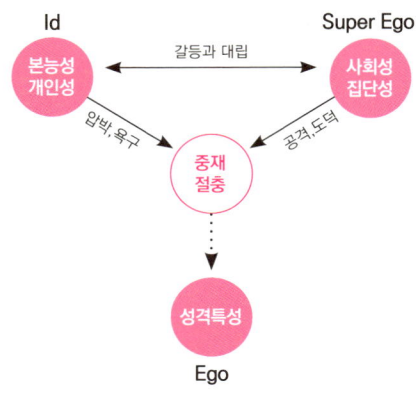

개인의 성격구조

132 Chessick, 『자기심리학과 나르시시즘의 치료』, 214.
133 Peter Fonagy & Mary Target, 『정신분석의 이론들: 발달정신병리학적 관점』, 이효숙 옮김, (서울: NUN, 2014),
80; Arnold M. Cooper, 『현대정신분석』, 이만홍 외 옮김, (서울: 지혜와사랑, 2019), 491.

사람은 태어나면서부터 외부의 도움을 받지 않고는 생존할 수 없으므로 기본적으로 의존적이다. 성장하면서 점차 의존 관계를 벗어나 독립적 존재가 된다. 이런 의존은 초기 물질적 관계를 넘어 정신적 의존에서 벗어나야 한다. 자아는 부모나 주변 사람에게 의존하는 관계에서 벗어나 자신을 찾게 된다. 이때 발달하는 자아는 생존방식과 이에 대한 작용으로 자기 특성을 찾는 과정에서 형성되는 것으로 주변과 상호작용하면서 자기의 고유성을 형성한다. 자아는 가족이나 학교와 같은 공동체나 사회, 문화와 같은 특성에 지대한 영향을 받는다. 서구 사회는 개인의 특성을 중시하는 사회적 배경으로 인해 개체적 자아가 중요하게 인식되고 있는 반면에 한국과 같은 전통적 대가족 문화는 개인의 특성이나 욕구보다는 집단의 가치를 중시하므로 총체적 자아로 성격을 나타낸다. 민족성이라고도 불리는 특성은 개인보다는 집단을 우선하는 특성으로 반영되기도 한다. 개인의 정서와 경험을 통해 형성되는 성격특성의 방향을 보여준다. 이런 경향성은 개인 성격이 자아 특성을 반영하며, 관계성 속에서 자아의 상태를 드러내면서 성격특성을 나타낸다. 일반적으로 의식과 무의식으로 구분하지만, 무의식이 강하게 작용하더라도 실제 성격은 무의식을 포함한 자기 자신을 대표하는 주체는 자아이다.[134] 물론 자아라는 개념도 성격을 설명하기 위한 장치로 관념적이지만, 현재로서 자신을 가장 잘 나타내는 것은 자아이다. 성격특성을 현상이나 유형으로 구분해도 성격은 자아의 표현방식으로 자신의 힘을 드러내고 자신을 완성해가는 과정의 핵심이다.[135]

134　Edward F. Edinger, 『자아발달과 원형』, 장미경 옮김, (서울: 학지사, 2016), 15.
135　Kahn, 『21세기에 다시 읽는 프로이트 심리학』, 43.

2. 자아의 발달과 성장

1) 자아 발달의 구조

자아의 성격특성은 자아의 특질을 반영하는 정체성과 관련된 것으로 자아개념이 확장되면서 자신의 능력을 체계적으로 만들어가고 나타내는 것이다. 자아 특성에서 성격은 발달을 중심으로 두 축으로 구성된다. 하나는 자아의 발달과 성장의 방향으로 일반적 인식 내용에 대한 처리능력이며, 다른 하나는 인식된 정보를 처리하고 표출하는 방향에서 나타난다. 자아의 발달과 성장은 자아정체성 형성과정으로 설명할 수 있으며, 각 단계마다 발달과제가 있다.[136] 발달의 각 단계에서의 경험이 축적되어 자신을 인식하는 방향성을 나타내는데, 이는 자아개념을 질적으로 나타내는 방향성을 나타내는 자아존중감으로 설명된다. 자아존중감은 자기 인식의 정도와 경향성을 나타내는 것으로 자아를 유지하고 건강하게 관계하게 하는 핵심 역할을 한다. 이런 다양한 요소의 발달과정을 거쳐 자아가 견고해지며 자신이 누구인지 세상과 어떤 관계를 어떻게 맺어야 하는지를 형성한다.

자아 발달은 자기 자신에 대해서 인식하게 되는 자기 인식self recognition에서부터 시작된다.[137] 자아의 발달은 출생 이후 영유아기를 거쳐 성인기까지 이어지면서 점차 뚜렷해진다. 자아는 구성요소를 중심으로 하는 개념, 정서, 그리고 행동을 포함하여 드러나고 반영하는 태

136　김현진 외, 『성격심리와 성격상담』, 22.
137　Edinger, 『자아발달과 원형』, 16.

도의 세 축을 중심으로 발달하게 된다. 이 축은 인식과 실행의 기능으로 작용하게 된다. 자아를 구성하는 다양한 요소는 개인의 내적 발달과 사회적 발달로 구조화할 수 있다.[138] 자아는 자신의 내면에 머무르지 않고, 사회적 관계로 확장되기 때문이다. 자아는 주변 환경에 적응하며 다양한 모습으로 변화하면서도 스스로 자신을 인식한다. 이 과정에서 자아는 상대적으로 반응하고 작용하기 때문에 뚜렷한 정체성보다는 적응적 상태와 정체성이 두드러진다. 자신을 인식하면 다른 사람과의 관계에서도 원만한 상태에서 사회적 관계를 유지하는 사회적 자아가 형성되는 것이다.[139] 자아감을 형성하는 과정에서 자신에 대한 다양한 인식이 나타나며, 욕구 해결 과정으로 작용이 나타난다.

자아개념의 발달과정을 통해 만들어지는 자아존중감은 자기 자신과 세상의 관계를 정리하여 나타난다. 이런 과정에서 자아개념은 만족과 불만이라는 형식으로 인식하게 된다. 이 과정에서 자아 개념을 촉진하는 것은 자아 추구와 자아 보존으로 설명된다. 자아개념의 다원성은 서로 다르게 작용하고 반영되는 자아 사이의 갈등과 경쟁으로 나타나기도 한다. 자아개념은 상당히 주관적이지만 궁극적으로는 자신을 객관화하는 과정에서 정립되는 자아 인식이다. 자아의 발달은 다면적, 다층적 구조로 진행되어 복잡하다는 점에서 성격특성으로 자아의 복잡성과 다변성을 먼저 이해해야 한다.

---

138 송인섭, 『자아개념』, 28.
139 Santrock, 『발달심리학』, 191, 445.

2) 자아의 구성요소 발달

자아의 발달은 구성요소를 중심으로 이해할 수 있다. 구성요소를 중심으로 한 발달은 자아개념을 중심으로 자아정체감에 이르는 청소년기의 발달과제와 맥락을 같이 한다. 자아는 자기 자신의 주체로서 영아기에는 미분화 상태이지만 점차 취약한 상태, 그리고 독립적 상태로 발달하면서 자아를 확립해간다. 아동기의 자기 인식은 자아개념에서 자아정체감을 형성하는 과정이라고 할 수 있다.

자아개념$^{self\ concept}$은 다른 사람과 구별되는 자신의 고유한 특성으로 자기 인식을 통해 형성되는 자기 자신에 대한 기본적인 이해이다. 신체적 특성, 개인적 경험과 표현양식, 특성, 가치관, 희망, 역할, 사회적 신분 등을 포함하여 자신에 대해 이해하고 깨닫는 것이다. 경험을 통해 인식의 구조와 틀이 형성되고 자동 반응하는 성격이 된다. 자아개념의 발달은 아동기를 지나 청소년기가 되면 남의 시선을 의식하고 다른 사람과 비교하면서 더 민감해진다. 이상적 자기 모습을 상상하고 때로는 이상적 자아상에 따라 행동하려 노력한다. 이상적 자아가 너무 낮으면 성취욕이 없고, 너무 높으면 심한 좌절과 자기 모멸에 빠지게 된다. 현실적 자아개념은 자기수용, 정신건강 등으로 이어지고, 현실적 목표를 달성하게 만든다. 청소년의 자아개념은 단순히 '자아'를 스스로 이해하는 것뿐만 아니라, 자신이 속할 사회적 지지 집단을 스스로 선택하고 이러한 집단으로부터 자기개념에 대해 피드백을 주고받는 과정을 포함한다.[140] 이러한 모든 과정을 통해 통합된 자기개념을 형성하는 것이 청소년기의 대표적 과업이다. 자아개념은 청소년기를 넘어 성인기에 이르러 안정되고 강화된다. 스스로가 누구인지에 대한 정체감 형성의 핵심이다.

자아유능감은 자신의 능력에 관한 자기 확신이다. 자아개념의 형성과 함께 이를 구체화하고 현실적 경험으로 내재화하기 위한 작용으로 자아유능감의 단계는 자신에게 확신을 주고 시도를 위한 용기와 성취의 기회를 제공하는 힘을 제공한다. 자아유능감은 숙달동기 mastery motivation을 통해 강화된다.[141] 자아유능감은 아동기에 자신의 강점을 강조하고 자기 자원을 강화하는 것으로 일상생활에 대처하고 작용하는 개인 능력의 핵심이다. 자아유능감은 다양한 영역을 반영하여 자아 평가적 사고 및 일반적 자아감으로 단순히 특정한 자기개념을 모아 놓은 것 이상의 힘을 갖는다. 자아유능감을 갖지 못하면 무력감이 생기게 되고, 불안이나 우울 같은 개인 정서에 부정적 영향을 주게 된다. 이로 인해 자신감이 약해지고 눈치를 보며 위축된 상태가 되며, 자신이 처한 상태에서 노력에 대한 희망이 없으면 상황개선의 의욕을 잃거나 포기하게 된다. 자아유능감은 낯설고 새로운 일이나 어렵게 느껴지는 일을 성공적으로 수행하거나 도전하려는 의지와 감정에 대한 자기 확신이다.[142] 자아유능감은 자신이 존재하는 세상에 대한 자신감을 반영하고 있는 것으로 반복된 성공 경험을 통해 강화되고 학습될 수 있다. 자아

140 　현성용 외,『현대심리학의 이해』, 248.
141 　David R. Shaffer & Katherine Kipp.『발달심리학』송길연 외 옮김, (서울: 박영스토리, 2014), 542.
142 　곽금주,『발달심리학』, (서울: 학지사, 2016), 281.

유능감이 중요한 것은 새로운 일이나 환경에 대해 두려움이나 불안을 넘어서 도전하고 적응하는 기본적인 태도를 나타내기 때문이다. 자신에 대한 확신과 믿음을 형성하고 더욱 잘 할 수 있게 하는 원동력이 될 수 있기 때문이다.

자아효능감 self efficacy은 주어진 과제를 성공적으로 수행하고 보다 효과적으로 목표에 도달할 수 있다는 자신의 능력에 대한 자기의 평가와 신념이다.[143] 자신의 능력에 대한 믿음인 자아효능감은 새로운 일에 대한 불안과 두려움을 감소시키며, 기존 일에 대한 자신감을 강화하여 최선의 결과를 나타내게 된다. 자기효능감은 스스로 과제 수행에 있어서 긍정적 감정을 갖게 하고, 상위과제에 도전하려는 열정을 제공한다. 자아유능감의 단계에서 숙달된 능력을 획득함으로써 얻게 되는 단계로 자아유능감이 할 수 있다는 자신감을 나타낸다면, 자아효능감은 주어진 일에 대해 효과적으로 수행해낼 수 있다는 적극적 자신감을 기반으로 하는 진취적인 태도와 효율적 수행의 기반이 된다.[144] 자아효능감은 환경이나 상황에 영향을 주는 힘에 대한 신념으로 유능하게 대응하는 실지의 힘과 선택 등에 영향을 준다.

자아정체감은 자아 인식을 토대로 나타내는 정체감으로 개인의 특성과 성격뿐 아니라 사회적 관계, 소속된 사회 집단 등을 통해 나타난다. 자아의 발달을 통해 자기 자신의 능력을 인지하고 세상에 적응하며 살아가는 자기의 능력과 본질에 대한 자기 신념과 확신이다. 이는

143 　현성용 외, 『현대심리학의 이해』, 334.
144 　김민정, 『쉽게 풀어 쓴 성격심리학』, (서울: 학지사, 2020), 261.

자아유능감과 자아효능감을 토대로 자기 자신을 이해하고 외부로 드러내는 성격의 핵심 기능과 역할을 한다.[145] 자아정체감은 자신에게 주어진 환경이나 상황에서 대처하고 반응하는 특성으로 나타난다. 자아정체감은 개인의 과거와 현재, 그리고 미래를 설명하는 성격특성으로 성장하면서 변화한다.

자아발달은 세상에 태어나면서 가진 선천적 요인이 환경적인 요인과 역학적 관계를 맺으면서 지속적으로 상호작용하면서 신체적, 지적, 정서적, 그리고 사회적으로 변화하는 전 과정에 걸친 상호작용이다. 자아정체감 형성은 과거의 경험이나 인식이 반영되어 형성되고, 미래에 대한 자기인식을 만들기도 한다.[146] 이런 과정을 통해 자아의 개념을 구성하는 여러 요소는 성장과 발달을 하면서 변화와 도전에 대응하는 방식으로 자아 중심성을 유지할 수 있는 능력을 획득한다. 자아가 성격특성을 나타내는 것에서 중요한 것은 견고하고 단단한 것이 아니라, 변화에 일시적으로 혼란을 겪을 수 있지만, 중심을 잃지 않고 자기 자신의 자리로 항상성을 유지할 힘을 갖는 것이다. 이처럼 개인의 성격특성은 자아를 건강하게 하는 여러 요소가 반영된 상호작용의 유기적 관계로 나타난다.

자아의 구성요소 발달

---

145 Chessick, 『자기심리학과 나르시시즘의 치료』, 216.
146 권석만, 『인간이해를 위한 성격심리학』, (서울: 학지사, 2017), 192.

3) 정서적 자아의 발달

자아의 발달에서 중요한 한 축은 정서와 연관이 된다. 정서는 사고와 행동에 영향을 주는 요소이므로 정서 발달은 중요하다. 정서적 자아는 객관성이나 합리성보다는 주관적 경험을 토대로 하므로 아동기 경험을 통해 방향성이 형성된다. 아동기에 자기 자신에 대한 개념을 형성하면서 자신의 속성에 대해 긍정적 또는 부정적 가치를 부여하게 된다. 이 과정을 통해 자아존중감이 형성되는데, 사람으로서 자기 존재에 존엄성을 부여하며, 개인의 행복이나 불행에 영향을 미치는 중요한 심리적 변인이다. 자신에 대해 긍정적 감정을 가진 사람은 자신을 가치 있고 유능한 사람이라고 생각하는 반면, 자신에 대해 부정적인 감정을 가진 경우에는 열등감이 생긴다. 성격은 다른 대상과 구분되는 독립된 실체로서 자기를 인식하는 것에서 시작된다. 정서적 자아의 발달은 자기 인식에 대한 것으로 자아정체감을 통해 잘 드러난다. 자아정체감은 시간 흐름에 따라 나타나는 다양한 모습으로 존재하는 자신을 포괄하며 다양한 요소가 통합된 총체적 자아를 나타낸다. 정체감 발달은 전 생애에 걸쳐 역동적으로 나타나는데, 주로 청소년기와 중년기에 두드러진다. 청소년기는 정체감 형성의 핵심 과정을, 중년기는 자아정체성을 형성하는 시기이다. 이런 과정은 자아통합, 또는 자아실현이라는 특별한 의미의 성장으로 완성된다.

자아정체감은 구체적이고 현실적인 능력을 반영하는 자아정체성 형성의 전 단계로 스스로 경험되는 정서적, 주관적 자기 인식이라고 할 수 있다. 자아정체감은 개인의 기본 특성을 나타내며, 자기 자신에 대한 능력과 자아의 주체적인 힘을 형성하는 과정을 통해 구체화된다. 자아정체감 형성기에는 세상을 살아가는 기본 바탕으로써 정체감에 대한 구조와 인식이 만들어지므로, 심리사회적 유예기$^{\text{psycho social moratorium}}$라고도 한다. 아동기의 안정성과 성인기의 독립성 사이에 비교적 자유롭게 다양한 사회적 역할을 경험하고 자기 성향을 탐색하도록 하기 위한 것이다. 이 시기는 정체감 형성을 위한 유예기로 개인과 개인 사이의 적절하고 안전한 거리를 통해 자신의 성격과 특성을 반영하고, 정체감 혼란을 겪으면서 성장하여 서서히 자신을 찾게 된다. 정체감은 세상을 살아가기 위한 기초 체력을 만드는 것과 마찬가지로 세상에 대응하는 자기 자신에 대한 전반적인 자기 인식이라고 할 수 있다.

James Marcia는 정체감의 발달을 '위기'와 '관여'에 따라 정체감 발달을 정체감 혼미, 정체감 유실, 정체감 유예, 그리고 정체감 성취로 구분하였다. 이 구분에서 위기^{crisis}는 직업 선택이나 이념과 같이 개인적 정체감을 확립하기 위해 고뇌하고 끊임없이 질문하고 탐색하는 시기이고, 관여^{commitment}는 확실히 하려는 것에 대한 개인적 노력을 의미한다. 정체감 혼미$^{\text{identity diffusion}}$는 아직 특별한 정체감을 가지지 않았으며, 위기와 관여를 경험하지 않은 상태다. 이 상태는 정체감을 찾기 위해 아무런 노력을 하지 않는다.[147] 자신의 진로에 대해서 잘 모르며 삶의 방향을 계획하지 않는다. 정체감 유실$^{\text{identity foreclosure}}$은 위기를 경험하지 않은 채 잘못된 정체감을 확립하는데, 자아정체감 탐색없이 그대로 받아들이는 경우이다. 정체감 유예$^{\text{identity moratorium}}$는 현재 위기 상태에 있으며, 끊

147　Shaffer & Kipp, 『발달심리학』, 541.

임없이 자기 정체감을 찾기 위해 활발한 탐색 활동을 한다. 정체감 성취 identity achievement는 위기의 시간을 통해 확고한 정체감을 가지며 자신의 신념이나 가치를 확립하고 그에 맞는 개인적 활동이나 사고에 관여한다. 이 과정을 통해 자신에 대한 확신과 함께 세상에 맞설 힘을 가지게 된다. 자아정체감은 이후로는 끊임없이 변화하는 역동적 개념으로 혼돈의 과정을 통해 성장하고 발달하면서 유연하게 적응하게 된다.[148] 자아정체감의 형성은 청소년기보다 성인 초기(만 18~25세) 이후에 핵심적 변화가 나타나는 경향이 있다. 청소년기의 정체감 유실이나 정체감 혼미의 비율이 점차 감소하며, 서서히 정체감을 형성하게 된다.

구 분	특 징
정체감 위기	청소년기의 불확실성에 대한 불편함
정체감 혼미	특별한 정체성 경험을 하지 않은 미숙한 상태로 위기와 관여의 경험이 없는 상태
정체감 유실	위기 경험이 없으며, 정체성 탐색이나 계획도 없는 의존적 상태
정체감 유예	현재 위기 상태에 있으나 문제를 해결하지 않으려는 상태
정체감 성취	신념이나 가치를 확립하고 그에 맞는 사고와 활동을 하는 상태

자아정체감의 발달특징

자아정체감은 개인의 선천적 성향이나 능력은 물론이고, 부모나 가족, 또래와 자신이 속한 민족이나 문화 같은 생태환경에 영향을 받는다.[149] 자아정체감은 기능적 측면을 넘어 본질적 차원에서 자기 특성이나 태도를 반영한다. 자아정체감은 자신에 대한 확고한 신념으로 자

---

148 노안영·강영신, 『인간 이해 및 성장을 위한 성격심리학』, (서울: 학지사, 2018), 26.
149 Jeremy Holmes, 『존 볼비와 애착이론』, 이경숙 옮김, (서울: 학지사, 2005), 132.

신이 어떤 사람인지와 어떻게 존재해야 하는지를 나타내는 중요한 가늠자로 세상과 어떤 관계를 형성할지를 반영한다.[150] 자아정체감 형성은 다른 사람과의 관계에서 자신을 지키는 힘이며, 관계 능력의 기반이다. 또한 다른 사람과의 상호작용, 그리고 적응에 대한 태도를 반영하기 때문에 성격특성을 나타낸다.

---

150 이무석, 『성격 아는 만큼 자유로워진다』, (서울: 두란노서원, 2014), 38.

3. 자아존중감과 성격

자아 발달에서 자아정체감은 자기 자신에 대한 인식의 틀로 다양한 특성을 반영하지만, 자아존중감$^{self\ esteem}$은 정도의 차이를 반영한다. 자아정체감의 성장과 발달은 자아존중감을 통해 방향과 가치가 결정된다. 자아정체감은 개념적 차원에서 이해되고, 자아존중감은 개개인의 특성을 반영하는 것으로 스스로 생각하는 자기 특성이나 속성을 평가하고 구분하는 자기 주체성 형성 능력이다.[151] 자아존중감은 자신에 대한 인식과 존중의 방향과 태도, 정도와 역량을 반영한다.[152] 자아존중감은 환경에 적응하거나 다른 사람과의 관계에서 자신을 드러낼 수 있는 기본적인 역량을 나타내는 것으로 성격을 잘 나타낸다. 자아존중감은 개인의 성격특성에서의 방향성을 나타내는 것으로 삶에 대한 기본적인 태도를 나타낸다. 자아존중감은 개인 성향에 따라 환경과 상황에 따라 변수가 많지만, 기본적인 성격특성을 나타낸다. 이런 자아존중감은 회복탄력성^{resilience}에도 영향을 준다. 이는 자아존중감의 특성과 일치하는데, 다양한 어려움을 넘어 자신을 존귀하게 하는 힘으로 마음의 근육과 같다. 복원력과 비슷한 것으로 위기상황에서 자신의 원래 위치를 찾아 움직이는 힘을 갖게 한다. 때로는 위기를 기회로 만드는 전환의 힘을 갖기도 한다. 지속적 발전이나 성취를 만드는 힘으로 주어진 사건에 대해 어떤 의미를 부여하고 인식하느냐가 달라지고, 불행이나 행복을 결정하는 자기결정적 특성이라고 할 수 있다. 이런 자아의 힘과

151　Randy J. Larsen, 『성격심리학』, 김근향·조선미·권호인, (서울: 시그마프레스, 2018), 415.
152　이미나·박경화·김영환, 『청소년 심리 및 상담』, (고양: 지식공동체, 2021), 64.

능력이 종합적으로 나타나는 것이 자아의 작용이다.

자아존중감은 긍정과 부정, 또는 높음과 낮음 등으로 방향이나 정도로 나타낼 수 있는데, 높은 자아존중감은 현실을 긍정적으로 보고 생산적이며 적응에 도움을 주지만, 낮은 자아존중감은 비생산적이며 약한 자아 강도나 과도한 반응 등의 부적응 태도로 나타난다.[153] 이런 태도는 성격특성으로 반영되어 나타나는데, 낮은 자아존중감으로 인해 자신을 부정적으로 본다면, 자신을 개방하지 못하고 긍정적으로 대처하지 못하게 된다. 또한 비생산적 태도나 사회적응 능력의 부족이 나타나며, 자신을 다른 사람에게 드러내거나 관심 대상이 되거나, 비판의 말을 듣거나, 도움 요청, 문제 해결 등의 능력을 제한시키고 활동을 스스로 제한하게 된다.[154] 비판과 자기 거부에서 벗어나기 위해 방어를 하고 비난을 퍼붓거나 화를 내기도 한다. 이런 특성은 성격을 나타내는 중요한 축으로 작용하며, 자아존중감의 정도는 자신을 긍정적으로 보는지, 부정적으로 보는지의 태도와 삶의 방향을 결정짓게 된다.[155]

성격특성으로 자아존중감이 높은 사람과 낮은 사람은 삶의 태도에서 확연한 차이를 나타낸다. 자아존중감이 높다는 것은 자신과 주변에 대한 적응력이 높고 세상과 자아를 객관적으로 인식하며 확고한 주체 의식을 가지고 세상과 관계한다는 것이다. 자신의 모든 힘과 가능성을 활용하는 것으로 인간에 대한 가능성의 완전한 발휘 또는 실현을

---

153 Anna Freud, 『자아와 방어기제』 김건종 옮김, (파주: 열린책들, 2016), 45.
154 이무석, 『나를 사랑하게 하는 자존감』, (서울: 비전과리더십, 2011), 103.
155 권석만, 『인간이해를 위한 성격심리학』, (서울: 학지사, 2017), 202.

이루는 자아 생산성이 나타난다. 성격특성과 태도에서 상담 개입은 자아존중감을 높여 주는 것이 의미가 있는 것은 이런 까닭이다. 자아존중감이 높으면 자신에 대한 힘과 확신이 있어 외부 상황이나 환경, 그리고 경험에 대한 개방성을 갖는다. 이로 인해 자신에게 혼란을 줄 수 있는 감정과 태도에 대해 경험할 수 있다. 성격특성으로 방어적이거나 폐쇄적 태도보다는 개방적 태도를 가져 다른 것을 받아들이고 적용하고 시도하는 힘과 능력이 있다. 성격적으로 경험을 수용하는 융통성이 있으며, 실존적 삶을 살게 된다. 자신에 대한 믿음과 확신은 행동에 대한 가치감이 있어서 결정에도 확신을 준다. 이는 개인의 욕구, 적절한 사회적 욕구, 비슷한 과거의 상황에 대한 요구, 현재 상황에 대한 지각이 포함되어 다양한 경험과 존재에 대한 가치를 잘 보여준다.[156] 따라서 자아존중감이 높은 사람은 선택과 행동에 여유가 있으며, 사회적, 문화적인 제약에 수동적이기보다는 새로운 도전을 하며 삶을 즐기고 창조적 생산을 지향한다. 자신이 처한 상황이나 환경에 변화를 주어 불합리하고 부적합하다는 생각을 변화시켜 위기를 기회로 만들 수 있는 특성이 나타난다. 이는 편견이나 선입견을 넘어 객관적 태도로 세상을 대하게 되며, 가치판단의 중립성과 엄격성을 지킬 수도 있다. 죄책감과 같은 부정적 자아감으로 스스로 가두거나 위축되게 하지 않고, 흔실적 가치를 중심으로 반응한다.

이런 자아존중감의 태도가 성격적 특성에서는 성취 귀인 achievement attribution 과 연관되어 나타나는데, 성취 귀인은 성공과 실패의 원인에 관

---

156 송인섭, 『자아개념』, 33.

한 것이다. 특히 낮은 자아존중감은 성취 귀인을 좀처럼 변하지 않는 자기 특징을 실패의 원인으로 돌리면서 실패를 극복하려는 노력도 하지 않고, 쉬운 과제만 하는 등의 특성을 나타낸다.[157] 이때 실패 반응은 일반적으로 2개의 유형으로 나타나는데, 성공은 자기 능력이고 실패는 노력 부족이라고 믿어 실패 후에 더욱 노력하면 성공할 것이라 믿고 포기하지 않는 숙달 지향mastery orientation과 성공은 행운 때문이고 실패는 능력 부족이므로 노력해도 목적을 성취할 수 없다고 생각해서 포기하거나 노력을 중단하는 학습된 무력감 지향learned_helplessness orientation이 있다. 이런 자아존중감에 영향을 주는 특성들은 자아발달의 과정과 함께 작용하며 입체적으로 반영된다.[158]

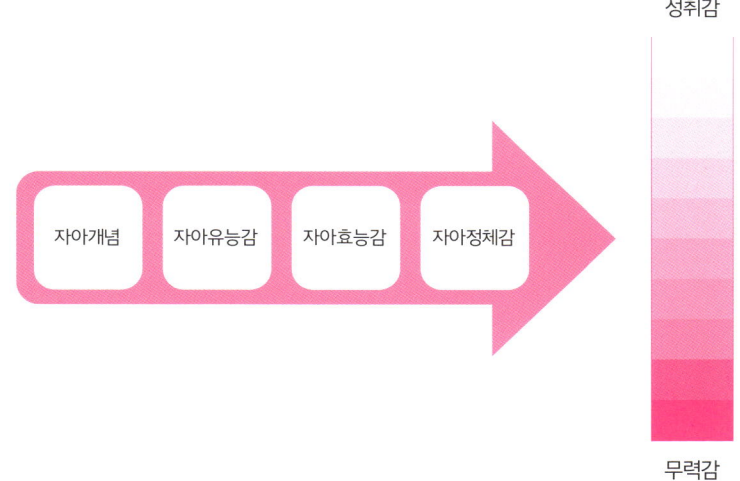

자아발달과 자아존중감

---

157 Shaffer & Kipp, 『발달심리학』, 542.
158 Calvin A. Colarusso, 『정신분석적 발달이론: 요람에서 무덤까지』, 반건호·정선주 옮김, (서울: 학지사, 2011), 176.

성격장애 상담에서 자아존중감은 자아 발달과 함께 성격특성으로 나타나는 자아존중감의 영향을 이해하고, 자아의 발달과 더불어 건강한 힘을 갖도록 하는 것을 목표로 할 수 있다. 자아존중감의 형태나 정도, 그리고 특성이 반영되면서 자기 자신에 대한 인식이나 대인관계의 태도를 나타내기 때문이다. 이런 점에서 자아존중감은 성격장애 상담에서 상당히 중요한 개입의 축이 된다. 성격은 자기 자신에 대한 인식과 다른 사람에 대한 태도로 나타나기 때문이다. 성격장애 상담에서 개인의 성격 주체가 되는 자아를 구성하는 자아정체감의 형식과 구조, 그리고 자아존중감의 질과 정도를 이해하고 개입함으로써 건강한 성장과 변화를 이끄는 것이다. 결국 성격장애 상담은 자아정체감을 중심으로 하는 자아 발달과 자아존중감과 탄력성의 자아 강도의 두 축을 중심으로 여러 성격 요소와 특성을 반영하여 통합하는 것이라고 할 수 있다.

4. 성격장애 스펙트럼의 이해

성격장애 상담은 자기 자신의 성장을 이해하는 중요한 과정이라고 할 수 있다. 성격장애는 다른 사람을 피곤하게 만들고 갈등을 일으키지만 결국 자기 자신을 일으키는 힘이 된다. 성격장애 상담은 이런 점에서 혼란이 나타나기에 내담자와 상담사의 상호작용이 중요한데, 이 상호작용은 다차원적으로 진행된다. 평면적 수준에서 차원으로 전환되면서 다양한 상호작용이 나타나기 때문이다. 성격장애를 A, B, C군으로 나누고 특성을 구분하는 것도 평면적 차원에서 이해하는 것이다. 이런 점에서 성격장애는 다양한 층으로 구성된 구조와 특성이 있다. 병리적 증상을 중심으로 구조화한다면 중증과 경증, 그리고 정상 범주로 구분하여 이해할 수도 있으며, 이를 다시 신경증적 수준과 경계선 수준으로 이해할 수도 있다.[159] 성격장애 특성을 구조적 스펙트럼만으로 이해할 수 없는 것은 이런 복잡한 구조적 특성이 있기 때문이다. 이런 구조적 특성은 다시 내면화된 병리와 외적 현상의 병리로 구분할 수 있으며, 다시 그 경계에 있는 병리나 병리 특성이 나타난다. 이런 혼란으로 성격장애를 다룬다는 것은 상당한 혼란을 일으킨다. 이미 살펴본 구조들과 특성을 중심으로 성격장애의 특성을 이해하고 접근하기 위해 다중체계를 이해하고 개입해야 한다.

성격장애를 스펙트럼으로 본다는 것은 성격장애가 그 경계나 특성

---

159   Clarkin, Fonagy & Gabbard, 『성격장애의 정신역동치료』, 34.

이 명확하게 구분되지도 않고, 근접한 영역에서 나타나는 혼란, 그리고 다층 구조에서 중첩되는 현상 등으로 실제 상담에서 어려움을 줄 수 있다는 것을 반영하는 것이다.[160] 아주 미세하게 작용하는 특성과 현상, 그리고 개인의 정서적 상태의 반영으로 나타나는 성격장애의 특성을 이해하고 성장하게 한다는 것은 상당히 어렵다는 것을 부인할 수 없다. 이런 점에서 성격장애 상담에서의 상담사나 내담자 모두 융통성과 적응력을 가지고 유연한 대처를 하는 것은 성격장애 상담의 한 축을 담당하는 것이다. 성격장애에 영향을 주는 다양한 특성과 함께 스펙트럼의 경향성은 성격장애 상담 개입에서 염두에 두어야 하는 핵심에 가깝다.

성격장애 상담은 다양한 성격특성을 이해하고, 개인이 세상에 적응하고 살아가는 생존능력과 기술로써 적응의 과제를 잘 풀어가도록 돕는 것이다. 자신을 사랑하고 이해하고 존중하는 특성으로 성격장애 상담은 병리적인 현상이 나타났을 때만이 아니라 성장기나 다른 사람과의 관계를 편하게 하기를 원하는 사람들 모두에게 유용하다. 이는 성격장애의 스펙트럼을 넘어서 개인의 삶의 영역과 경계의 차원에서도 넓게 인식하고 적용되어야 한다. 따라서 성격장애 특성을 병리의 장애로 한정하지 말고, 성격장애의 다양한 축들을 중심으로 개인과 개인, 그리고 사회가 더불어 행복하게 살아가는 방법으로 능동적이고 적극적 이해와 인식을 통해 다양성이 공존하는 자기 세계가 확장되어야 한다.

---

160   Benjamin, 『성격장애 진단 및 치료』, 27.

이런 과정을 통해 안정 범위 내에서 성격특성이 나타난다. 이론적으로는 어린 시절 경험했던 자신을 통해 반응하는 성격특성으로 나타나며, 상담자는 이런 내담자의 경험에 대응하는 반응자로서 상호작용하게 된다. 이런 과정에서 무의식적으로 작용하는 전이나 역전이, 그리고 투사 등 다양한 방어적 반응 태도들을 통해 내담자와 상담자가 서로의 자기대상을 경험하면서 성장하게 된다. 코헛의 공감적 유대는 이를 잘 나타내며, 다양한 특성을 반영한다. 상담사와 내담자의 상호작용을 통해 다양한 스펙트럼이 확장되고 정교해지면서 보다 안정적인 성격특성을 나타내고, 환경과 대상에 맞는 적절한 반응을 함으로써 성숙한 삶을 살게 된다.[161]

이를 이해하기 위해 치료적으로 구조화를 한다면 A, B, C군 각각의 성격장애 특성은 지향(양)과 퇴행(음)으로 구조화할 수 있다. 그렇다고 해서 그 성격특성을 주로 나타내는 사람이 병리적이라고 말하는 것은 아니다. 다양한 스펙트럼의 작용을 이해하고, 성격장애 특성을 병리와 성장이라는 두 축을 중심으로 이해해보려는 시도에 불과하다. 각 성격장애의 특성이 나타나므로 옳고 그름이나 성격의 우위를 논하는 것은 불가능할뿐더러 그렇게 해서도 안 된다. 단지 이해와 개입을 위한 이론적 개념화의 과정으로만 받아들여야 한다는 것을 다시 한번 정확하게 밝힌다. 경계성이 병리적 특성을 나타낸다면, 자기애성은 치료적 특성을 나타내는 대비 구조로 볼 수 있다. 물론 이런 구조가 이분법적 구조로 단순화함으로써 혼란을 나타낼 수 있지만, 성격장애의 특성을

---

161   Chessick, 『자기심리학과 나르시시즘의 치료』, 215.

이해하고 개입하기 위한 여러 시도의 차원에서 구조화한 것이다.

C군은 의존성을 기본 성격특성으로 가지고 있으며, 성장점은 강박성이다. 강박성은 강박성 성격장애를 의미하는 것이 아니라 강박성의 발달 특성과 핵심 가치의 성장점을 말하는 것이다. 회피성은 강박성과 대비되는 특성으로 퇴행적 특성을 가진다고 할 수 있다. C군의 의존을 벗어나는 힘은 강박과 회피 둘 다 있지만, 성장 측면에서 강박성 특성을 지향하는 것이 효율적이다. 물론 회피성의 특성이 균형에서 중요한 역할을 하지만, 벗어나기 위함을 넘어서 능동적 개입의 지향은 강박에 있다.

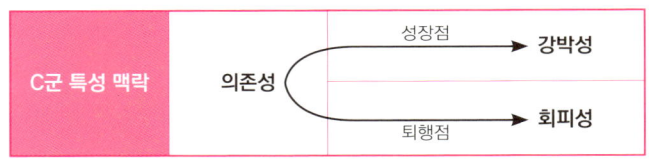

C군 성격장애의 개입 맥락

B군은 자기애성을 기본 특성으로 가지고 있으며 C군의 강박성의 발달점에 있다. 자기애성의 발달은 연극성과 반사회성의 방향으로 전개되는데, 연극성은 성장점으로 반사회성은 퇴행적으로 이해할 수 있다. 연극성의 특성이 자신을 드러내기는 하지만 포장을 하고 사회적으로 인정받고 찬사받으려는 성장점을 지향하기 때문이다. 이에 반해 반사회성은 퇴행점으로 볼 수 있는데, 자기애성 특성의 방어와 위축의 태도로 상대를 공격하거나 책임을 전가하는 것으로 나타나기 때문이다. 다른 사람에게 책임을 돌리는 반사회성의 특성은 자기의 주체성이나 자기책임을 벗어나는 힘이 작용함으로써 퇴행점이라고 할 수 있다. 자

기애성에 머무르지 않고 벗어나는 것에 집중한다면 두 에너지 모두 유용하지만, 자기애성의 발달과 성장의 차원에서 연극성이 자신을 포장하고 사회의 기대에 맞게 드러내는 방식으로 볼 수 있다.

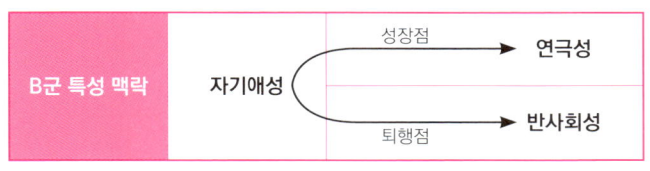

B군 성격장애의 개입 맥락

A군은 편집성을 기본 특성으로 가지고 있으며 조현의 특성을 통해 자신의 세계를 사고에서 영역으로 전환하게 된다. 이를 통해 자신의 고유한 영역을 확보하고 다른 사람과 구별되는 자기 특성으로 사회의 존재가치가 나타나게 된다. 편집성은 자기의 사고 안에 머물러 있고, 다른 사람을 믿을 수 없다는 특성이 나타나 병리적 특성을 만들게 된다. 이를 벗어나는 것은 자신의 고유한 영역을 확보함으로써 독보적인 자리를 선점하는 것으로 볼 수 있는데, 조현의 특성이 이를 잘 나타낸다. 조현의 특성은 조현성과 조현형의 두 방향성을 가지고 전개된다. 이는 마치 C군의 회피와 강박의 방향성과 에너지가 유사하다. 조현성은 자신의 영역을 확보하기 위해 성을 쌓아 그 안에 자신을 가두어 세상으로부터 고립되고 회피하게 만들어 자신을 지키는 것이다. 반면에 조현형은 자신을 드러내는 특성이 있으며, 다른 사람에게 과시함으로써 자신의 영역을 나타낸다. 이로 인해 과대 자기나 허세와 같은 비현실적 가치를 드러내서 불편감을 주지만, 자기 안에 있는 생각이나 특성을 외부에 표현하면서 상호작용의 기회를 만든다는 점에서 조현성과 대비된다.

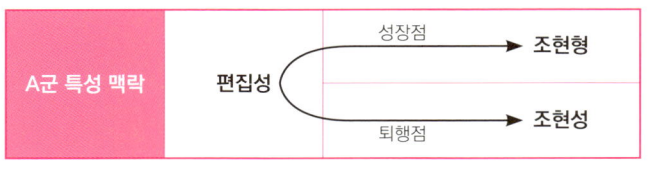

A군 성격장애의 개입 맥락

성격장애 특성을 이해하고 개입하는 측면에서 각각의 성격군과 성격장애 유형은 서로 긴밀한 연관성을 가지고 있다. 각각의 성격특성들이 아주 정교하고 세밀하게 작용하고 있으므로, 관계성 속에서 이해하고 증상에만 집중하기보다는 그 너머의 가치를 볼 수 있어야 한다. 스펙트럼의 작용은 전체적인 맥락 안에서 이해한다는 의미가 있기 때문이다. 전체적인 성장점은 의존성-자기애성-편집성으로 이어지는 맥락에서 발달과 성장을 위해 구성되고 이어지는 스펙트럼을 가지고 있다. 이는 다시 정서와 사고의 두 축을 중심으로 구성되며, 정서는 의존 정서와 자기 정서로 다시 구조화할 수 있다.[162] 사고는 비교적 객관적인 가치와 내용을 체계화한다는 특성이 있으며, 주관적 정서를 객관적이고 합리적인 사고로 전환하는 구조적 연계성이 나타난다. 이런 특성을 이해하면 각각의 성격특성에서 성장을 설계하고 개입을 위한 특징을 찾을 수 있게 된다.

---

162 윤혜경·오현숙, "편집성향을 가진 대학생들의 공감 특성," 「청소년학연구」, 27/3(2020), 139.

성격장애군	C군	B군	A군	
기본성격	의존성	자기애성	편집성	
기본특성	정서		사고	
	다른 사람	자기	주관적	관계적

성격장애의 특성 맥락

 이상과 같은 성격장애의 전반적인 체계에서 나타나는 성격장애의 스펙트럼은 임상적으로 상당히 의미가 있다. 각각의 특성들이 자율적으로 상호반응하며 조화를 이룬다면 성격특성의 장점이 드러난다. 반면에 각 성격특성의 경계가 모호하여 혼란이 나타나고 조화를 이루지 못하면 여러 특성이 뒤죽박죽 나타나면서 병리적 특성이 발현된다. 이런 점에서 성격장애의 다양한 스펙트럼을 이해하고 각 성격특성의 장점을 수용하고, 단점을 보완하며 조화를 갖추어 자신을 가치 있게 하는 성격을 형성하는 것이 치료이고 성격장애 상담의 개입이라고 할 수 있다. 이런 맥락에서 성격장애 상담의 과정은 자기실현의 과정으로 이해할 수 있다.

5. 성격장애 상담에서 불안 다루기

성격장애 상담은 자아의 조절 능력과 함께 그 본질에서는 불안을 다루게 된다.[163] 불안은 사람이라면 누구나 가질 수 있는 혼란이고 혼돈이다. 개인이 경험하는 세계는 출생하면서 갖는 불안에서 시작한다.[164] 애착 이론도 불안과 깊은 연관이 있다. 사람이 가진 불안은 특정 불안도 있지만, 범불안처럼 존재 자체에서 경험하는 불안도 있다. 병리적으로 드러난 부분이기는 하지만, 더 자세하게 살펴보면 불안은 사람을 생존하게 하는 힘이 되기도 한다. 불안은 어떤 반응을 만들고 삶의 동력을 만든다는 점에서는 유용하지만, 실제로 불안이 부른 두려움은 특정 상황에서 대처를 방해함으로 오히려 위험을 증가시킬 수 있다. 이런 점에서 불안은 자아의 방어기제이기는 하지만, 현실적으로 대처 방어를 활성화하는 측면과는 다르게 오히려 위협 상황에서 적절한 반응을 방해해서 위기를 초래할 수 있다는 것이다.[165] 결국 성격장애는 이런 측면에서는 개인의 방어기제 활성화라고 볼 수도 있지만, 다른 측면에서는 적절한 반응을 방해하는 방식으로 전개되고 있음을 알 수도 있다. 성격장어의 성격특성이 발달과 성장의 측면에서 유용성을 보인다는 점에서는 불안으로 인해 병리적 특성이 두드러지는 것을 이해할 수 있다.

---

163 Carver & Scheier, 『성격심리학』, 326.
164 Stossel, 『나는 불안과 함께 살아간다』, 50.
165 Aaron T. Beck, Gary Emerry & Ruth L. Greenberg, 『인지적 관점에서 보는 불안장애와 공포증』, 이성직·조난숙 옮김, (서울: 학지사, 2022), 48-49.

성격장애 상담을 하는 것은 이런 불안에 대한 개인의 반응과 현상을 이해하는 것에서 시작한다. 불안은 증상으로 나타나는 불안장애와는 다른 차원에서 이해해야 한다. 불안에 대한 병리적 반응이 분리불안장애, 선택적 함구증, 특정 공포증, 사회불안장애, 공황장애 등으로 다양하게 나타난다. 이런 불안의 병리적 상태와 증상은 중증으로 발현되어 나타나는 것이다.[166] 이 과정에서 성격장애의 특성이 나타나므로 이는 성격장애를 이해하고 다루는데 핵심적 의미가 된다. 불안은 그 자체로 동력이 되기도 하고, 무기력과 같은 동력을 상실하게 하는 힘이 되기도 한다. 결국 불안의 정서도 조절되고 통제할 때 그 힘을 잘 사용할 수 있게 된다는 점에서 성격장애 상담의 기술적 개입의 본질로 개입할 수 있다. 이처럼 불안과 같은 정서는 개인의 특성이나 경험, 그리고 증상의 사이에서 아주 미묘하게 복합적으로 연결되어 있기에 구분하여 이해하는 것도 사실상 불가능하다. 어떤 것이 원인이고 결과인지조차 구분하는 것이 불가능할 정도로 복합적이기 때문에 더 어렵게 느껴지기도 한다. 한 가지 확실한 것은 성격장애를 다루는 데 있어서 불안은 상당히 핵심 역할을 한다는 것이다. 성격장애는 불안과 함께 살아가기 위한 기술을 잘 배우기 위한 훈련으로 이해할 수 있다는 것이다.

불안은 자기중심성을 지키지 못하도록 하는 핵심이기도 하며, 미래를 창조하는 힘이 되기도 한다. 병리적인 현상으로써 불안은 어떤 부분에 에너지가 집중되어 집착으로 나타나 발생하게 된다. 이런 불안이 신체나 사고, 그리고 정서의 축에서 한쪽으로 몰리면 병리가 되는 것이

---

166 오수성 외, 『정신병리학』, 313.

다. 성격장애는 이런 불안이 정서와 관계에 집중됨으로써 나타나는 것으로 이해할 수 있다. 이런 관점에서 이론적으로는 불안이 집중되는 정서와 관계에서 벗어나게 하거나 그 요인을 제거해주면 증상은 사라지게 된다. 하지만 이는 어디까지나 이론적인 접근일 뿐 실제적으로는 그냥 할 수 없는 일이다. 그래서 정신을 다루는 일이 어려운 것이다. 개인이 경험하는 세상은 내면의 불안이 투사되어 나타나는 것으로 볼 수 있는데, 상담에서는 이런 개인의 불안을 이해하고 잘 다루는 것이 중요하다. 그리고 상담의 목표는 결국 적당히 불안해하면서 삶을 살아내는 것으로 볼 수 있기에 성격장애 상담의 개입과 치료의 본질은 불안을 다루는 것이라고 할 수 있다. 불안장애는 DSM에서 규정하기 이전에는 정신신경증으로 불리었고, 1968년 DSM-Ⅱ에서는 신경증으로, 1980년 DSM-Ⅲ에서 불안장애로 명명된 이후 지금까지 이어지고 있다.[167] DSM이 기본적으로 증상을 중심으로 한 분류 체계라는 점을 고려한다면, 상담에서 이해하는 방식의 복합성이나 원인에 따른 분류와 개입과는 상당히 다르게 나타나게 된다. 이는 개입에서도 이론과 철학에 따라서 다른 방식으로 작용한다는 것을 의미한다. 이런 불안은 병리적인 수준에서만 다룰 수 있는 것이 아니기 때문에 철학적이고 종교적인 접근을 피할 수는 없다. 키에르케고르$^{Sören\ Kierkegaard(1813-1855)}$는 불안을 정신적이고 철학적인 문제라고도 했으며, 종교적으로는 죄나 욕심의 문제에서 기인한다. 키에르케고르는 '뚜렷하고 분명한 원인이 없는 모호하지만 떨쳐버릴 수 없는 불편함'이라고 한다. 그리고 이 불안은 죽음

---

[167] Benjamin, 『성격장애 진단 및 치료』, 24-25.

에 이르는 병이라고 말한다. 이런 점에서 사람의 본질적인 존재와 실존의 문제를 동시에 나타내는 불안이 성격장애의 밑바탕에 있다는 것을 의심할 여지는 없다. 성격장애가 이런 불안에 대한 개인의 태도를 반영하기 때문이다. 성격장애를 이해하고 다루기 위해서는 불안을 수용하고, 이를 적절히 잘 다스리는 힘을 통해서 실존적인 문제에 대응하면서 살아가는 생존방식을 찾는 것이다.

불안으로 인해 유발되는 모든 현상을 정상과 병리의 경계에서 성격장애를 이해한다면, 성격장애 상담은 성격 스펙트럼의 경계선을 잘 조절하여 조화를 갖추도록 할 수 있다.[168] 하지만 불안으로 인해 나타난 두려움이나 불안으로 인해 유발된 여러 정서는 위협적이거나 불안정한 상황을 예견만으로도 충분히 위협적이고 파괴적인 상황에 놓이게 만든다.[169] 이런 특성은 실제의 위협이나 위험과 무관하게 그런 상황을 더 선명하게 만듦으로써 현재적 상황이나 의미로 만들어 버린다. 이런 상황에서 반응하는 개인의 태도에서 과도한 불안이나 두려움이 경직성과 함께 불안을 증폭시켜 문제를 만드는데, 이를 성격장애라고 할 수 있다. 성격장애 상담은 이런 점에서 불안의 특성을 이해하고 불안의 긴박함과 긴장을 조절하고 균형과 조화를 통한 적응, 그리고 경계선 혼란을 중재하는 자아의 힘이 융합되어 작용하는 것이라고 할 수 있다. 이는 치과 진료를 받을 때에 쉽게 경험할 수 있다. 치과에서 치료 전에 의사는 항상 불편하면 손을 들라고 이야기하고 치료를 시작한다. 그 말을 들으면

168　Clarkin, Fonagy & Gabbard, 『성격장애의 정신역동치료』, 35.
169　Beck, Emerry & Greenberg, 『불안장애와 공포증』, 49.

서 항상 입 속에 맴도는 말은 '지금도 불편해요!'이다. 그런데 한 번도 손들고 그렇게 말해본 적은 없다. 아니 심지어는 입속에서 윙윙거리며 무엇인가가 돌아가고 이가 시려도 어느 순간 손을 들어야 하는지 생각하다가 어느새 치료가 끝나곤 했다. 하지만 어떤 사람들은 치과 의자에 눕는 것만으로 상당한 공포심을 경험하고, 의사의 예비 동작 하나하나에 소리를 지르며 공포를 경험하기도 한다. 끝까지 잘 참은 환자는 불안이 태도로 잘 드러나지 않아서 불편함을 주지 않지만, 어떤 순간 긴장이 극도로 높아지고, 자기도 모르는 사이에 온몸에 땀이 흐르기도 한다. 반면에 불안 예측이 높은 환자는 치료 때마다 의사를 긴장시키고, 더 조심스럽게 함으로써 자신을 위한 적절한 효과를 얻어낸다. 물론 의사에게는 불편감을 준다. 의사는 전자가 더 편할 수 있겠지만, 실제는 이 두 방향 중에서 어떤 것이 더 나은지를 논할 수는 없다. 결국 환자의 태도를 평가하게 되고, 의사의 시작에서 환자를 구분하게 된다.

성격장애의 특성에서 불안은 이런 반응을 만드는 요인으로 작용하게 되는데, 실제 임상에서 보는 것은 겉으로 드러난 태도뿐 이기에 실제 사람의 정서나 의미 등이 배제되거나 소홀해질 수 있다. 이런 부분이 성격장애 상담에서 나타나기 때문에 성격장애 상담은 불안에 대한 원형적인 측면의 개입이 전제되고, 이를 통해 현상과 태도를 다루는 것이 더 적절하다. 결국 발생하지 않은 일에 대한 과도한 반응이 성격장애로 나타날 수 있으며, 이로 인해 대인관계에서 불편함이 발생하게 된다. 이런 불안은 실제로는 불안의 과활성화 반응으로 나타난 것이라고 할 수 있다. 이런 점에서 성격장애 상담은 상당히 보편적인 부분을 다루지만, 그 내면에는 원초적인 불안을 다룸으로써 문제를 비교적 단순화할 수 있다. 따라서 성격장애 상담에서는 문제나 현상보다 먼저 내담자가 가진 정서적 불안을 다루는 것이 필요하다.[170]

어린 시절의 취약성으로 인한 일상의 두려움과 원초적인 불안의 경향은 실제 대처 능력을 갖추기도 전에 경험함으로써 불안과 두려움을 현실적인 것으로 만든다. 이는 다양한 관계 경험에서 나타나며 병리의 원인이 된다. 불안의 발현에서 방향성에 따라 다르게 작용하고 나타날 수 있다. 발달과 성장 경험은 자기 충족의 만족을 주기도 하지만, 다른 한편으로는 억제 기제와 통제로 인한 취약양식$^{vulnerability\ mode}$을 유발하게 된다. 이로 인해 더 많은 두려움을 느끼게 된다.[171] 이런 방향성은 어떤 의미에서 다양한 반응에 작용함으로써 위축이나 과민한 반응을 만들어서 성격장애 특성을 나타내는 핵심 기제가 되기도 한다. 성격장애 상담은 이런 양상이나 반응을 중심으로 구분하지만, 치료와 개입에서는 본질적인 불안의 문제에 대한 대처 능력을 강화하거나 향상하는 것이다. 치료의 과정에서 성격장애는 상담사의 일관성 있는 공감과 상호작용을 통해 자연스럽게 실제적 사랑과 애정의 감정을 경험하게 되고, 이를 통해 중요한 경험을 통한 전환이 나타나게 된다.[172] 이 경험을 통해 전환이 이루어지면, 상담은 원초적 불안과 정서에 대한 적절한 반응과 균형, 그리고 예지에 대한 반응 및 조절 능력을 강화함으로써 개인 역량을 강화하는 방향으로 가게 된다.

---

170 Beck, Emerry & Greenberg, 『불안장애와 공포증』, 49.
171 Beck, Emerry & Greenberg, 『불안장애와 공포증』, 52.
172 Chessick, 『자기심리학과 나르시시즘의 치료』, 336.

6. 성공적인 성격장애 상담을 위해

성격장애 상담에서 감히 성공적이라는 말을 쓸 수는 없다. 성공적이라는 개념도 없고, 그렇게 개념화하거나 목표를 가지고 접근해서도 안 되기 때문이다. 하지만 상담사라면 누구나 이런 문제에 대한 의욕과 열정이 있으며, 만족스러운 상담을 하기를 원한다. 상담이라고 하는 것이 다른 사람들의 마음을 이해하고, 상호작용을 통해 자신과 상대와의 상호관계에서 적당한 거리를 유지하면서 서로 존중하는 것이기 때문이다.

성공적인 성격장애 상담은 사실 자기 자신을 돌보는 것이라고 할 수 있다. 성격장애 상담의 진행은 정신역동의 차원에서 접근하게 되는데, 자기의 내면에서 샘솟는 무의식적 에너지를 이해하고, 이를 자기화하는 것이라고 할 수 있다. 성격장애의 여러 상담지침에서도 이런 차원에서 성격장애 상담을 하게 된다. 이는 10개로 대표되는 성격장애의 특성을 자기 안에서 하나로 통합하는 과정이라고 할 수 있다. 결국 다른 사람을 상담하거나 관계 경험을 통해 나타난 다양한 작용을 이해하고 다루면서 자기의 성장을 가져오게 되는 것이다. 대인관계는 정신역동에서 자기의 투사라고 할 수 있다. 이는 현상을 내면의 세상이 드러난 것으로 이해하고, 다양한 경험을 구조화하고 안정화하여 성격의 그릇을 키워가는 것이다. 이 과정에서 자기를 성찰하고 경험과 현상을 성찰하며, 파편화된 성격특성을 내면화함으로 풍성하게 되는 것이 성격장애 상담의 성공적 진행이라고 할 수 있다. 내담자가 자기 자신을 드러내고 세상과 소통하면서 서로 적응해가는 과정이 성격장애의 발달과 성장이라고 할 수 있다. 그리고 어떤 상황에서든 자기 자신을 잃지 않고 표현하고 상호작용하는 힘을 갖도록 하는 것이다. 이런 과정은 전반적인 상담의 진행과 치료적 개입의 효과를 나타내며, 자기 성장을 위한 선물로 받을 수 있을 것이다.

이런 점에서 성격장애 상담은 일반적인 상담의 과정에서 전반적인 이해와 개입을 위한 하나의 지표로 활용할 수 있을 것이며, 대인관계 능력 향상을 위한 훈습에서 유용하면서 구체적인 방법이 될 것이다. 성격장애 상담에는 특별하고 탁월한 개입의 방법이 있는 것은 아니다. 상담사가 내담자와 동등한 위치에서 상호작용하면서, 서로를 존중하는 과정에서 경험적으로 실제의 다양한 작용을 학습하는 것이다. 이런 과정은 삶의 전반적인 부분에서, 그리고 일상의 관계를 통해서 얻을 수 있는 귀한 선물이라고 할 수 있다. 이런 과정을 통해 상담사와 내담자 모두가 서로에게 귀한 선물이기를 기대한다.

[참고자료]

APA. 『정신질환의 진단 및 통계편람 제5판』. 권준수 외 옮김. 서울: 학지사, 2018.

Arntz, Arnoud & Jacob, Gitta. 『심리도식치료의 실제』. 최영희·윤제연·최상유·최아란 옮김. 서울; 학지사, 2021.

Arntz, Arnoud & van Genderen, Hannie. 『(경계선 성격장애를 위한) 심리도식치료』. 김동한 옮김. 서울: 명상상담연구원, 2015.

Beck, A. T., Freeman, A. & Davis, D. D. 『성격장애의 인지치료』. 민병배·유성진 옮김. 서울: 학지사, 2009.

Beck, Aaron T., Emerry, Gary & Greenberg, Ruth L. 『인지적 관점에서 보는 불안장애와 공포증』. 이성직·조난숙 옮김. 서울: 학지사, 2022.

Benjamin, L. S. 『성격장애 진단 및 치료: 대인관계 접근』. 서영석 외 옮김. 서울: 학지사, 2014.

Bleiberg, E. 『아동·청소년 성격장애 치료: 관계적 접근』. 이문희·이은진·유성경 옮김. 서울: 학지사, 2018.

Carver, Charles S. & Scheier, Michael F. 『성격심리학: 성격에 대한 관점들』. 김교헌·심미영·원두리 옮김. 서울: 학지사, 2005.

Cervone, Daniel & Pervin, Lawrence A. 『성격심리학』. 민경환·김민희·황석현·김명철 옮김. 서울: 시그마프레스, 2022.

Chessick, Richard D. 『자기심리학과 나르시시즘의 치료』. 임말희 옮김. 서울: 도서출판 NUN, 2012.

Choi-Kain, Lois W. & Gunderson, John G. 『(모든 상황에서 적용 가능한) 경계선 성격장애를 위한 좋은 정신과적 관리: 임상 가이드』. 이창훈·이정우·정자현 옮김. 서울: 하나醫學社, 2020.

Colarusso, Calvin A. 『정신분석적 발달이론: 요람에서 무덤까지』. 반건호·정선주 옮김. 서울: 학지사, 2011.

Cooper, Arnold M. 『현대정신분석』. 이만홍 외 옮김. 서울: 지혜와사랑, 2019.

Edinger, Edward F. 『자아발달과 원형』. 장미경 옮김. 서울: 학지사, 2016.

First, Michael B., Williams, Janet B. W., Benjamin, L. Smith., Spitzer, Robert L. 『SCID-5-PD: DSM-5장애에 대한 구조화된 임상적 면담』. 오미영·박용천·오상우 옮김. 서울: 학지사, 2017.

Fonagy, P., Clarkin F. & Gabbard, G. O. 『성격장애의 정신역동치료』. 유성경·이문희·이은진 옮김. 서울: 학지사, 2020.

Fonagy, Peter & Target, Mary. 『정신분석의 이론들: 발달정신병리학적 관점』. 이효숙 옮김. 서울: NUN, 2014.

Freud, Anna. 『자아와 방어기제』. 김건종 옮김. 파주: 열린책들, 2016.

Holmes, Jeremy. 『존 볼비와 애착이론』. 이경숙 옮김. 서울: 학지사, 2005.

Huprich, Steven K. 『성격장애 로샤평가』. 신민섭·우충완·최현정 옮김. 서울: 학지사, 2010.

Kahn, Michael. 『21세기에 다시 읽는 프로이트 심리학』. 안창일 옮김. 서울: 학지사, 2008.

Larsen, Randy J. & Buss, David M. 『성격심리학』. 김근향·조선미·권호인 옮김. 서울: 시그마프레스, 2018.

Mc Williams, Nancy. 『정신분석적 진단: 성격 구조의 이해』. 이기련 옮김. 서울: 학지사, 2018.

Millon, Theodore & Seth, Grossman. 『중증성격장애: 치료의 이론과 실제』. 최영안·김광현 옮김. 서울: 시그마프레스, 2013.

Santrock, John W. 『발달심리학』. 이지연·임춘희·김수정 옮김. 파주: 교육과학사, 2016.

Schelling, Thomas C. 『미시동기와 거시행동』. 이한중 옮김. 서울: 21세기북스, 2009.

Schwartz-Salant, N. 『자기애성 성격장애의 치료와 분석심리학』. 김성민 옮김. 서울: 달을 긷는 우물, 2020.

Shaffer, David R. & Kipp, Katherine. 『발달심리학』. 송길연·이지연·장유경·장윤경 옮김. 서울: 박영스토리, 2014.

Siegler, R., S., Saffran, Jenny R., Eisenberg, N., DeLoache, Judy S., Gershoff, E. 『발달심리학』. 송길연·장유경·이지연·유봉현 옮김. 서울: 시그마프레스, 2019.

Stossel, Scott. 『나는 불안과 함께 살아간다』. 홍한별 옮김. 서울: 반비, 2020.

Sunstein, Cass R. 『우리는 왜 극단에 끌리는가』. 이정인 옮김. 서울: 프리뷰, 2011.

Yang, M., Coid, J. & Tyrer, P. "Pesonality Pathology Recorded by Severity: National Survey." British Journal of Psychiatry, (2010), 197(3), 193-199.

곽금주. 『발달심리학』. 서울: 학지사, 2016.

권석만. 『이상심리학의 기초』. 서울: 학지사, 2016.

_____. 『인간 이해를 위한 성격심리학』. 서울: 학지사, 2017.

김민정. 『쉽게 풀어 쓴 성격심리학』. 서울: 학지사, 2020.

김상인. 『성격장애와 음악치료』. 서울: 한국전인교육개발원, 2008.

김수종·박은영·홍상황·권해수. "성격장애에 대한 대안적 DSM-5 모델의 확인적 요인분석: PAI를 중심으로."「Journal of The Korean Data Analysis Society」. 21/5(2019), 2627-2643.

김영환·오상우·홍상황·박은영. 『PAI의 임상적 해석』. 서울: 학지사심리검사연구소, 2002.

김현진 외. 『성격심리와 성격상담: 성격심리, 성격장애와 상담치료』. 서울: 교육과학사, 2021.

노안영. 『인간 이해 및 성장을 위한 성격심리학』. 서울: 학지사, 2018.

노안영·강영신. 『성격심리학』. 서울: 학지사, 2007.

민성길 외. 『최신정신의학』. 서울: 일조각, 2016.

송인섭. 『자아개념』. 서울: 학지사, 2013.

수원지방법원 안산지원 가사상담실.『가사재판에 상담이 꼭 필요한 이유-수원지방법원 안산지원 부부아동상담의 실제 사례를 중심으로』. 안산: 수원지방법원 안산지원, 2010.

여한구.『심리상담매뉴얼』. 서울: 비채, 2021.

여한구·박경화.『색채심리: 12색을 활용한 심리분석 및 상담』. 서울: 비채, 2021.

오수성 외.『정신병리학』. 서울: 학지사, 2013.

윤미선.『홀로서는 연습』. 서울: 유노북스, 2015.

윤혜경·오현숙. "편집성향을 가진 대학생들의 공감 특성."「청소년학연구」. 27/3(2020), 121-150.

이무석.『나를 사랑하게 하는 자존감』. 서울: 비전과리더십, 2011.

_____.『성격 아는 만큼 자유로워진다』. 서울: 두란노서원, 2014.

이미나·박경화·김영환.『청소년 심리 및 상담』. 고양: 지식공동체, 2021.

이부영.『분석심리학 이야기』. 서울: 집문당, 2014.

이인혜·황현구. "성격특성과 성격장애 증산간의 관계: 개정된 강화민감성을 중심으로."「사회과학연구」. 54/1(2015), 231-261.

이정균·김용식.『정신의학』. 서울: 일조각, 2005.

장문선·박기쁨·정성훈·우상우. "의존성, 회피성 성격특성의 심리적 특성과 중독성향 간의 관련성."「동서정신과학」. 14/1(2011), 13-31.

장정은.『정신분석으로 상담하기』. 서울: 학지사, 2021.

최현석.『인간의 모든 성격: 나를 나이게 하는 것은 무엇인가』. 서울: 서해문집, 2018.

하태연. "양극성장애와 성격장애의 경계."「신경정신의학」. 57/4(2018), 308-316.

한규석.『사회심리학의 이해』. 서울: 학지사, 2017.

현성용·곽금주·김미라혜·성한기·신종호.『현대 심리학의 이해』. 서울: 학지사, 2020.

황순택·조혜선·박미정·이주영. "성격장애와 기질 및 성격특질 간의 관계."「한국심리학회지 사회 및 성격」. 29/2(2015), 1-13.